本书是 2014 年度河南科技学院高层次人才引进启动项目的研究成果。

宋培杰 著

改革开放以来
汉语旧词新义研究

GAIGEKAIFANG YILAI
HANYU JIUCI XINYI YANJIU

中国社会科学出版社

图书在版编目（CIP）数据

改革开放以来汉语旧词新义研究／宋培杰著 . —北京：中国
社会科学出版社，2017.11
ISBN 978 - 7 - 5203 - 0574 - 7

Ⅰ.①改… Ⅱ.①宋… Ⅲ.①现代汉语—词语—研究
Ⅳ.①H136

中国版本图书馆 CIP 数据核字（2017）第 141602 号

出 版 人	赵剑英
选题策划	刘 艳
责任编辑	刘 艳
责任校对	陈 晨
责任印制	戴 宽

出 版	中国社会科学出版社
社 址	北京鼓楼西大街甲 158 号
邮 编	100720
网 址	http://www.csspw.cn
发 行 部	010 - 84083685
门 市 部	010 - 84029450
经 销	新华书店及其他书店

印 刷	北京明恒达印务有限公司
装 订	廊坊市广阳区广增装订厂
版 次	2017 年 11 月第 1 版
印 次	2017 年 11 月第 1 次印刷

开 本	710×1000 1/16
印 张	17.5
插 页	2
字 数	239 千字
定 价	79.00 元

目　　录

第一章　绪论 …………………………………………………（1）

　第一节　研究对象 ……………………………………………（1）

　　一　问题的提出 ……………………………………………（1）

　　二　旧词新义的内涵 ………………………………………（3）

　　三　旧词新义的不同层面 …………………………………（7）

　　四　旧词新义的属性 ………………………………………（8）

　第二节　研究综述和语料来源 ………………………………（9）

　　一　研究综述 ………………………………………………（9）

　　二　语料来源 ………………………………………………（13）

　第三节　理论基础和研究方法 ………………………………（14）

　　一　理论基础 ………………………………………………（14）

　　二　研究方法 ………………………………………………（16）

第二章　旧词产生新义的类型 ………………………………（19）

　第一节　词义的一般类型和存在方式 ………………………（19）

　　一　词义的一般类型 ………………………………………（19）

　　二　词义的存在方式 ………………………………………（27）

　第二节　旧词产生新义的类型 ………………………………（31）

　　一　旧词改变原义 …………………………………………（32）

　　二　旧词增添新义 …………………………………………（46）

第三章 旧词产生新义的表现 …………………………………… (72)

　第一节　专用词语的语义泛化 ……………………………… (72)

　　一　专用词语语义泛化的内涵 ……………………… (72)

　　二　专用词语语义泛化的表现 ……………………… (75)

　　三　专用词语语义泛化的等级 ……………………… (82)

　　四　专用词语语义泛化的机制 ……………………… (88)

　　五　专用词语语义泛化的社会功能 ………………… (92)

　　六　专用词语语义泛化的特点 ……………………… (103)

　第二节　历史词的复现 ……………………………………… (108)

　　一　历史词复现的内涵 ……………………………… (108)

　　二　历史词复现的原因 ……………………………… (110)

　　三　历史词复现的方式 ……………………………… (113)

第四章 旧词产生新义的主要方式 ……………………… (121)

　第一节　隐喻衍生 ………………………………………… (121)

　　一　认知语言学的隐喻观 …………………………… (121)

　　二　隐喻衍生的过程 ………………………………… (123)

　　三　隐喻投射的方式 ………………………………… (125)

　第二节　转喻衍生 ………………………………………… (127)

　　一　认知语言学的转喻观 …………………………… (127)

　　二　词类转化的转喻阐释 …………………………… (132)

　第三节　意义移植 ………………………………………… (151)

　　一　意义移植的内涵 ………………………………… (151)

　　二　意义移植的条件 ………………………………… (153)

　　三　意义移植的类型 ………………………………… (156)

　　四　意义移植的影响 ………………………………… (159)

第五章 旧词产生新义的原因 …………………………… (162)

　第一节　社会发展变化的影响 …………………………… (162)

　　一　新事物的涌现 …………………………………… (162)

二　人们思想观念的进步 ……………………（164）

三　大众传媒的推动 ………………………（165）

第二节　词义系统内部的调整 …………………（167）

一　同义义场的语义联动 …………………（168）

二　反义义场的语义联动 …………………（170）

第三节　语言表达需求的推动 …………………（173）

一　语言表达中"求便"需求的推动 ……（173）

二　语言表达中"求新"需求的推动 ……（174）

三　语言表达中"求简"需求的推动 ……（175）

第四节　语言接触中外来词义的影响 …………（178）

第六章　网络语言中的旧词新义 …………………（181）

第一节　网络语言中旧词新义的内涵及特征 …（181）

一　网络语言中旧词新义的内涵 …………（181）

二　网络语言中旧词新义的特征 …………（182）

第二节　网络语言中旧词产生新义的方式 ……（184）

一　隐喻 ……………………………………（184）

二　转喻 ……………………………………（188）

三　谐音 ……………………………………（190）

四　别解 ……………………………………（192）

五　翻新使用古汉字 ………………………（196）

第三节　网络语言中旧词产生新义的原因 ……（198）

一　网络交流形式的特殊性 ………………（198）

二　网络交流主体的特殊性 ………………（199）

附录 ……………………………………………………（202）

参考文献 ………………………………………………（267）

第一章　绪论

第一节　研究对象

一　问题的提出

历史上任何一场大的社会变革，都会在语言里留下深刻的印记。被邓小平称作"中国第二次革命"的改革开放，无论是广度还是深度，都远非以往任何一场社会变革所能相比，因此它给汉语带来的影响也是空前的，这主要表现为：它不仅催生了一大批新词新语，而且还使不少旧词产生了新义或固有语法功能发生了变化。在词汇的这些发展变化当中，其中一种情况值得我们关注，那就是旧词新义。旧词新义是旧词形增加新意义的一种词汇现象，它采用旧瓶装新酒的方式，不创造新词形，而是通过变化或扩大原有词语意义的方法来满足人们表达新概念的需要。例如，"眼球"原来表示"眼的主要组成部分"这一意义，但现在又衍生出新义，借指"注意力"；"化缘"原本表示"僧人或道士向人求布施"，后来发展出新义，比喻"单位或个人到处筹集资金、求取物资"。很显然，旧词新义是利用语言中的固有词语来负载新义，这是在不增加词汇总量的前提下，有效扩展词义容量的一种手段，因此它符合语言的经济原则。与成千上万拥有新词形的新词语相比，旧词新义的数量要少得多，但它们一旦在语言生活中立足，其生命力往往会比某些新词要强得多，因此引起了不少学者的广泛关注。据统计，近三十年来，出版的有关旧词新义的词典已达二十多部,论文也有数百篇。虽然目前见到的有关旧词新义研究的专题性论著不多,但讨论个别词词义发展变化的文章却有不少,比如《"防火墙"新义新解》《"打造"的新义新用法》《"盘点"新义》《流行词"杀手"的语义变化》《说"炒"》《"跳槽"考辨》《说说"洗牌"》《"叫板"的引申义》《释"酷"》《小议"瘦身"》《"蒸发"的非本义用法》《浅析旧词新义"纠结"的用法》等。这些单篇论文虽然零散独立,但却为我们系统深入地研究改革开放以来汉语的词义发展变化提供了很有价值的资料。

在语言的诸要素中,因为词汇与社会的关系最为密切,所以可以从词汇的发展变化窥视社会生活的变革,这正如陈原先生所言,"语言中最活跃的要素——语汇,常常能敏感地反映社会生活和社会生活的变化……语言的发展和社会的发展如何息息相关,这就是语言学的新领域,也就是社会语言学的领域,我们在这种研究中,即从语言现象的发展和变化中,能够看到社会生活的某些领域"①。因此社会语言学中的相关理论为我们讨论改革开放以来汉语词义变化的外部动因提供了理论基础。不仅如此,二十世纪九十年代以来,认知语言学的理论也陆续被引介到国内,学者们纷纷借鉴其中的隐喻和转喻理论来观察汉语词义发展变化的方式,解释多义词词义之间的衍生关系。这些理论较之前训诂学中词义变化模式理论有新的突破,可以为我们解释改革开放以来汉语词义变化的内在机制提供理论支撑。

我们以旧词新义为切入点,目的是要深入探讨改革开放以来汉语词汇的变异现象。词汇变异在人们的言语交际过程中产生,并与我们的社会生活密切相关,因此对汉语词汇的变异进行研究,具有重要的理论创新意义和社会应用价值,这主要体现在:第一,它有

① 陈原:《语言与社会生活》,生活·读书·新知三联书店1980年版,第1—2页。

利于推动汉语语言学的研究向深度和广度发展，同时，也会为汉语辞书的编纂提供选词依据。第二，语言的发展演变离不开词汇变异，对词汇变异进行研究，探讨词汇变异与语言发展演变之间的关系，有助于科学地揭示语言的发展规律，认识语言的本质。第三，词汇变异是词汇成分在特定语境中的变异，它有健康、积极的成分，也有不健康、消极的成分，通过对词汇变异形式、特点及其诱因的探讨，可以在一定程度上引导人们正确使用汉语，从而有助于促进汉语的规范化和标准化。第四，词汇变异既是一种语言现象，也是一种文化现象，它在一定程度上能够反映当前社会转型时期人们的社会生活和观念心态，以及社会思想文化的特点与发展变化。基于此，我们认为，改革开放以来汉语旧词新义研究具有深刻而丰富的语言学和社会文化意义，它对填补和充实现代汉语研究和社会语言学理论有一定的价值。正是基于以上实践要求和理论思考，我们提出了旧词新义研究这一论题。

二　旧词新义的内涵

自吕叔湘先生 1984 年在《辞书研究》第 1 期上发表了题为"大家来关心新词新义"的文章之后，新词新义就成为当今汉语词汇学研究的主要热点之一。而旧词新义作为新词语的一部分，自然也引起了人们的极大关注。"旧词新义"即旧词产生新义，如前所述，它是一种用旧词形表示新意义的词汇现象。为进一步弄清楚"旧词新义"的内涵，我们可以从符号学的角度来加以阐释。如果着眼于符号的或所指或能指任意一种要素的"新"，能指的新与旧和所指的新与旧两两配合，就会出现以下三种情况。

第一种是新词形兼新词义，即利用汉语的构词材料和造词方式创造了一个新词形，而这个新词形表示的是一个新概念。例如，自从湖南卫视推出了《百变大咖秀》这一档娱乐节目以来，我们的语言生活中就以"咖"为共同语素产生的一大批新词，如"夜店咖"

"玩咖""烂咖""综艺咖""大咖"等。

第二种是旧词形增新词义，即"遵循旧瓶装新酒的方式，不产生新的形式，而是依附于原有的词语，采用扩大或变化原有词义的办法来实现"①。例如"包装"原本是指"商品外面用纸包裹或把商品装进纸盒、瓶子等"，包装的对象仅限于"物品"，但随着市场经济的发展和人们观念的变化，它也产生了新义，即"一些唱片或影视公司为获取高额回报对其所属的歌手或演员进行形象风格的定位设计并为之创造各种外部条件使他们走红"，很显然，"包装"一词的指称范围明显扩大，演艺人员的一切风格设计、穿着打扮、技能学习等都可以被称作"包装"。

第三种是旧词义换新词形，即重新创造一个词形来表示词义系统中本来就存在的一个概念。例如，"大哥大"原是一个社会方言词，最先用来称呼黑社会的头领，后来借指"移动电话"。这个词在二十世纪九十年代初曾盛极一时，但后来由于移动式通信工具变得日益普及，并且越来越平民化，再加上"大哥大"这种称呼本身具有炫富的俚俗气这一负面效应，所以人们就新创了一个更为平实的新词——"手机"来代替了它。很显然，"手机"这个词的形式是新的，但理性意义却与"大哥大"这个旧词并无两样。

这三种词汇现象尽管都包含了新的要素，但本质是不同的。第一种情况和第三种情况都产生了新的词形，这就是人们通常所说的"新词新义"和"新词旧义"，而第二种情况是指语言中的固有词语衍生出来新的意义或原义发生变化，与另外两种情况相对应，我们称之为"旧词新义"，而本文所要讨论的就是这一现象。另外需要说明的是，产生新用法的固有词语也应属于旧词新义的范畴，虽然这类词语的语音形式和结构形式是固有的，甚至它们的词汇意义也没有变化，但在具体运用中其组合关系却发生了变异。例如，某些动

---

① 李行健：《"新词新义"仍需关注》，《山西师大学报》（社会科学版）2002 年第 4 期。

宾式动词像"挑战""亮相""登陆"等后面一般不接宾语，但在改革开放以来，这类词语后面跟宾语的用法变得十分常见，如"挑战不可能""亮相广州""登陆荧屏"等。

为了更全面地理解"旧词新义"，我们有必要先弄清楚"旧"和"新"的内涵。"旧词"和"新词"是相对而言的，判定它们必须考虑时间因素。也就是说，"新词"和"旧词"的界定涉及一个时间参照问题，它们的区分总是在一个特定的时间坐标下进行。比如，如果以中华人民共和国的成立（1949）为时间参照的话，那么在此之前产生并一直使用着的就是旧词，反之，在此之后陆续出现并一直稳定地使用到今天的就是新词。因此，本文在界定"旧词新义"这一内涵时，也选定了一个时间参照，即改革开放之始，具体来说是以 1978 年为界。为什么要如此呢？一方面是因为改革开放开始之时是现代汉语词汇系统中旧词新义持续高幅增长的起点，另一方面还因为二十世纪八十年代以来开展的与新词有关的整理和辞书编纂工作，多是以 1978 年以来新出现的词语和意义为对象的。基于此，本文把改革开放之前出现的词语称为"旧词"，以与改革开放以来产生的新词（利用汉语固有语素和造词方式创造的新词或直接从别的语言里借用来的新词）相区别。具体来说是以二十世纪七十年代末中国社会科学院语言研究所词典编辑室编写的《现代汉语词典》（1978 年版）为参考依据，认为凡是被该词典收录的词应算作旧词。之所以这样判定，一方面是因为这部词典收词相对全面，所收条目涵盖了词素、词、词组、熟语等 56 万余条，是改革开放开始之时国内完整出版的收录现代汉语词汇最多的一部词典；另一方面在于这部词典具有一定的权威性，它发行量大、影响广泛，因此以该词典中所收录的词为依据来判定旧词是比较科学的。但需要说明的是，因为受词典规模、性质的限制，有些旧词可能没有作为词条被 1978 年版《现代汉语词典》所收录，但我们通过语料证实了它们在改革开放之前就一直存在并使用着，所以这些词也应属于本书的研究对象。所谓的"新义"是指某些旧词改革开放以后新产生的意义，其主要依据是1983年版、1996年版、2005年版、2012年版《现代汉语词典》以及二十世纪九十年代以来出版的一些新词词典中所收录的义项。但需要注意的是，我们把1978年版的《现代汉语词典》分别与1996年版、2005年版、2012年版的《现代汉语词典》进行对比，结果发现词典中的新增义项有"漏义"和"新义"两种情况。"漏义"指的是1978年版《现代汉语词典》定稿时某词已有的本该收录却失收的意义，比如，有些词因为补充古义而增加义项，这类词多会以"〈书〉"作标志；有些是因吸收简称而增加义项；有的是因补充异体字或"姓氏"义而增加义项。很显然，"漏义"不在本书的研究范围之内。为了尽可能地排除"漏义"，最大限度地搜集有关旧词新义的词例，我们参考了北京大学现代汉语语料库中的一些典范用例，并进行了认真的比较分析。另外需要说明的是，有些旧词在改革开放以后产生的新义，虽然还没有被相关的词典所收录，但已经得到了社会成员的普遍认同，所以也将其视为本书的研究对象。

　　本书所说的"旧词新义"实际上包括了两种，一种是旧义和新义之间有严格的源生关系，即新义是从旧义派生出来的，两者之间存在共同的语义因子。例如，"软着陆"原指"人造卫星、宇宙飞船等利用一定装置，改变运行轨道，逐渐减低降落速度，最后不受损坏地降落到地面或其他星体表面"。后来人们将"飞行器飞行状况"与"经济运行情况"进行类比，在"平稳降低"这个意义上把"软着陆"移用到经济领域，使它在专业语义的基础上又衍生出新的意义，产生了"经济运行状态较平稳地下降或经济增长势头逐渐回落"这一新义，很明显，它的新旧意义中都包含了"逐渐平稳降落、不受损坏"这一共同的语义成分。另一种是旧义和新义之间没有源生关系。例如，"稀饭"原指"用米或小米等煮成的粥"，网络语境产生了新义，表示"喜欢"；"讨厌"原指"厌恶、惹人心烦"，网络新义表示"讨人喜欢,百看不厌"。很显然,这些新旧意义之间没有共同的语义因子,属于非源生关系。

三 旧词新义的不同层面

改革开放以来的旧词新义是一个范围较广的集合体,从新意义的存在形式、使用时效、应用范围等方面来考察,其实它们并不属于同一个层面。大致说来,它可以分为以下两个层面。

一个层面包含的是一般意义上的旧词新义。语言是一个变动不居而又大致持衡的系统,新词新义不断产生,旧词旧义逐渐消亡变化。这里所说的"一般意义上的旧词新义",正是以动态的发展变化为视角,以语言原有的词义系统为参照系进行审视的结果。这个层面的旧词新义是泛时的,因此涵盖面广而又不可穷尽。它几乎每时每刻都在涌现,处于一种极不稳定的状态之中。有的可能逐步扩大使用范围,被广大社会成员所认同而进入共同语;有的可能就是昙花一现,在某一交际场合曾经传递了新的信息;有的也可能只是在某一语境中产生并一直发挥作用,但在该语境之外的其他场合却鲜有用到。

另一个层面包含的是规范化了的、已进入到民族共同语的旧词新义。某些旧词新义因适应了语言交际的需要而迅速扩大使用范围,并逐渐发展成为民族共同语的一员。与一般意义上的旧词新义相比,这类旧词新义具有明显的"广用性"和"频用性"的特点。"广用性"是指旧词产生的新义为社会各个阶层所广泛使用,"频用性"是指旧词产生的新义有比较高的使用频率。正是基于此,所以该类旧词新义会被规范性辞书当作一个新的义项收录。

这两个层面的旧词新义,从概念的外延来说,一般意义上的旧词新义大于规范化的、已进入到民族共同语的旧词新义,但从使用的时效性来看,却正好相反,一般意义上的旧词新义,是语言绝对变异性的表现,也是规范化了的、已进入到民族共同语的旧词新义赖以产生的土壤，是取之不尽、用之不竭的宝库。规范化的、已进入到民族共同语旧词新义是对一般意义上的旧词新义评判、抉择的结果，是语言相对稳定性的一种表现。但需要说明的是，这两个层面的旧词新义有时并非泾渭分明，它们之间往往互相交错，我们必须待以时日，方能分辨其本色。正确认识不同层面的旧词新义，并以不同方式去处理它们，这是编纂不同类型的新词词典时必须考虑的一个问题。

四　旧词新义的属性

关于"旧词新义"的属性，目前语言学界概括起来主要有两种观点，一种是认为它属于新词语一部分。向超（1952）曾经指出，"新词并不单指新造的词。构成新词有四种方式……其中第二种就是赋予旧词以新的意义和新的用法"[①]。赵克勤（1988）认为："怎样给新词语下定义？……新词的不断产生，旧词的不断死亡，这是发展变化的一个方面；新义的不断产生，旧义的不断死亡，这是发展变化的另一方面。因此，新词语不应该仅仅限于新词形，也应该包括旧词形所包含的新意义。"[②] 很显然，赵先生明确地将"旧词新义"列入了"新词语"的范围。王铁昆（1992）也认为"新词语是指一个新创造的或从其他语言中，从本民族语言的方言词、古语词和行业语中新借过来的词语，也指一个产生了新语义、新用法的固有词语"[③]。陈原（1997）同样也把旧词新义归入了新词语，他认为："新词语包括新的词语、新组合的、新引进的、或者是旧词语复活，或被赋予新语义。"[④] 另一种认为它不属于新词

---

① 向超：《关于新词和新义》，《语文学习》1952 年第 1 期。
② 赵克勤：《论新词语》，《语文研究》1988 年第 2 期。
③ 王铁昆：《新词语的判定标准与新词新语词典编纂的原则》，《语言文字应用》1992 年第 4 期。
④ 陈原：《关于新词语的随想》，《语文建设》1997 年第 3 期。

语。国怀林（1992）曾指出："如果把所有产生了新义的原有词语都算作是新词语，无疑将新词语的范围扩大了……"① 徐国庆（1999）同样认为："若仅就'新义'而将'旧词新义'归入'新词'的行列，是不应该的，是很危险的。"② 盛林（2003）也持有相同的看法，"旧词新义是旧有词的词义发生语义运动，在原有词义基础上产生的相近语义。……所谓新义实际上只是原有词语的一个新的义项而已"③。

对于"旧词新义"的属性，我同意前一种观点。因为词作为语言符号，是形式和意义的统一体，所以其中任何一个要素的"新"，都可以作为判定新词的重要依据。如前所述，旧词新义是旧词形承载了新意义，也就是说，对于产生了新义的旧词来说，它的形式虽然是旧的，但意义却是新的，因此我们认定旧词新义属于新词语。照此说来，从词形的角度来看，新词语可分为两类：一类是具有全新词形的新词语，另一类是词形没有变化的新词语，赋予新义的旧词就属于不创造新形式的新词，这样处理，就避免了用单纯的形式标准来判断新词而造成的片面性。通过创造新词形固然是新词产生的一个重要途径，但一味地增加新词形势必会加重人们记忆的负担，因而相比之下，赋予旧词以新义可以说是一种更为经济实用的创造新词语的方式。

第二节　研究综述和语料来源

一　研究综述

如前所述，旧词新义属于新词语的一个重要组成部分，但就目

---

① 国怀林：《论新词语的确定》，《语言学论辑录》第 2 辑，北京语言学院出版社 1992 年版，第 113 页。

② 徐国庆：《现代汉语词汇系统论》，北京大学出版社 1999 年版，第 211 页。

③ 盛林：《辞书的修订与创新》，商务印书馆 2003 年版，第 216 页。

前新词语的相关研究成果而言，旧词新义的研究一直比较薄弱，这主要表现为探讨旧词新义的专题性成果较少，已有的大都是将其当成新词语的一类顺便提及，倾向于跟新词语熔为一炉进行全盘研究。这正如周洪波在《近年来汉语新词语研究的进展》一书中所言，"现有的新词语研究成果大多集中在新词的研究上，新义研究很少，新用的研究几乎是空白"①。因此我们有理由认为，这种现状并不利于对旧词新义进行全面系统的深入挖掘。

虽然目前研究改革开放以来旧词新义的专著并不多，但进行个案分析的文章却有不少，综合起来，这些研究主要涵盖了以下几个方面的内容。

第一，关于旧词新义的范围问题。哪些属于旧词新义，目前语言学界对此有广义和狭义两种看法，广义的旧词新义既包括新旧意义之间有源生关系的，也包括新旧之间没有源生关系的。如李亚军（2000）认为旧词表达新义"包括两种情况：一是新义是以原词的词义为基础而产生的，另一种是新义与原词的词义没有关系，只是依托了原词的词形。两者的共同之处为旧词形负载新意义，不同在于新义的派生式产生与非派生式产生。这两者都在我们的研究范围之内。从结果上说，新义不管是以哪种方式产生的，都表现为义项的增加"②。黎昌友（2009）认为"网络语言的旧词新义中新义与旧义的关系有非源生和源生两种形式，前者是借用旧词形负载新义，新义与旧义毫无联系，后者是在旧义的基础上派生出新义"③。狭义的旧词新义只包括新义与旧义之间有源生关系的。如任妍晖（2010）认为"旧词新义属于现代汉语词义系统内部的变化，是新

<hr />

① 周洪波：《近年来汉语新词语研究的进展》，中国社会科学出版社 2008 年版，第228页。

② 李亚军：《九十年代以来旧词新义探析》，硕士学位论文，河北师范大学，2000年，第3页。

③ 黎昌友：《网络语言旧词新义中新义与旧义之间的关系》，《社会纵横》2009年第8期。

词语中较为特殊的一类，具体来说，是指词义系统中同一个词形在原有常用意义的基础上产生了新的意义，且这一意义已经相对较为稳定地在语言交际中流传与使用开来"①。曾柱认为"如果新义与词形表示的原有意义没有明显联系甚至可以说完全没有联系，那么我们可以说是新词语，不过这不是'旧词新义'而是'同形新词'了。以上两种情形应作区分"②。

第二，关于旧词产生新义的原因问题。学者们从不同角度探讨了旧词产生新义的原因，如刘剑三（1996）认为新时期固有词语产生新义主要有两个原因：一是新事物的出现；二是人们认识的演化。申雅辉（2000）认为社会的发展、人们观念的变化、言语主体创造性地运用、心理活动中的联想机能等因素可以促使旧词产生新义。熊可嘉（2007）认为新事物、新现象的涌现是旧词产生新义的根本原因，而社会心理的变化是旧词产生新义的重要因素。吴亮（2006）认为社会生活的发展、人们思想意识的发展分别是旧词产生新义的外部原因和内部原因。

第三，关于旧词产生新义的方式或途径问题。学者们从不同角度探讨了旧词产生新义的方式，如申雅辉（2000）认为"旧词产生新义的方式主要是引申和修辞，此外，重解合成词中的语素、改变词的感情色彩、改变词性，也能使旧词产生新义"③。武稀楠（2008）把旧词产生新义的途径归纳为喻指、引申、替代、搭配及其他。姚柏舟（2014）认为词义引申、构词歧异和外来词"套译"是旧词形融入新词义的主要方式。这些研究可分为两大类，一类是以词形为基点描述词义的变化，另一类是以词义为参照去反观词形的选择，两类研究互为补充，大致勾勒出了旧词产生新义的途径或方

①　任妍晖：《新媒体语境下的旧词新义研究》，硕士学位论文，曲阜师范大学，2010 年，第 3 页。

②　曾柱：《旧词新义与新词语词典编纂相关问题浅议》，《辞书研究》2011 年第 3 期。

③　申雅辉：《旧词新义研究》，硕士学位论文，广西师范大学，2000 年，第 11 页。

式。但需要指出的是，这些途径概括得还不够全面，有的列举出来的小类之间还存在交叉关系。

第四，关于新旧词义变化模式问题。已有的研究大都是将旧词的新义和原有意义进行比较，归纳出词义变化的模式，其结果基本上是词理性意义的扩大、缩小、转移，或词的感情色彩发生由褒到贬、由贬到褒的变化，如张婷（2007）认为"词的义项，有增有减；旧词的义项所反映的事物，有的扩大、有的缩小，还有的发生转移；旧词的附加色彩，有的赋予了褒义，有的赋予了贬义"[①]。申雅辉（2000）将其归纳为词义的泛化、词义的专化、词义的深化、词义的转移四种。

综观已有的关于旧词新义的研究成果，我们发现：从研究的视角来看，过分注重静态研究。刘叔新（1984）曾尖锐地指出："现代汉语的词汇研究一向比较注重静态的（语言的）而忽视甚至排斥动态的（言语的）研究。"[②]许嘉路、朱小健在《汉语史研究的现状与展望》中也说："关于词义引申，长期以来，训诂学家对词义演变的描述都停留在本义引申义的笼统说明以及词义扩大、缩小、转移三个类型的静态介绍上，没有从语言的内部和外部去寻找词义演变的动力和条件。"[③]旧词新义的研究也同样如此，分析新旧词义演变的模式也好，讨论新旧义项中的义素遗传的情况也罢，无不是从静态角度来描写汉语词义的发展事实。其实很多情况下，词义的变化与词语的动态使用密不可分。从研究内容来看，旧词新义形成的认知机制、社会文化背景、语言主体的创新性理解及特殊的语用心理、交际语境对旧词产生新义的促动作用、改革开放以来的

---

① 张婷：《近30年来的旧词新义研究》，硕士学位论文，上海师范大学，2007年，第13页。

② 刘叔新：《词汇学和词典学问题研究》，天津人民出版社1984年版，第189页。

③ 许嘉路、王福祥、刘润清：《中国语言学现状与展望》，外语教学与研究出版社1996年版，第56页。

词义变化与汉语史上的种种词义变化现象有何共性、如何针对旧词新义设立义项等。这些问题在已有的研究中很少涉及，因此有深入系统研究的必要。

　　基于此，本书探讨改革开放以来汉语的旧词新义现象，力图把静态的和动态的研究有机地结合起来，联系语用因素分析旧词产生新义的原因，并详细描述其意义变化类型、产生途径，出现原因等问题，意在为改革开放以来汉语词义的发展变化提供一个新的观察视角，希望所得出的规律性结论，为现代汉语词汇规范化工作提供有益的借鉴。

二　语料来源

　　本书所选用的词例，主要来自《现代汉语词典》（1978 年版）、《现代汉语词典》（1983 年版）、《现代汉语词典》（1996 年修订版）、《现代汉语词典》（2005 年版）以及《现代汉语词典》（2012 年版），之所以如此，是因为它们具有较强的规范性、理论性、时代性。《现代汉语词典》虽然不是新词新语词典，但不同时期的编纂修订却在某种程度上适时地反映了词语发展变化的情况。不仅如此，这部词典对新词新义的吸收也比较慎重，所收录的新义大都是在社会上流传较久、有一定稳定性的，这样可以有效地避免新词新义选择的随机性，从而使新词新义对比研究的结论更为可信。另外，也有部分来自下面一些新词语词典，如亢世勇和刘海润的《新词语大词典》（上海辞书出版社，2003）、周洪波的《新华新词语词典》（商务印书馆，2003）、王均熙的《新世纪汉语新词词典》（汉语大词典出版社，2006）、侯敏和周荐的《2007 汉语新词语》（商务印书馆，2008）、《2008 汉语新词语》（商务印书馆，2009）、《2009 汉语新词语》（商务印书馆，2010）。从时间跨度来看，这些词典的收词基本反映了近 30 年现代汉语新词新义的概貌。至于书中所用例句，有些是来自书刊报纸，有些是来自北大语料库（CCL 语料库），有些是来自人民网、百度、谷歌、搜狗等网络搜索，还有些是公开发表的论文或专著中使用过的。

第三节　理论基础和研究方法

一　理论基础

本书主要借鉴社会语言学中的"共变理论"和认知语言学中的"隐喻和转喻理论"来研究分析问题，现简要介绍如下。

（一）共变理论

美国学者威廉·布莱特（William Bright）提出了"语言与社会结构共变理论"，这里所谓的"共变"，是指当社会生活发生渐变或激变时，作为社会现象和社会交际工具的语言，也会随着社会生活的发展而发生变化。这就是说，语言的发展变化从来都是与社会的变迁紧密相连的。作为社会存在必要条件的语言是一种特殊的社会现象，它一方面要依附于社会，另一方面又对社会的发展具有应变性。为适应社会的发展，语言创造了丰富的新词新义，与此同时，不断产生的新词新义又从侧面反映了社会的发展变化，服务于新的社会交际需要。不同时期产生的新词新义可以明晰地反映社会发展的脉络，因此，语言研究不是单纯地就语言而研究语言，而是将语言研究与当时的社会环境和时代特点有机地结合起来，这样有利于语言研究的系统化和多样化。正是因为如此，改革开放以来从事语言研究的学者们大都尝试从语言与社会关系的角度来研究新词新义，揭示其产生的社会动因。也就是说，这种社会语言学的研究视角在目前的词义研究中占有重要的地位。

（二）隐喻和转喻理论

人类认识世界的过程中，隐喻和转喻是基本的认知手段和思维方式。隐喻的本质就是用一种事物去理解和经历另一种事物，也就是将始源域（source domain）的经验映射到目标域（target domain），表达式为"A is B/A 是 B"，A 是我们试图去理解的概念，一般来说相对陌生和抽象，被称为"目标域"；而 B 是我们用作去理解 A 的概念，一般来说相对熟悉和具体，被称为"始源域"。两个域之间的关系是差异上的相似。莱考夫和约翰逊（Lakoff & Johnson）（1980）把概念隐喻分为"结构隐喻（structural metaphor）""本体隐喻（ontological metaophora）""空间隐喻（orientational metaphor）"。结构隐喻是指以一个结构清晰、界定分明的概念来认知建构另一个结构模糊、界定含糊的概念，使两个概念相叠加，将涵盖某一概念的各方面的表达用于另一概念中。这样，两个概念域之间存在着有规律的结构对应关系，如"时间就是金钱""人生是旅行"等。本体隐喻是指人们将抽象的、模糊的思想、感情、活动、时间、状态等无形的概念视为具体的、有形的实体和物质的隐喻，对它们进行辨别、指称、分类和量化，从而使自己更好地理解自己的经验。它主要分为"实体和物质隐喻""容器隐喻""拟人隐喻"等。实体和物质隐喻是通过有形和具体的物体来理解无形和抽象的概念，如"他今天脑子生锈了"；容器隐喻是本体隐喻中最典型的，任何有真实边界或有构想边界的物理空间都可视为容器，如"他陷入沉思""病人从昏迷中醒来"等；拟人隐喻是把无生命实体或抽象事物人格化，使其具有人性的色彩、特性和活动等，如"生活欺骗了我们""电脑死机了"等。空间隐喻是指将"上—下、内—外、前—后、深—浅、中心—边缘"等空间方位映射到非空间概念上而形成的一系列隐喻。空间方位感知是人类赖以生存的基本能力，因此人类可以借助空间方位中获得的基本经验去理解情感、数量、健康情况、社会地位等抽象概念，如"我的情绪很低落""趾高气扬"等。

转喻是通过与其他事物的关系来概念化一个事物的过程。语言交际会受到相互竞争的信息最大化和经济最大化原则制约，交际者只能选择具有凸显性（salience）的、重要的部分代替整体或整体的其他部分，或用具有完形感知的整体代替部分即运用转喻进行交际，因此从这个意义上说，转喻是同一个域中一个概念实体（始源域）为另一个概念实体（目标域）提供心理通道（mental access）的认知过程。与隐喻不同，转喻涉及的是同一个域中整体和部分或部分域部分间的关系，始源域和目标域之间是邻近性（contiguity）的关系，始源域的功能是为理解目标域提供心理可及性。

认知语言学中的隐喻和转喻理论，可以为词义发展机制的探讨提供理论阐释，并且具有较强的说服力。不仅如此，还具有较高的概括性。比如，本书运用"事件认知框"，使动词名化和名词动化的异同在统一的转指模型内得到了一定程度的解释。

二　研究方法

（一）宏观研究和微观研究相结合

宏观研究是指把改革开放以来旧词新义的研究置于广阔的空间和时间背景中，从总体上探讨其类型、表现以及发展规律；微观研究是指从词义内部来观察它发生变化的情况，如专用词语词义泛化的不同阶段，词义移植的类型以及在目前汉语中的运用情况等。宏观研究和微观研究相结合，这样宏观带动微观，微观充实宏观，相互补充，对改革开放以来汉语词义发展变化的观察才会更扎实、更深入。

（二）理论研究和实证研究相结合

本书在分析问题时大都采用理论与实证相结合的研究方法。进行科学研究，一要有科学的理论作指导，二要有大量的实例来验证，两者缺一不可。有人说，理论就如同搭建房子的整体构架，而实例则像是填充整个构架的砖和瓦，没有实例支撑的理论是虚妄的、不可信的，而没有理论统领的实例则是杂乱的、无意义的。我们在分析中总是先给出相关的词义理论，然后找出对应的词例来证明，这在第二章旧词新义的类型、第五章旧词产生新义的原因等问题的论述中体现得尤为明显。

（三）归纳与演绎相结合

语言研究是人类认识范畴的一部分，这就决定了归纳和演绎与语言研究之间有着密不可分的关系。我们在研究中首先以语料为基础，从中归纳出旧词新义的类型、特点及产生途径，然后以此为理论基点去分析其他与此相关的词义现象，进一步印证已有的研究结论是否合理。归纳与演绎相结合，使我们对旧词新义的认识不断地从个性认识上升到共性认识，然后又以这种共性的、规律性的认识为指导，再去探究新的旧词新义现象，从而不断丰富已有的理论。

（四）描写与解释相结合

我们对改革开放以来专用词语词义的泛化、词义移植及某些词的色彩义变化进行充分的描写，尽量展现汉语词义发展变化的真实面貌。同时，运用相关的理论来解释这些词语产生新义及发生变化的内部及外部动因。英国语言学家简·爱切生（Jean Aitchison，1997）指出：

> 语言变化有可能由社会因素引起，比如，语言风尚、外来影响和社会需要。但是，除非语言已经"准备好"要发生某种变化了，否则，这些因素并不能发生影响。在人的生理和神经构造中已经存在某些内在的倾向性，那些社会因素只不过是利用了这些固有的倾向罢了。所以我们要从不同的层面找寻语言发展变化的原因。于是，语言发生直接变化的原因不但一定要在发生变化的语言的潜在的倾向性去找，而且也一定要在人类语言一般的潜在倾向性中去找。[①]

因此，我们在描写词义发展变化这种现象的同时，还要注重揭

---

① ［英］简·爱切生：《语言的变化：进步还是退化》，语文出版社 1997 年版，第211 页。

示引起这种变化的内在因素。

（五）静态和动态相结合

语言的静态研究是必需的，因为它可以比较清楚地描写语言的结构与类型。然而仅有这种研究是不够的，因为静态是相对的，而动态则是绝对的。人们使用着的语言无时无刻不在发生变异，在变异中不仅存在着语言要素的临时性变化，而且也存在着某些将要成为或已经成为事实的变化。所以研究语言还必须对语言进行动态的分析。这一点，在词汇研究方面表现得尤为明显。因此，改革开放以来汉语的词汇研究不仅要揭示共时平面上相对稳定的状态，分析它的构成和组织情况、组织成员之间的各种关系，而且还要密切注意词汇系统在共时平面上的临时的变动情况。只有如此，才能保证对其研究的全面性和立体性。

第二章　旧词产生新义的类型

第一节　词义的一般类型和存在方式

一　词义的一般类型

旧词新义现象属于词义发展演变的范畴。我们要分析词义的发展变化，不能不先讨论词的一般性意义类型。因为只有知晓了词有哪些类型的意义，才能判定词的意义演变是哪一类变化，并在此基础上进一步探讨不同类型的意义变迁各有哪些条件和特点。目前语言学界对词义的意义类型有不同的看法，综合起来主要有两种情况。

一种是把词义粗略地划分出理性意义（又叫概念意义）和色彩意义两大类，理性意义是指词义中同概念表达相关的意义部分，而色彩意义是指词所表示的有关某种倾向或情调的意义，包括感情色彩、语体色彩、形象色彩等。

另一种是把词义精细地划分出不同的小类，代表人物有苏联学者戈罗文（В. Н. Головин）、伏敏娜（М. И. Фоинн）、英国语义学家杰弗里·里奇（Geoffrey Leech）等。戈罗文首先根据词义同现实中事物现象的联系将其分为指名义和指号义、直接义和转义、具体义和抽象义。指名义使词指称物，给物命名，听到或读到带有指名义的词，人们一下子就了解、"看到"所指示的事物，而与别的事物区别开。指号义只能使词标志对象、使成为对象的一种符号，不能给对象指出个体的名称。直接义直接反映指称对象的本质属性。转义通过同一词的某个意义为中介而间接地反映指称对象。具体义是指词可以同单个的、确定的事物发生联系的意义。抽象义是词不能同单个的、确定的事物发生联系的意义。根据词义同思维的关系将其分为术语义和一般义、形象义和非形象义、感情义和非感情义。术语义是指词的同概念趋于一致的意义，而一般义则是指词一般应用中的意义，例如，"惰性"一词的术语义是指"物质不易跟其他元素或化合物化合的性质"，一般义则指"不想改变生活或工作习惯的倾向"。形象义是同对物体的具体的感性的反映的表象有联系的意义，非形象义是指同对物体的具体的感性的反映的表象没有联系的意义，如"碧空"一词具有形象义，而"天空"一词就没有形象义。感情义指词的同人的感情、愿望相联系的意义，非感情义则是指词的不与人的感情、愿望相联系的意义，如"父亲"一词有表示"尊敬"这一感情义，而"杯子"则没有任何感情义。伏敏娜根据词义与现实联系的特点将其划分为直接义和转义。直接义直接指示事物、现象、动作、性状，而转义是由直接义从指示某一对象转换到指示另一对象时产生的，受到联想和比较的制约。直接义可以成为基本义，它更少受结合能力的限制，但在组成词汇的聚合关系方面起制约作用。词的基本义只能从现代词汇系统中去确定，因为它在不同时期内容可能不一致。根据作用将词义分为指名义和指名又带感情色彩义，前者给事物命名，后者除给事物命名外，还带有某种感情色彩。里奇把词义分为概念义（conceptual meaning）、含蓄义（connotative meaning）、风格义（stylistic meaning）、感情义（affective meaning）、组合义（collocative meaning）、反射义（reflective meaning）和主题义（thematic meaning）七种类型。概念义是词的逻辑的、认识的或指示的内容，它在交际中占中心位置，其语义特征是固定的、非开放的。含蓄义是指词所表达的由它所指示的东西产生的概念义以外的内容，其内容会随着时代、集团、个人的不同而

不同。风格义是指词所表达的语言应用的有关社会环境的内容。感
情义是词表达的说者或写者的感情、态度的内容。反射义是联想到
同一个词的其他的意义，比如说表示人体生理过程的词可能有多个
意义，但人们会因忌讳联想到生理过程的意义而不用这个词，改换
别的说法。组合义是联想到的该词出现的语境中同其组合的其他词
的情况。主题义是指用语序或强调表示的意义。其中含蓄、风格
义、反射义、组合义可并称联想义，因为它们都是基于经验接近的
基础上由思维的联想产生的，同概念义相比，它们具有开放的、不
确定的特点。

　　综合以上不同学者对词义主要类型的认识，我们认为，词义是
人们对词所指称对象的认定、对所指事物表征、本质的感受、理解
和评价，对词语所含情感、语态的细腻体会、对于生动化构词依据
的习惯性联想，以及对词实际使用条件、方式的判断等方面的总和。
基于此，为方便研究，我们粗略地把词义分为指称意义、理解意义、
用法意义三种类型。

（一）词的指称意义

　　词作为一种语言符号，它们中的大多数都与外部事物（客观世
界里存在的或仅存于人们的意想中的）之间有着指示和被指示的作
用。一般来说，有实际意义的词大都有指示的对象，如事物、行为、
属性、状态、数量、关系等。理解了某个词的这种"指示"意义，
就是理解了这个词最基本的、最粗浅的，当然也是最重要的表象性
内容，人们据此就可以利用它进行最简单的语言交际。因此从这个
意义上来说，指称意义反映的是人们对词所指称范围和对象的理解，
这种理解的本质在于，将所指称的对象同其他相关对象之间的界限
划分清楚，从而正确指认语言所指的"这一类"或"那一类"。我
们经常提到的词义的模糊性，实际上说的就是指称意义的模糊性。
词义的模糊性是指词义的界限有不确定性，它来源于词所指称的事
物边界不清。比如，"中午"一词所指的是"白天十二点左右的一

段时间"，但到底是"左"多少还是"右"多少，谁也没有办法说得上来；从英语中借入的外来词"酷"，是现在使用频率很高的一个褒义词，但究竟什么样的神情、举止、风貌、行为才可以称得上是"酷"，好像也并没有一个明确的规定。

（二）词的理解意义

一个具有实际意义的词，暂且撇开它指称的具体对象，也不去考虑它投入使用时（同别的词相组合时）的特点，它仍然能使我们感受到许多意义内容，这就是该词比较纯粹的"自身"的意义——理解意义。一般说来，词的理解意义包括了词的概念意义、评价意义和联想意义。

1. 词的概念意义

概念意义居于理解意义的核心，它是指人们对词语所指称对象的概括性的认识。概念意义在形成的过程中，舍去了许许多多个别事物的具体的、细节的、差异性的东西，把握住了整类事物的共性，并加以"范畴化"。有了概念意义，词才能够用作统一的名称去指称一类事物。词的概念意义可划分为两类：一类是科学意义，另一类是生活意义。词语科学意义的获得，是科学昌明之后的事，它的前提是人们对词所指的事物有了更为深刻、准确的新认识。例如"日食"，《现代汉语词典》（1978 年版）解释说："月球运行到地球和太阳的中间时，大阳的光被月球挡住，不能射到地球上来，这种现象叫日食。太阳全部被月球挡住时叫日全食，部分被挡住时叫日偏食，中央部分被挡住时叫日环食。日食总是发生在朔日，即农历的初一。"这里解说的就是"日食"一词的科学意义。当然，古时候，人们对"日食"一词完全不同于现在，他们将这种天文现象称作"天狗食日"，即"一个黑色的怪物吞食了太阳，这是上天示警的征兆"。又如"圆"，它的生活意义是"像太阳、车轮、脸盆等东西的形状"，而科学意义则是"在平面上，一个动点以一个定点为中心，一定长为距离而运动一周的轨迹"。

2. 词的评价意义

词的评价意义有内外两个层次：内层是词语本身带有的各种情感色彩、语体色彩，这是人们在单独面对这些词，或运用这些词的时候明显感觉到的，我们称为情感、语体评价；外层实际上是人们对所指称事物的态度在词义领域的一种投影，我们称为态度评价。

词的情感评价意义即通常所讨论的词的感情色彩，有褒义、中性、贬义之分。如"妖媚"一词，《现代汉语词典》（1996 年版）的释义是"妖媚而不正派"，"不正派"这一贬义词，既是一种意义的限定，又表明了"妖媚"一词的贬义色彩。词的语体评价意义或者是因为词语经常出现于某种特定的语体而形成的，或者是因为词语保留着来源语言特殊的风格特质而造成的，前者可分为口语语体色彩和书面语语体色彩，后者可分为方言语体色彩和外来语体色彩。比如，"玩儿命、溜达、加塞儿、抓阄儿"等多在口语中使用，而"蹒跚、敦促、斡旋、忐忑"等则多在书面语中使用。"款爷、神侃、靓仔、排档"等具有鲜明的方言语体色彩，而"罗曼蒂克、汉堡包、沙拉、茶道、料理"等则带有异域的外来语体色彩。词的态度评价意义起源于人们对词语所指称事物的积极或消极的看法，它可能因社会、阶级、种族、文化等方面的差异而存在较大的不同，但不管怎样，它还是根据社会的主流看法来决定的。态度评价不同于感情评价，两者的区别主要在于：

第一，人们对词语所指称事物的或褒或贬的评价不一定转化为词语的褒贬色彩。例如"炒股"，原来在许多人的心目中是不屑为之的投机行为，而现在则作为大有收益的生财之道得到了大众的认可，但它始终与褒贬色彩不沾边。

第二，具有褒贬色彩的词语大多数与态度评价不发生关系，如"顽固"和"顽强"分别是贬义词和褒义词，但因为它们指称的事物并不固定，那是由说话人依据自己的看法临时决定的，所以也谈不上态度评价意义。

第三，态度评价与感情评价在内容、范畴上不完全一致。积极的或消极的评价，或许隐含了些许褒扬或贬斥的情感，但更重要的是还附加上了一些理解内容。例如"发财"，"文化大革命"时期人们大多将其看成"资本主义倾向"，改革开放以后则多评价为"市场经济的正常现象""让人羡慕的事"，因此消泯已久的有关"发财"的寒暄语如"恭喜发财""请问在哪里发财""借你吉言、共同发财"等也随之流行了起来，可见，这些都不是感情色彩选择的结果。态度评价意义和感情评价意义也具有相同的一面，即它们都会影响词语的选择使用。态度评价不佳的词语，因为人们在使用时常常怀有顾忌，所以无形中缩小了分布的范围。如"胖"，当以瘦为美成为社会风尚时，其好评度就会越来越低，所以人们不免换用"富态""丰满""长好了"来婉指，或干脆采取缄口不言的规避态度。过去给小伙子找对象，说媒牵线的人在陈说其优点时，为人"老实""厚道"总是会得到十足的强调，但现在用"老实""厚道"等词虽说评价还不算坏，可不少人认为那是"不聪明""不会办事""不知变通、死板"的代名词，所以这种场合下这类词就越来越少使用了。

3. 词的联想意义

词的联想意义是人们在造词理据、词间联系、语用及文化背景等方面发生自然联想而经常附着于词语的意义，它包括理据联想意义、词间联想意义、情景联想意义、文化联想意义等。

有些词具有理据联想意义，它是由词的构造形式显示出来的造词初意。一部分造词理据是富于形象感的，例如，"鸡冠"一词引领我们把鸡头上的红色的肉质部分与"冠帽"联系起来，"映山红"一词以"把山映得红彤彤"的描绘，点染出它在山间热烈怒放的情状，"雀跃"一词以鸟儿欢快地蹦跳形容人们欢呼跳跃的样子。理据的形象性以词义概念中的某种形象要素为依据，而概念的内容又以所指事物对象为现实基础。但是理据的形象性并不直接属于词义的理性理解，因为理据毕竟用于造词法的范畴，它只有通过联想的途径才能成为词义的外围部分。词间联想意义是指当人们提起某个词时，常常会不由自主地联想到与之有密切联系的另一些词。比如，由"八"会想起"发"，由"桔"会想到"吉"，由"九"会想到"大、多"等。情景联想意义是指人们会不自觉地把词语所指称事物的某一种倾向，设想为该词语所含有的意义成分，这种意义联想具有一般经验的性质，比如"局长"，人们会附加上"男性""年长""有权力"等意义内容；文化联想意义是指有些词会勾起人们对民族历史事物和社会文化观念的联想而获得的意义。比如，"西风"可以引发"秋天、衰败、黄叶飘落"等凄凉情感，"东风"可以唤起"万物萌发、春雨、和暖"的想象。

（三）词的用法意义

我们对词义的理解，往往都习惯于从构成词语的语素所传达出的意义中去寻找答案，但词语的用法意义却并不是如此。例如"银发"，从字面意思上去看，是指"白头发"，但这样的理解如果没有"多用来指老人"的限制和说明，人们就很难准确地理解和使用它，因此可以这样说，词的用法意义也是词义构成中不可或缺的重要部分。正如拉迪斯拉夫·兹古斯塔（Ladislav Zgusta）在《词典学概论》中所说：

> 我们也许可以把词的使用范围看作词义的第三个基本成分。（按：其他两个成分为指称成分，即所指内容、所指对象；附加意义，即不同的风格色彩、感情色彩等）……英语"corned"一词作"腌"解时，其使用范围非常有限，通常在现实生活中只用来修饰牛肉，构成"corned beef"（咸牛肉）。汉语中"白皑皑"只能用来修饰"雪"……在某种意义上说，词的使用受到"风格特点"、与语义有关的考虑、"语法范畴"的限制。但是词典编纂者主要关注的是可以看作有关的词的个性特征，在应用范围方面更具体的限制，这些限制条件似乎经常和所指内

容的核心特征相交叉……认为（词的）使用范围（按：在经过严格限定意义上讲的使用范围）是词义本身的构成成分，这种意见并不是所有的语言学家都会接受的……即使词典编纂者认为（词的）使用范围不是词义本身的构成成分，他也必须把它看作是有关的词怎样使用的具体规则，看作是该词的所指意义的一部分，结果反正是一样。①

关于这一点，符淮青（2004）也持有相同的观点。他认为词素义和词的暗含内容是词义中不可或缺的重要成分，词素义是由词素所承载的词义部分，词的暗含内容则是"词义内容必须具有而完全不包含在构词的语素义中的内容"②。具体来说，它分为以下几种情况：一是暗含语素义所表示的动作行为、性质状态的主体；二是暗含有语素义所表示的动作行为的特定的关系对象；三是暗含语素义所表示动作行为的时间、空间、数量、工具、方式等的限制；四是暗含有语素义表示的事物的存在范围、各种性状等的限制。不仅如此，他在《词汇的描和分析》一书也提到，释义主体应该解释词义的构成成分，有些括注内容属于词的暗含内容，它是对词义搭配关系的说明。与这种词义理论相呼应，20世纪的中国语文辞典纷纷标明了词的用法，中国社会科学院语言研究所主编的《现代汉语词典》在这方面更有独到之处，它多是采用括号标注的方法显示词语的适用范围、适用句式、搭配关系等，很显然，这就意味着承认了词的用法意义在词义构成中的合理地位。解正明（2001）在《〈现代汉语词典〉释义括注》一文中，将《现代汉语词典》中的括注按照其内容的不同，将附加性括注分为语用型和语义型两类，其中语用型是指"括注内容用来揭示语用环境（语境）。广义的语境，包括语

---

① ［苏］拉迪斯拉夫·兹古斯塔：《词典学概论》，商务印书馆1983年版，第50—57页。
② 符淮青：《现代汉语词汇》，北京大学出版社2004年版，第222页。

词的使用范围、语法地位、适用句式、适用时代等各个方面"①。

很显然，词的用法意义反映着人们对词的出现语境、使用方式等方面的理解。词的使用涉及词在句子中与其他词的共现关系，一般分为组合关系和搭配关系。词的组合关系显示了词在各类语法结构中的活动方式，具有相同组合特点的词由此聚合成词的语法类别——词类，因此，组合关系所体现的是词的语法意义，属于语法学的研究范畴。但是，使用中的词结成的意义关系、受到的共用限制并不能完全从语法的角度去观察，也就是说，词的共现关系还要受到词汇意义的选择和制约以及使用习惯的影响，从而体现出词汇性的搭配意义，这就是词的用法意义。例如，河南话里的"吃"在特别强调具体咀嚼动作的时候，它后面充当宾语的食物一般都是固态的，如"吃饭、吃肉、吃馍、吃面、吃食儿、吃西瓜"等，但需要说明的是，"吃利息、吃老本、靠山吃山"等说法例外，因为这些结构中的"吃"并不表示具体的进食行为，而是"依靠……生活"的意思，此种用法实际上是词理性意义逻辑延伸的结果。但在上海话中，"吃"的搭配范围要广泛得多，如"吃茶、吃水、吃酒、吃烟"等，这表明了"吃"在上述两种不同的方言中具有不同的搭配关系意义。这种现象与其说是与"吃"在语义场中的地位、分工有关，不如说是在不同方言中，人们对其使用范围、搭配对象方面的理解不同，也就是词的用法意义不同。

二 词义的存在方式

(一) 静态词义和动态词义

苏联词汇学家兹古斯塔（1983）曾经指出："在术语上区别作为（语言）系统一部分的词的意义和词的具体意义或上下文中出现

---

① 解正明：《〈现代汉语词典〉释义括注》，硕士学位论文，中国社会科学院研究生院，2001 年，第 7 页。

的实际意义，是很有用的。"① 戈罗文将词义分为语言义和言语义，前者是词不依赖于上下文也能显示的意义，为集体成员所认识和理解；后者是词在一定的上下文中临时产生的意义，只能在作者安排的语境中去理解。基于此，为方便研究，我们把词义的存在方式分为动态和静态两种。词义的动态形式是指词进入语流中表现出来的意义，它存在于具体的运用过程中，而词义的静态形式是指词的一般意义，它存在于静态的语言系统中。为叙述方便，我们把前者（词义的动态形式）叫作动态词义，后者（词义的静态形式）叫作静态词义。静态词义和动态词义分别属于语言和言语两个层面，因此语言和言语的关系同样适用于两者。这就是说，静态词义是从具体的动态词义中概括出来的词义表述模式，同时它又存在于动态的运用之中。动态词义是对静态词义的具体运用，在运用中除了使静态词义在语境中获得实现之外，还会在语境因素的作用下产生超出静态词义的内容，这些内容如能被社会成员广泛认可，就可以被概括而进入静态词义，否则，只能作为临时性的变化存在于言语活动中。很显然，动态词义个性鲜明，变动不居，反映了与交际语境多种多样的关联，而静态词义则概括模糊，相对稳定，带有与思维意识相沟通的特点。

　　与词义的这两种存在方式相对应，本书引进了"义点"和"义位"两个术语。一个词在特定语境中所表达的意义与其基本意义相近、相关，这是因为进入具体运用中的词受到了语境、交际主体等因素的影响，而出现了有着这样或那样区别的言语意义，我们把这些意义叫作义点，它是动态的词义形式。对那些基本意义相同，只是由于上下文不同而显示出差异的义点进行归并概括，就构成了该词的义位，它表示基本的语义单位。义位被收录到辞书中就成为义项，它们都是静态词义的概括形式。

---

① ［苏］兹古斯塔：《词典学概论》，商务印书馆 1983 年版，第 58 页。

（二）词义运动的主要形式

1. 由静态词义到动态词义

静态词义来自于动态词义，是对动态运用中已经被广泛接受的、具有相对稳定性的意义内容的总结和整合。静态词义带着既定内容进入动态的言语实践，实现并继续拓展现有的意义。静态词义的动态表现形式主要有以下三种。

（1）词在使用中所获得的言语义基本上与静态词义相对应，也就是说，静态词义在运用中得以复原式呈现。例如，"今天中午做鱼"中的"鱼"、"从花市买来的月季花开得可漂亮了"中的"漂亮"等都属于这种情况。静态词义在运用中复原式呈现，一般不会引起词义的发展变化，但它会使词的这部分意义内容在整个词义系统中获得更稳固的地位。

（2）静态词义在动态运用中出现了静态时所未能显现的深层内涵。如"倾斜"，它是指"有形之物歪斜的物理状态"，其静态词义中隐含了"歪斜""由于歪斜而带来的不平衡和偏重"等意义成分。这些意义成分在"政府对农业实行倾斜政策""对落后地区在有关政策方面给予一定的倾斜"等具体语境中被凸显出来，从而构成了"倾斜"一词的深层内涵——"重视并增大投入"。静态词义在动态运用中常常通过比喻、借代、谐音、别解等修辞手段获得超越常规的意义内容。如"水分"原指"含在物体内部的水"，在"他说的话里水分不少"中，通过暗喻把"不真实、不合理的成分"比作"水分"，由此"水分"具有了"某一情况中夹杂的不真实的成分"这一动态意义。以上所讨论的静态词义的这种动态运用，极有可能会引起静态词义发生临时或持久的变化。

（3）由于使用主体或接受主体的不同，静态词义在动态运用中会表现出不同的主观个性特点。例如，网络语境中一些词被赋予了特殊的意义，如"青蛙"指"长相很丑的男性"，"恐龙"指"长相很丑的女性"，"大虾"指"资深网虫"，"童鞋"指"同学"等，这些词的特殊意义仅仅被某些社会成员所认可，所以也只能在特定语境中使用。

2. 由动态词义到静态词义

动态词义是静态词义形成和发展的源泉。静态词义都来源于动态词义，但不是所有的动态词义都能进入静态词义。与静态词义的动态表现方式相对应，动态词义的发展动向有以下三种情形。

（1）动态词义显现出的言语义是对原有静态词义的呈现，包括复原式呈现和略有变化的呈现，结果是进一步巩固了静态词义，如上文中所提到的"鱼""漂亮"等词的意义就属于这种情况。

（2）动态词义是静态词义在特定语境中因为修辞作用而获得特定内容的结果，这种动态词义经过高频运用、约定俗成之后，会被概括为静态词义新的组成部分，因此，它成就了词义的历时变化。如表示"不真实、不合理、掺假"的"水分"、表示"死亡"的委婉说法的"走""没了"等。

（3）动态词义目前只是特殊主体在特定语境中的个别运用，是暂时性的。由于该种动态词义不具备被广泛接纳的心理现实性，所以还无法进入到静态词义，因此也只能是词义的临时变化。如网络语言中的"青蛙""大虾""童鞋"等词被赋予的特殊含义在目前看来就是词义的个别使用现象，是相对于特定的语言群体来说的，所以属于临时性的变化。

3. 静态词义和动态词义的互动发展

静态词义被用于动态的言语活动中，在具体语境中显现为常规变体或超常规变体，这些变体中被广泛认可的意义内容经过规约后进入静态，就成为静态词义的表述内容。而发展变化后的静态词义再次被运用到新的动态语境中，会为动态词义提供更为丰富的变化基础。静态词义和动态词义就是这样在互动中不断发展，促使动态言语成分向静态语言成分的转换。

静态词义在动态运用中形成的超常规变体不一定都会转化为新

的静态词义，这是因为静态词义对动态词义的提取总是在一定的稳定性和认可程度上进行的。那些不具备广泛认同性的词义在这个过程中会被淘汰下来而无缘进入静态词义，这符合语言的渐变规律和约定俗成的性质。相反，那些被社会成员普遍认同的超常规变体在频繁的运用中会渐渐积累而最终进入静态词义。

在词义发展的共时平面上，静态词义不但会从动态运用中接纳新的意义，而且还会淘汰在一定共时阶段失去现实使用价值的意义内容，这样就出现了由静态回归动态的反向转化运动，即一些在共时平面现实言语活动中失去交际价值的静态词义经言语义，回归到共时平面动态的运用中去，仅仅在个别特殊的语境中出现。但是在词典对词义义项的罗列中，仍然还会保留着这些已经从现实言语实践中退隐的意义。这样一来，静态词义就具有了双重含义：一是历时意义上的意义内容，包括历史上出现过的所有规约性意义内容，也就是传统训诂学专书和现代词典中所记载的所有词义；二是共时意义上的静态词义，只包括某一特定历史阶段被规约的意义内容。因此，由静态回归动态的意义在它所产生、应用的共时平面上仍然以静态词义的历史面貌保存着，而在现实的言语中，有的已经基本消失，只在一些特殊的语境中才作为动态词义出现。

动态使用是促使词义发生变异的最重要的动力和最活跃的因素，而词义的静态存在则是动态使用的出发点和理解归宿。词义从静态理解出发，经过动态的语境的过程，被受话者理解、评价，然后沾染着语境影响反馈回来，重新被静态理解识别、接纳，由此获得巩固和发展，然后再带着发展后的静态词义投入新的动态运用，周而复始，不断消长变化。

第二节　旧词产生新义的类型

如前所述，在改革开放以来出现的大量新义当中，有很大一部分是依附于语言中的固有词形产生的，我们把这种旧词产生新义的现象简称旧词新义，以与新词新义（指利用汉语构词材料和造词方式创造新词形或直接从别的语言或方言里借来新词形，这些新词形所负载的意义）相区别。旧词在改革开放以来出现新的意义，这一现象尤其值得重视和研究，因为同新词新义完全不同，它是遵循旧瓶装新酒的方式，不产生新的形式，而是依附于原有的词语，采用扩大或变化原有词义的办法来实现的。

根据旧词所产生新义表现形式的不同，我们把旧词新义分为了两类，一类是像"国耻""出版""财主""相当""性感"等一些旧词，它们在改革开放以后虽并没有新的义位产生，但意义的某些方面与以前相比却有了一些不同，即所谓的旧词改变原义；另一类是有些旧词在保持原来义位不变的基础上又增添了新义位，即下文所说的旧词增添新义，如"收购""打造""出炉""下课""滑坡""朋友"等词。下面就针对这两种现象分别展开论述。

一　旧词改变原义

（一）旧词改变原义的内涵

旧词改变原义是指由于某种原因旧词的原有义位在改革开放以后发生了一些变化，或表现为虽没有新义项产生，但原义项的内容却发生了变化，或表现为产生了一个不同于旧义项的新义项，这意味着旧义项已不复存在。大致来说，旧词改变原义主要涉及了词的理性意义、态度评价意义、情感评价意义及用法意义等方面的变化。

（二）旧词改变原义的表现

1. 旧词概念意义的变化

旧词概念意义的改变主要表现为旧词在使用中出现了新义点，但新义点并没有独立出去成为新的义位，而只是在保留原义点的基础上又吸收了这些新义点，其结果是新增义点被原来的义位概括后造成词语指称范围发生变化。例如：

"国耻"，《现代汉语词典》（1978 年版）的释义是："因外国的侵略而使国家蒙受的耻辱，如割地、签订不平等条约等。"很明显，"国耻"的义位中包含着这样一个意义成分，即"耻辱的制造者是敌人（或者说是外国人）"。但是近些年来，"国耻"一词却出现了新用法：1993 年 4 月 16 日的《南方周末》上有《"国耻"新概念》一文，文中吴先生针对园林部门把好端端一个"狮子林"租给个体摄影户作道具用的做法，气愤地说："这是杀鸡取卵卖国林，这是国耻。"1993 年 4 月 21 日的《光明日报》上有《洗刷新"国耻"》一文，文中把中国货质量差、比不上外国货，也认为是"国耻"。并推而广之，把普遍存在的质量差现象，甚至把教育和某些服务质量差也并入"国耻"。上述说法中"国耻"一词的意义已与原来有了不同，我们可以这样来概括它的新用法："因自身或内部人一些不好的行为而使国家蒙受的耻辱。"很明显，人们在使用中突破了"国耻"原来义位中"耻辱的制造者是敌人（或者说是外国人）"这一成分的限制，而把"耻辱的制造者由'敌人（或外国人）'变为'自己人'"。"国耻"的这个新用法被概括到原义位中来，导致它的意义发生变化。凡给国家带来耻辱的事物都可以叫"国耻"，而不局限于这种耻辱的制造者是本民族的或外民族的。

如上所述，旧词概念意义的改变是在词的某个意义范围内表现出来的演变和发展。也就是说，一些旧词的某个义位在改革开放以后发生了变动或调整，但它不涉及新义位的出现。

2. 旧词态度评价意义的变化

词的态度评价意义会随着社会的变迁而发生相应的变化。改革开放影响了人们的思想观念，所以导致许多旧词的态度评价意义有了改变。例如：

"当铺"以前在人们的一般印象里，总是与"旧社会、穷困、剥削"这些字眼儿联系在一起。但改革开放以来，随着市场经济的发展，"专门收取抵押品而借款给人的店铺"重现于世，人们把它看成了特殊的融资手段，所以"当铺"一词的负面评价意义正在逐渐消失。

"倒爷"，原来指倒腾商品有术的人，过去人们常常把他们同投机倒把的视为同路人。改革开放以来，人们的观念改变了，对搞商品流通的人并不一概否定，所以"倒爷"一词的负面评价意义逐渐消失殆尽。

"竞争"一词也是如此，以前一提起竞争，人们总认为是大鱼吃小鱼，小鱼吃虾米，是资本主义社会才有的非常残酷的事情，社会主义国家不应提倡竞争。可如今它却有了正面评价意义，大家普遍认为竞争可以保持活力，促进社会生产力的发展。

"性感"在《现代汉语词典》（1996 年修订版）中的释义是："能够引起异性性欲的；肉感。"在二十世纪六七十年代，由于受封建传统观念的影响，人们谈"性"色变，视"性"为洪水猛兽，因此凡是与"性"有关的字眼儿，人们都认为是不健康的，自然"性感"一词也包含在其中。但是近几年来，"性感"却出现了下面的新用法。

①过膝的长度，帅气而华丽，既营造出性感女人味，又可以创造出清新学生感。（《新民晚报》2002 年 12 月 20 日）

②古希品牌的许多晚装，背部采用纵横交错的绑带设计，不但突出高级成衣高度的制作工艺，还使女性背部的性感指数扶摇直上。（《市场报》2003 年 9 月 18 日）

③安吉丽娜·朱莉在目前出炉的"史上最性感电影明星"中再次折桂，甚至被认为已经替代了一直被封为"性感女神"的玛丽莲·梦露。（《山西晚报》2007 年 12 月 22 日）

④1955 年出生的刘晓庆，到今年 10 月底即将迎来自己的六十岁大寿，然而已步入老年的她却美丽依旧，近日她霸气登上《男人装》封面，性感身姿不输年轻女星。（《兰州晨报》2015

年 7 月 15 日）

　　通过以上的例子我们不难看出，"性感"一词的态度评价意义已经与过去有了明显的不同。分析其原因，这主要是随着社会的发展，特别是改革开放以来人们的对"性"的认识和态度较以前发生了很大改变的缘故。

　　以上提到的是一些旧词的态度评价意义由负面到正面的变化，与之相对的还有一些旧词的态度评价意义在改革开放以后经历了由正面到负面的改变。"妇女"一词就是典型的例子，一提到"妇女"这个词，人们总是不免与"家庭、劳动、农村"等字眼儿联系在一起，让人很容易联想到"文化程度低、经济不独立、傻大黑粗"的女性形象，再者由于改革开放以来人们对女性的家庭地位、社会角色等问题有了新的看法，所以这就使得"妇女"一词的负面评价意义逐渐凸显。"国企""工人"等词在中华人民共和国成立初期曾带有令人羡慕的正面色彩，因为它们总是与"收入稳定、生活有保障、福利好"等字眼儿联系在一起。但随着社会改革和经济发展，这种评价意义如今已经不复存在了。究其原因，是因为国企在经济改革中处境艰难，许多工人下岗，所以人们在说到"国企""工人"时往往带有"忧虑、经济拮据"等消极意味。

　　3. 旧词情感评价意义的变化

　　一些旧词的感情色彩在改革开放以后也发生了变化，这正如左林霞（2004）所说，"社会生活对词语感情色彩的演变具有如此大的影响力，以至于在社会急剧变化时期，人们的价值观念和评判是非善恶的道德标准往往会有较大的改变，许多词的感情色彩也随之发生重大变化"[①]。刁晏斌（2007）研究发现，现代汉语在发展过程中，词的感情色彩发生过两次大规模的变迁，一次是中华人民共和

---

① 左林霞：《从词义感情色彩的演变看语言与社会互动》，《理论月刊》2004 年第 10 期。

国成立后一直到"文化大革命",其最主要表现是"贬义化",这意味着这一时期汉语产生贬义性词语数量最多,使用频率最高,使用范围最广;另一次是改革开放以后直到今天,其最主要表现是"去贬义化",这意味着这一时期产生的贬义性词语数量最少,使用频率最低,使用范围最小。我们对改革开放以来旧词感情色彩的变化情况进行了考察,发现有两类现象值得关注:一类是去中性化,即中性词变为带褒义或贬义色彩的词。例如:

"阳光"本指"太阳发出的光",是中性词。改革开放以后产生"积极开朗、充满青春活力的""(事物、现象等)公开透明的"等新义,结果变成了褒义词。

⑤一个活泼开朗的少女,一个天真烂漫的学生,一个脾气倔强,性格泼辣的女孩儿,你们知道她是谁吗?哈哈,这就是我,一个阳光少女。(《阿坝日报》2007年6月1日)

⑥浙江今年将在火锅类餐饮单位推行"阳光厨房"建设,火锅店必须向消费者公示自制底料、调味料成分。(《淮海商报》2015年3月18日)

⑦说到抑郁症,我们总会和"心情低落""无精打采""兴趣缺乏"等联系起来。可是你知道吗?一个整天乐呵呵、满脸阳光的人也会得抑郁症,而且是一种非常"危险"的抑郁症——阳光型抑郁症。(《闽西日报》2015年8月26日)

"灰色"原指"灰的颜色",是中性词,后来产生"颓废和失望的""不明朗的、不正规的"等新义,结果变成了贬义词。例如:

⑧"灰色收入"在当今的生活中是一个挺尴尬的词。说它来路不明,有时确实比正常工资来得方便和容易;但这种收入拿到手里先不说是否不可告人,起码是有点心虚。(《中国化工

报 》2000 年 7 月 18 日)

⑨灰色童谣经久传唱，表面上看是取乐、彰显个性，往深里看，则是校园健康文化式微的反映。在明星取代了模范，美女挤走了学者，绯闻代替了事实的今天，校园童谣难免不灰色。……灰色童谣只会给孩子心灵蒙上不健康的阴影，影响他们人生观、价值观的形成。(《福建日报》2015 年 3 月 25 日)

⑩记者也发现，这些辅导班普遍无资质、无教学经验，大学生临时"搭台唱戏"，处在"灰色办学地带"。(《甘肃经济日报》2015 年 8 月 10 日)

⑪……但保送着保送着就变味了，绿色通道成了权贵们专享的"灰色通道"，脏兮兮，像下水道。(《长春晚报》2015 年 5 月 18 日)

另一类是去贬义化，即贬义词变为褒义词或中性词。例如，"魔鬼"在《现代汉语词典》(1978 年版)里的释义是"宗教或神话传说里指迷惑人、害人性命的鬼怪。比喻邪恶的势力"，很显然是一个贬义词，但在下面的新用法中却带上了赞美、喜爱的感情色彩。例如:

⑫减肥并不花时间，只要把握睡前的十分钟，做一些简单的瘦身动作，你也可以轻松拥有魔鬼身材。(《海口晚报》2015 年 8 月 12 日)

又如"死党"，原指"为某人或某集团出死力的党羽"和"顽固的反动集团"，带有贬义色彩。改革开放以后产生了新义，指"非常值得依靠的、谈得来的朋友"，相当于普通话口语里的"铁哥们儿"，很显然，其原有的贬义色彩已不复存在。例如:

⑬近几年人气急速蹿升的喜剧明星洪剑涛和高亚麟,在大学时期就是死党,这次将联袂演绎一把婚外情、兄弟情的无间道。(《京华时报》2008年11月5日)

⑭自从女神范玮琪为黑人陈建州生下双胞胎后,化身"晒子狂魔"的黑人就一直黏着家人,不过为了孩子的干爹王宏恩参加《中国好歌曲》总决赛,新晋爸爸特意向孩子请假,来到现场,为死党王宏恩加油打气。(《东南商报》2015年3月13日)

另外,一些贬义词成为商品名称之后也会颠覆了其原有的感情色彩,例如,"傻瓜"是指"糊涂而不明事理的人",除了临时性的修辞(如对特别喜欢的人的爱称)用法是褒义之外,大多数情况下都用作贬义,但在"傻瓜相机、傻瓜理财、傻瓜电脑、傻瓜词典"等组合中,"傻瓜"一词却是褒义的,表示"简单易学、易于操作的"。类似的例子还有"酒鬼(酒的品牌)""小糊涂(酒的品牌)""乡巴佬(卤制熟食的品牌)""傻子(瓜子的品牌)""笨蛋(鸡蛋的品牌)"等。

4. 旧词用法意义的变化

改革开放以来有不少旧语的用法意义也发生了明显的变化。例如"拥有",《现代汉语词典》(1978年版)解释为:"领有、具有(大量的土地、人口、财产等)。"并且给出了两个例子:"柴达木盆地拥有二十二万平方公里的面积;我国拥有巨大的水电资源。"但是近些年来却出现了越来越多下面的新用法:

⑮拥有一个属于自己的小小空间。

⑯拥有一份温馨的爱情。

⑰拥有一张更漂亮的容颜。

⑱一朝拥有(所推销的商品),别无所求。

⑲拥有了一个幸福的家庭。

由以上的例子可以看出，"拥有"一词的搭配对象，由大量的、具体的事物（土地、财产）扩大到了小量的、抽象的事物（爱情、情感、容颜等），这表明"拥有"出现了新义点，新义点突破了它原来义位中只与"大量事物"组合的限制。这种情况的出现与词的（语素）构造意义有很大关系，语素"拥"在新义点中意义淡化，而"有"的概括性增强，所以就很自然地接纳了这一变化。新旧义点合并，导致"拥有"一词搭配对象的范围扩大，原来的用法意义发生了改变。

"充足"一词，1978年版《现代汉语词典》的释义是"多到能满足需要（多用于比较具体的事物）"，但到了1996年版的《现代汉语词典》则变为"多到能满足需要"，并举出例子：光线充足；经费充足；理由充足。括注内容的删除和援引的例证都恰恰反映了"充足"一词用法意义的变化。

"退休"一词，《现代汉语词典》（1978年版）的释义是"职工因年老或因公残废而离开工作岗位，按期领取生活费"。改革开放以后，出现了"离休"这一新词，它的适用对象是原来退休职工中那部分有一定资历，符合规定条件的老年干部，"离开工作岗位"算是"离职休养"，这就意味着"离休"分担了原本属于"退休"的部分词义，因此导致"退休"适用对象缩小。

"潇洒"一词，《现代汉语词典》（1978年版）中的释义是"（神情、举止、风貌等）自然大方、有韵致、不拘束"。可如今"潇洒"的适用的范围却大大超出"神情、举止、风貌"等的限制，而是更多地用在抽象的"行为、意境"方面。如"玩儿得潇洒"，大约指"玩儿得尽兴、痛快、时髦"；"学得潇洒"，大约指"学习得法，成绩优秀且轻松自在"；"吃得潇洒"，大约指"花钱大方，吃得酣畅"；"活得潇洒"就不太容易确定了，反正是一种在说话人看来最令人称羡的"活法"。习见格式还有"潇洒一回",直接用如动词。

"引爆"原义是指用发火装置等使爆炸物爆炸,搭配的对象通常是"炸弹、爆竹"等,但如今,其搭配对象却并不仅限于此,从具体实物扩展到了某些抽象的事物(如"矛盾、价格、情绪"等),甚至是引起轰动的事件所发生的地点或时间。例如:

㉑中国政府的要求在 6 月铁定执行的强硬措施遭到海外企业的强力抵制,部分海外组织的激烈言论将矛盾引爆。(《新浪科技》2004 年 12 月 30 日)

㉑国内主要 PC 厂商先后推出超低价位电脑,引爆了一系列价格竞争的连锁反应。(《文汇报》2004 年 9 月 27 日)

㉒记者采访得知,农历 2005 年没有立春节气(因此被称为"寡年")是引爆元旦结婚高潮的主要原因。(《华西都市报》2005 年 1 月 2 日)

㉓看姚明季前赛又有了一次机会,NBA 嘉年华 10 月 5 日引爆申城。(《文汇报》2004 年 9 月 29 日)

(三)旧词改变原义在词典中的表现

1. 旧词原有义项的概括范围发生改变

一些旧词在使用中出现了新义点,但这个新义点并没有以义位的方式独自呈现,这是因为旧词在保留原有义点的基础上吸收了新义点,其结果是新义点被原来的义位概括后导致其指称范围发生变化,这在词典中就表现为旧词原有义项概括内容发生改变。这种改变主要表现为两种情况。

一种是义位概括范围扩大。传统意义上所谓的"词义的扩大"往往是把词某个意义的扩大和一个词义项的增加都包括在内。而这里的"扩大"是指词在一个意义范围之内表现出来的词义扩展,是词义所指称的客观事物的范围由小变大。在语义学上，它包括个性义素或区别特征的减少，也包含共性义素的广化。例如：

【沿线】〈旧义〉铁路线两边的地方。(《现代汉语词典》1978年版)

〈新义〉靠近铁路、公路或航线的地方。(《现代汉语词典》2005年版)

【养殖】〈旧义〉水产动植物的饲养或繁殖。(《现代汉语词典》1978年版)

〈新义〉培育、繁殖。(《现代汉语词典》2005年版)

"再见"一词在《现代汉语词典》(1978年版)中的释义是"客套话，用于分手时，希望以后开见面"。但是，我们发现"再见"早已经超出了"分手时"这一使用场合的限制。例如，电视主持人说"再见"，总是见不到观众，电台播音员对听众说"再见"，双方都无从相见，其实是"再听"。所以"再见"的意义似乎应该在原有意义之后再补加一句："或用于广播电视节目结束时。"

另一种是义位概括范围缩小。这里的"缩小"是指词在一个意义范围之内表现出来的变化情况，不包括义项减少。在语义学上，它包含个性义素或区别特征的增加，也包含共性义素的狭化。例如：

【烟花】〈旧义〉旧时指跟娼妓有关的。(《现代汉语词典》1978年版)

〈新义〉旧时指妓女。(《现代汉语词典》2005年版)

【训话】〈旧义〉旧时指上级对下级讲话。(《现代汉语词典》1978年版)

〈新义〉上级对下级讲教导和告诫的话。(《现代汉语词典》2005年版)

不难看出，词义缩小是词义日益向精密发展的一种表现，这种情况多为原来的词义比较概括笼统，但是随着人们认识的不断深入，为了更细致地把客观事物区分开，于是原来用于泛指的词义变成了用来特指某一事物现象，从而导致义位缩小。

综上所述，当旧词改变原义时，它的新增义点会被原义位吸纳，词义在原有义位基础上发生变动或调整，它一般不涉及新义位的出现，因此在词典中也不出现新义项，只是原有义项的概括范围发生了变化。

2. 旧词原有义项的概括范围不变，但附加意义有变化

改革开放以来，人们的思想观念发生了很大变化，因此就影响到一部分旧词的态度评价、情感评价、语体评价等附加意义方面有了一些变动。针对这种情况，词典对有关词条的释义进行了相应的修订。这正如韩敬体（2006）所言："根据时代的变化，对某些词语重新解释，是《现汉》修订的一贯原则。"① 旧词附加意义的变化在词典释义中有所表现，细分起来主要有以下几种情况。

（1）修订内容反映旧词态度评价意义的改变，主要有两种：一种是修订了有明确"资社之分"的旧词的释义。例如：

【资本】〈旧义〉掌握在资本家手里的生产资料和用来雇用工人的货币。资本家通过资本来剥削工人，取得剩余价值。（《现代汉语词典》1978 年版）

〈新义〉用来生产或经营以求牟利的生产资料和货币。（《现代汉语词典》2005 年版）

【资金】〈旧义〉社会主义国家用于发展国民经济的物资或货币。（《现代汉语词典》1978 年版）

〈新义〉国家用于发展国民经济的物资或货币。（《现代汉语词典》2005 年版）

另一种是修订了有明确"阶级之分"的旧词的释义。例如：

【田庄】〈旧义〉旧时指官僚、地主在农村中拥有的田地和庄

---

① 韩敬体：《调整平衡——谈〈现代汉语词典〉第 5 版的收词》，《辞书研究》2006 年第 1 期。

园。(《现代汉语词典》1978 年版)

〈新义〉村庄;庄园。(《现代汉语词典》2005 年版)

【财主】〈旧义〉旧社会占有大量财产、靠剥削为生的人。(《现代汉语词典》1978 年版)

〈新义〉占有大量财产的人。(《现代汉语词典》2005 年版)

(2) 修订内容反映旧词语体色彩意义的改变,主要体现为取消了词的语体色彩标注"〈口〉"和"〈书〉"。

某些旧词取消了语体色彩标注"〈口〉",这意味着由于社会、语用等方面的原因,这些原本具有口语色彩的词,其使用场合也发生了变化,慢慢向书面语词汇靠拢。例如:

【辣手】〈旧义〉③〈口〉棘手;难办:这件事真~(《现代汉语词典》1978 年版)

〈新义〉③棘手;难办:这件事真~(《现代汉语词典》1996 年修订版)

【热和】〈旧义〉〈口〉①热(多表示满意):锅里的粥还挺~。②亲热:同志们一见面就这么~。(《现代汉语词典》1978 年版)

〈新义〉①热(多表示满意):锅里的粥还挺~。②亲热:同志们一见面就这么~。(《现代汉语词典》1996 年修订版)

【清亮】〈旧义〉〈口〉清澈。(《现代汉语词典》1978 年版)

〈新义〉①清澈。②明白:心里一下子~了。③清楚;清晰:石碑上的字迹看不~。(《现代汉语词典》1996 年修订版)

旧词语体色彩标记"〈书〉"的取消同样是社会、语用方面的原因。过去一些具有书面语风格的词,随着时代的改变,这些词在口语中的使用频率也逐渐增加,慢慢地从书面语词汇向全民常用语词汇靠拢，并最终失去书面语色彩，所以词典中就取消了这些词的语体色彩标记"〈书〉"。相反，由于语言的渐变性，一些具有"文言"风格的词可能在过去某个时期还比较流行，即使它们在人们的语言生活中已经使用不多，但确定其为书面语词也许还为时过早，因此1978年版《现代汉语词典》中并未对它们标出"〈书〉"。但随着时代的发展，普通话推广步伐日益加快，一些相对生僻晦涩的词会因为表现出强烈的书面语倾向而慢慢退出了人们的口语交际，因此这些词就成为具有书面语色彩词语中的一员，所以2005年版《现代汉语词典》就在这些词的释义中增标了"〈书〉"。

取消"〈书〉"的例子如：

【友善】〈旧义〉〈书〉朋友之间亲近和睦：素相～。（《现代汉语词典》1978年版）

〈新义〉朋友之间亲近和睦：素相～。（《现代汉语词典》2005年版）

【愧疚】〈旧义〉〈书〉惭愧不安。（《现代汉语词典》1978年版）

〈新义〉惭愧不安。（《现代汉语词典》2005年版）

【圆浑】〈旧义〉〈书〉①（声音）婉转而圆润自然：语调～｜这段唱腔流畅而～。②（诗文）意味浓厚，没有雕琢的痕迹。（《现代汉语词典》1978年版）

〈新义〉①（声音）婉转而圆润自然：语调～｜这段唱腔流畅而～。②（诗文）意味浓厚，没有雕琢的痕迹。（《现代汉语词典》2005年版）

【焦灼】〈旧义〉〈书〉非常着急。（《现代汉语词典》1978年版）

〈新义〉非常着急。（《现代汉语词典》2005年版）

增标"〈书〉"的例子如：

【权诈】〈旧义〉奸诈。（《现代汉语词典》1978年版）

〈新义〉〈书〉奸诈。（《现代汉语词典》2005 年版）

【森然】〈旧义〉①形容繁密直立：树木～。②形容森严可畏。（《现代汉语词典》1978 年版）

〈新义〉〈书〉①形容繁密直立：树木～。②形容森严可畏。（《现代汉语词典》2005 年版）

【贤良】〈旧义〉有德行，有才能。（《现代汉语词典》1978 年版）

〈新义〉〈书〉有德行，有才能。（《现代汉语词典》2005 年版）

（3）修订内容反映旧词地域色彩意义的改变，主要体现为取消了"〈方〉"标注。例如：

【惹眼】〈旧义〉〈方〉显眼；引人注意。（《现代汉语词典》1978 年版）

〈新义〉显眼；引人注意。（《现代汉语词典》2005 年版）

【富态】〈旧义〉〈方〉婉辞，身体胖（多指成年人）。（《现代汉语词典》1978 年版）

〈新义〉婉辞，身体胖（多指成年人）。（《现代汉语词典》2005 年版）

【上心】〈旧义〉〈方〉对要办的事情留心，用心。（《现代汉语词典》1978 年版）

〈新义〉对要办的事情留心，用心。（《现代汉语词典》2005 年版）

一些旧词取消"〈方〉"标注，这意味着它们已经进入了普通话词汇系统。旧词地域色彩意义的消失有一定的社会原因。改革开放以来，随着不同方言区政治、经济、文化等交流的日益频繁，方言之间的交流也空前活跃。各种富有地域特色的文章、书报、杂志的出现，尤其是一些用方言拍摄的影视作品的公映，使得方言词流行的范围日趋扩大，这些都为方言词进入普通话提供了便利条件。当然，方言所处的地域的经济、文化发展水平等因素也会影响方言词进入普通话的速度。

（4）修订内容反映旧词用法意义的改变，主要表现为搭配对象范围的扩大。例如：

【低劣】〈旧义〉（质量）很不好。（《现代汉语词典》1978
　　　　年版）
　　　　〈新义〉（质量、水平等）很差。（《现代汉语词典》
　　　　2005 年版）
【委婉】〈旧义〉（言辞）婉转。（《现代汉语词典》1978 年版）
　　　　〈新义〉（言辞、声音等）婉转。（《现代汉语词典》
　　　　2005 年版）

二　旧词增添新义

（一）旧词增添新义的内涵

旧词增添新义，严格地说，在本书中应该理解为旧词在保持原有义位不变的同时又增加了一个新的义位（上文提到的旧词改变原义虽然从某种程度上也可以理解为旧词增添新义，因为原义位中确实又概括进去了新的义点成分）。具体来说，它是指一些旧词由于某种原因获得了新义点，但新义点已经越出了原有义位的义域范围，因此很难再将它与原有义点合并在一起重新加以概括。这就是说，新增义点与原有义点存在很大的距离，人们不能用一个义位去同时概括原有义点和新增加的义点，结果这些新增加的义点就形成了不同于原有义位的新义位。这在词典里表现为这些旧词增加了新义项。例如：动词"推"，近些年来就产生了下面一些新鲜的用法：

　　㉔把年轻干部推到领导第一线。
　　㉕中国的复关谈判也被推到紧迫的日程上来。

㉖将国产品牌推向国际市场。

㉗此次大赛还将推出一批年轻有为的服装设计师。

㉘推出一台具有浓郁民族风格、强烈时代气息的时装表演。

㉙推出新的"一加一"促销方案。

《现代汉语词典》（1978 年版）中对"推"共列出了 10 个义项，分别是：【1】向外用力使物体或物体的某一部分顺着用力的方向移动；【2】磨或碾粮食；【3】用工具贴着物体的表面向前剪或削；【4】使事情开展；【5】根据已知的事实断定其他；从某一方面的情况想到其他方面；【6】让给别人；辞让；【7】推诿；推托；【8】推迟；【9】推崇；【10】推选；推举。在这十个义位当中，可资比较的有【4】、【8】、【9】、【10】四个。其中【9】和【10】两个义位，"推崇；推选、推举"之类，都是从"向上推"引申出来的，即对所"推"之人表示敬意，认为有较高水准，适合担任更高的（事业或社会的）职事。义位【4】"推广、推销、推行"，具有扩大事物进行、应用、发生作用的范围等意味，是"由点向面推广"。义位【8】表示为时间上的推迟，是"向后推"。

以上例子中"推"的意义不能被它现有的这十个义位所概括，因为它又出现了一些新意义，这些新意义均来源于"由后面向前面推"。例㉔、例㉕是：将原先排位在后的人物、事物提升到靠前的位置，以便及早发挥作用或及时得到处理。例㉖、例㉗、例㉘、例㉙是：经过酝酿准备之后，首次郑重其事地向社会公众公布、介绍新的人物或事物。"推"所增加的这些新义点，与原有的义点"向上推"（推崇；推选、推举）、"由点向面推广"（推广、推销、推行）、"向后推"（推迟）在"运动态势"上无法融合为一，因此在意义内容上存在一定的差距，所以这些新增加的义点又分别形成了两个不同的义位。

又如"收购"一词，《现代汉语词典》（1978 年版）这样解释：

"从各处买进。"并举出例子："收购棉花；收购粮食；完成羊毛收购计划。"根据"收购"一词出现的语言环境，我们大致可以概括出它原来义位中所包含的内容："主体为国营或集体单位所从事的一种经济活动；到各个地方大批量地买进物资（主要是农产品、废品）。"

改革开放来，收购行为的主体多样化了，收购的对象也不再局限于物资类（如私人出于收藏目的，也可以收购奇石、钱币等物），收购方式也常有定点的。虽然如此，但这些义点仍可在调整原义位的基础上被概括进来。可是近年来，"收购"又出现了下列新用法：

㉚时代（集团）成功收购内蒙古民族集团，000611 股票已由"民族集团"更名为"时代科技"。（《北京青年报》2003 年 9 月 18 日）

㉛英国莱斯银行宣布以 122 亿英镑的价格收购英国最大抵押贷款银行哈利法克斯银行。（《鹰潭日报》2008 年 9 月 20 日）

㉜万达收购了美国第二大院线 AMC，此次则将触角伸向了产业上游制作公司。（《北京日报》2016 年 1 月 6 日）

"收购"在上述语境中的意义，我们可以用下面一些成分去描述它："与经济有关的商业兼并行为；购买的对象不再是某类物资，而是完整的公司、工厂等经营单位。"这个新义点与原义点已有明显不同，因此我们无法将它与原来的义点合并在一起，所以"收购"新增的义点就应该独立出来成为一个新的义位。

由上可知：旧词增添新义的直接结果是旧词获得了新义位，这是词义在一个词的范围内表现出来的变化和发展。词义是表示概念的，因此，词义位的增多就意味着同一个词形所表示概念的增加，结果影响到了该词意义的丰富和发展。但是新义位的出现，却并不妨碍旧义位，更不会引起旧义位在该词范围内的消失，所以在大多数情况下，新旧义位在一个词形内完全可以同时并存，并保持各自的独立性。

（二）旧词增添新义在词典中的表现

一些旧词在使用中出现了新义点，但新义点却超出了原有的义域范围，所以很难将它与原有义点合并在一起重新概括，于是新义点就会以义位的形式独立呈现，这种情况在词典里就表现为这些旧词增加了新义项。

如上所述，旧词增添新义是旧词在保持原有义位不变的同时又增加了一个新的义位，但涉及一个问题，即旧词在什么情况下会建立起新义位，也许有人会说，只要有新的意义产生就要建立新义位，这种说法一则太笼统，二则也不完全正确，所以我们拟对旧词出现新义位的情况进行逐一的考察，目的是把握新义位建立的一些具体标准，希望以此来指导新词词典中的义项归纳，使其尽可能地避免随意性和盲目性。

经过对所收集语料的分析，我们发现改革开放以来旧词建立新义位主要有以下四种情况。

1. 因为说话者的有意创新使用使得旧词获得新义点，这时新义点如果有较高的使用频率则应独立出来成为一个新义位。

说话者为了表情达意的需要，常常有意识地超出某些词语的固有边界，创造出一种新鲜的意义或用法，这样可以使自己的话语更生动形象或更切合实际。这种非常规语境中产生的新义点不会被原有义位吸纳，而会独立出来成为一个新义位。需要说明的是，改革开放以来，有许多旧词通过修辞用法获得了新义位。这正如语言学家王力所言："在很多情况下，由于修辞经常运用，会引起词义的变迁。"① 据统计，在所收集到的旧词新义中，旧词因为创新使用而建立新义位的占了将近一半，其中以比喻义最为常见。例如：

---

① 王力：《王力文集》（第十九卷），山东教育出版社 1990 年版，第 421 页。

【断奶】〈旧义〉婴儿或幼小的哺乳动物不继续吃母奶，改吃别的食物。（《现代汉语词典》1978 年版）

〈新义〉喻指某些原系上级部门拨款维持的单位与上级部门终止经济维系关系。（诸丞亮、刘淑贤、田淑娟《现代汉语新词新语新义词典》）

【造血】〈旧义〉机体自身制造血液。

〈新义〉比喻部门、单位、组织等从内部挖掘潜力，增强自身实力：增收节支，强化企业的～机能。（《现代汉语词典》2012 年版）

【磁场】〈旧义〉传递实物间磁力作用的场。磁体和有电流通过的导体的周围空间都有磁场存在，指南针的指南就是地球磁场的作用。（《现代汉语词典》1978 年版）

〈新义〉喻指很有吸引力的地方。（诸丞亮、刘淑贤、田淑娟《现代汉语新词新语新义词典》）

【断代】〈旧义〉按时代分成段落：文学史的～研究。（《现代汉语词典》1978 年版）

〈新义〉比喻事业后继中断或后继无人。（于根元《现代汉语新词词典》）

"断代"旧义中的"断"是指"划分"，"代"指"时代"；新义中的"断"是"断绝"的意思，"后"是"后代"的意思，事业中断或后继无人就如同人没有后代一样，通过比喻用法产生新义"比喻事业后继中断或后继无人"。

需要指出的是，如果把 1978 年版《现代汉语词典》和 2005 年版《现代汉语词典》进行对比，我们可以发现某些旧词从临时性的比喻用法到比喻义固化这样一个历时变化过程。例如：

【清新】〈旧义〉清爽而新鲜。◇画报的版面～。（《现代汉语词典》1978 年版）

〈新义〉①清爽而新鲜。②新颖不俗气。（《现代汉语词

典》2005 年版）

【婆娑】〈旧义〉盘旋（多指舞蹈）。◇树影～（《现代汉语词典》1978 年版）

〈新义〉①盘旋舞动的样子。②树叶扶疏的样子。（《现代汉语词典》2005 年版）

1978 年版《现代汉语词典》关注到了某些词的比喻用法，所以就用例句的形式来加以展示，后来随着比喻法的日渐稳定，2005 年版《现代汉语词典》对其比喻义进行概括，于是以一个新义项的形式来呈现。

旧词产生借代义而建立新义位的也有不少。例如：

【长途】〈原义〉路程遥远的；长距离的：～旅行｜～汽车｜～电话。（《现代汉语词典》1978 年版）

〈新义〉指长途电话或长途汽车。（闵家骥、韩敬体、李志江、刘向军《汉语新词新义词典》）

【健美】〈旧义〉健康而优美。（《现代汉语词典》1978 年版）

〈新义〉一种以锻炼适度的肌肉、使体格健壮、形体优美为目的的体育运动项目。（诸丞亮、刘淑贤、田淑娟《现代汉语新词新语新义词典》）

【菜篮子】〈旧义〉指买菜用的篮子。（《现代汉语词典》1978 年版）

〈新义〉指与人们日常生活密切相关的基本的副食品供应。（于根元《现代汉语新词词典》）

一个旧词原来有既定的所指范围，如果说话者在使用中主动超出了这个范围，使该词包含了更多的指称对象，即词义外延扩大，内涵缩小，那么我们就说这个旧词发展出了泛指义，这时也应该为泛指义另行建立一个义位。例如：

【投资】〈旧义〉投入企业的资金。（《现代汉语词典》1978 年版）

〈新义〉泛指为达到一定的目的而向某一方面投入的钱财、时间、精力等。（闵家骥、韩敬体、李志江、刘向军《汉语新词新义词典》）

【工程】〈旧义〉土木建筑或其他生产制造部门用比较大而复杂的设备进行的工作，如土木工程、机械工程、化学工程、采矿工程、水利工程、航空工程。（《现代汉语词典》1978 年版）

〈新义〉泛指需要投入巨大人力和物力的工作。（《现代汉语词典》1996 年修订版）

【水货】〈旧义〉指通过水路走私的货物。（《现代汉语词典》1996 年修订版）

〈新义〉泛指在对外贸易中通过非正常途径和不正当手段销售的货物。（闵家骥、韩敬体、李志江、刘向军《汉语新词新义词典》）

需要指出的是，并非旧词产生的任何新义点都可以独立出来成为新义位，因为这还涉及新义点的使用频率问题。有些特殊语境中偶然出现的新义点，只是词的临时义或语境义，这种情况就不能单立一个义位，而应该归入相近、相临的义位中；相反在语流中反复使用的那些新义点，是词比较稳定的意义，这时就应设立一个新义位。

2. 语境对词义的影响导致义点独立而建立新义位。

词义在动态的使用中，概括性的义位依据出现语境的差异表现为不同的义点。这里的"语境"，既包括交际双方，他们交际的目的意愿，他们之间的地位关系，他们的思想、经历、性格习惯，还包括交际发生前的情由，交际进行时的前言后语，交际处所的自然或社会环境等。"每一个特定的交际回合，都具有一个特定的交际主体、交际意向、交际语境，处在这样一个特定状况下的词义，被赋予了各种各样的鲜明个性色彩。词语的每一次运用，都成为独特的

'这一次'，都会产生或多或少的'变异'。"① 这就是说，义点是受语境因素的影响的结果。具体来说，某一个词在进入交际时可能是完全正常的，然而到了具体的语境之中，却会出现未曾料到的变化：由于语言使用者逐渐注意到了语境意义特殊性的一面，新的词义理解从原来混沌一片的义域内清晰地凸显出来；或者在语境因素的诱导、参与下，词义的静态理解不知不觉发生"漂移"，将义域扩展到新的领地，这两种情形都可以引发义点独立呈现而成为新的义位。

义位的建立不是纯粹客观的，它还要受到人们主观认识的影响。从理论上说，有时候某个义点可能是固有义域中的一个意义，开始并没有引起人们特别的注意。然而在一定的条件下，该义点可能逐渐令人"刮目相看"，于是在人们的认知作用下这个义点可能独立出来成为一个义位。因此可以这样说，这种形式建立起的新义位是词义领域内部调整的结果，是由义域中义点地位的升降引起的。一般来说，动词会因行为方式、行为目的、施受对象等不同而引发义点独立。下面结合具体例子进行说明。

（1）动词因施事者的不同而分立义位。例如：

【发文】〈旧义〉本单位发出的公文：~簿（登记发文的本子）。（《现代汉语词典》1978 年版）

〈新义〉上级单位发出的文件。（闵家骥、韩敬体、李志江、刘向军《汉语新词新义词典》）

（2）动词因施事者和行为内容的目的不同而分立义位。例如：

【判决】〈旧义〉法院对审理结束的案件做出决定。（《现代汉语词典》1978 年版）

〈新义〉判断，决定：比赛中队员要服从裁判的 ~。（《现代汉语词典》1996 年修订版）

【出场】〈旧义〉演员登台（表演）。（《现代汉语词典》1978

---

① 董为光：《汉语词义发展基本类型》，华中科技大学出版社 2001 年版，第 62 页。

年版）

〈新义〉运动员进入场地（参加表演或竞赛）。（闵家
骥、韩敬体、李志江、刘向军《汉语新词新义词典》）

（3）动词因受事者和行为内容的不同而分立义位。例如：

【开发】〈旧义〉指以荒地、矿山、森林、水力等自然资源为对
象进行劳动，以达到利用的目的；开拓：～荒山｜～黄
河水利。（《现代汉语词典》1978 年版）

〈新义〉发现或发掘人才、技术等供利用：～先进技术
｜人才～中心。（《现代汉语词典》1996 年修订版）

【回收】〈旧义〉把物品（多指废品或旧货）回收利用。（《现代
汉语词典》1978 年版）

〈新义〉把发放或发射的东西收回。（《现代汉语词典》
2012 年版）

（4）动词因施事者和动作对象的不同而分立义位。例如：

【代劳】〈旧义〉（请人）代替自己办事。（《现代汉语词典》
1978 年版）

〈新义〉（请人）代替别人办事。（《现代汉语词典》
2012 年版）

（5）动词因动作情状不同而分立义位。例如：

【告别】〈旧义〉离别；分手（一般要打个招呼或说句话）。
（《现代汉语词典》1978 年版）

〈新义〉辞行；和死者最后诀别，表示哀悼。（《现代汉
语词典》2012 年版）

“告别”的旧义适用于一般的告别场景，打个招呼说句话即可，
而新义要么用于远行之前特意前往道别的场合，要么用于与死者见
最后一面的悼念仪式上，因为这些场合要更郑重其事一些。这是依
据动作情状不同而分立。

形容词引发义点独立主要有以下几种情况：

（1）因不同的缘由、境况引发义点独立，形成新的义位。例如：

【心虚】①做错了事怕人知道：做贼～。②缺乏自信心：对于这种生疏的工作，我感到～。（《现代汉语词典》1978 年版）

"心虚"就是"心里不踏实"，这主要产生于不同的境况：一是要做的事，主动权在自己，而没有把握做好，由此产生旧义；二是力图遮掩、避免某事，主动权大半在他人，而自己无法确信不会发生不利的情况，由此产生新义。

（2）因不同的适用目的引发义点独立，形成新的义位。例如：

【新鲜】①（刚生产、宰杀或烹调的食物）没有变质。②（花朵）没有枯萎。（《现代汉语词典》1978 年版）

"新鲜"一词的这两个义项，是根据"供食用"与"供观赏"这两种不同适用目的来分化的。水果的"新鲜"与花朵的"新鲜"似乎更加接近：它们都来自植株，都刚摘下不久，没有水分、色泽、气味等的变化；而新鲜水果与新鲜啤酒、烤肉相比较，虽然同为"刚生产出来不久"的食物，"新鲜"所涉及的具体内容已相差较远，但人们还是倾向于从满足自身需要的角度，来看待不同的"新鲜"，由此引发义点独立。

（3）因不同的适用对象引发义点独立，形成新的义位。

改革开放以来，有不少形容词是依据适用对象不同而导致义点独立并形成新义位的。例如：

【低下】〈旧义〉（生产水平、经济地位等）在一般标准之下的。（《现代汉语词典》1978 年版）

〈新义〉①（能力、水平、地位等）在一般标准之下的。②（品质、格调等）低俗。（《现代汉语词典》2005 年版）

【苍劲】〈旧义〉（树木、书法、绘画等）苍老挺拔。（《现代汉语词典》1978 年版）

〈新义〉①（树木）苍老挺拔。②（书法、绘画）老练

而雄健有力。(《现代汉语词典》2005 年版)

【宽绰】〈旧义〉①宽阔；不狭窄：人口不多，虽然只两间房子，倒也宽宽绰绰的。②富余：人民的生活越来越 ~ 了。(《现代汉语词典》1978 年版)

〈新义〉(心胸) 开阔：听了他的话，心里觉着 ~ 多了。(《现代汉语词典》2012 年版)

除此之外，人们有时为了特别强调某一个义点的特殊性，也会把它从原义位中凸显出来，另行建立一个新义位。词典上经常使用"专指""特指"等术语来标注某一义项（或用法），一般来说这恰恰是反映了人们认识到这个被标注义点的特殊性，承认它获得了独立存在的价值。例如：

【喜事】①值得祝贺的使人高兴的事。②特指结婚的事。

尽管"特指义"与原所属义位所表示的义域有着较明显的种属关系，但并非所有的义点独立都能最后归于"特指"，不仅如此，有些特指义还会在长期的使用中逐渐淡化。

改革开放以来因特别强调某一义点而建立新义位的例子也不少。例如：

"第三者"一词的旧义是指"当事双方以外的人或团体"，人们为了突出与夫妻中的一方有不正当关系的"第三者"这一义点，于是就把它独立出来建立了一个新义位，"特指插足他人家庭，跟夫妇中的一方有不正当的男女关系的人"。

"引进"一词的旧义表示"从外地引入"，它引入的可以是"有形的（设备、产品）"、也可以是"无形的（技术）"。随着改革开放的深入，国外的先进技术、设备和产品被大量地引进，鉴于这一社会现实，人们在使用中就格外强调这个义点，于是就把它从语境中抽象出来而另行建立了一个义位，专指"由国外引入先进技术、设备和产品等"。

"谈话"一词原来是指"两个人或许多人在一起说话"，人们在使用中为了特别强调"组织上与有关人员进行的有目的的谈话"这一义点，所以就把它独立出来建立了一个义位。

"关系"一词原来是指"人和人或人和事物之间的某种性质和联系"，人们为了特别突出"男女之间的两性关系"这个义点，于是就将其独立出来建立了一个新义位——婉指"两性关系"。

一些词在具体使用中会受到语境因素的拉动而悄然发生位移。其突出表现是义域中的某个义点由于语境的影响会被附上新的意义内容，同时感情色彩也发生明显的变化，这时该义点就倾向于从原义域里分化出来，另行建立一个新义位。例如"安排"一词，本是指"有条理、分先后地处理（事务）；安置（人员）"，如"安排工作、安排生活、安排他当统计员"等。可是在下面的例子中，意义似乎有了不同：

㉝那个单位是安排人的地方。
㉞自从他当上了人事处长之后，不知安排了多少亲戚朋友。
㉟他这个空降处长听说是上面的大领导特意安排的。

例句中的"安排"显然与它原有的意义有了一些不同：人浮于事，用不正当的手段或走后门往不需要人的部门安插人；或个别干部利用关系把不称职的人弄去别处做官；或不讲原则地把不应该提拔的干部提拔，并美其名曰"适当安排"。"安排"一词本无贬义，但是经过上述一些说法的反复使用以及表达内容的多次熏染之后，"安排"一词就被赋予了新的意义内容。这个新义点不能被原来的义位"有条理、分先后地处理（事务）、安置（人员）"所概括，所以就应该把"利用不法手段进行的不合理的人员安置"这一义点另立为一个新义位。又如：

【插手】〈旧义〉参加（做事）：想干又插不上手。（《现代汉语词典》1978 年版）

〈新义〉横加干涉。（诸丞亮、刘淑贤、田淑娟《现代
汉语新词新语新义词典》）

一个义位在具体的运用中可能分布为两个对立的义点，如果人
们的心理侧重点不同，或对语境分布的感受不同，那么这两个义点
的"势力"是不一样的。强势义点（人们使用频率很高的、出现的
语境更多的那个义点）会首先取得不加修饰限定的特权，借用语法
术语来说，就是取得"无标记"的地位，然后有可能独立成一个新
义位。但我们应该注意的是，使词义分立的两类语境，其出现机会
并不是均衡的，人们对分立的两个义点也不是予以相同的注意和强
调。具体情况如何，应该与不同的意义内容在社会生活中的地位与
表现有关。如果一个义点获得了较多出现语境并得到较多强调，那
么它就有可能逐渐成为词义的理解重心，从而被独立出来成为一个
新义位。但需要指出的是，并不是所有对立的情感评价都需要独立
为不同的义位。除了受关注程度以外，还有一个"分立条件是否清
晰"的问题。比如"影响"一词，我们可以说"酗酒是受了父亲的
影响"，也可以说"喜爱音乐是受了父亲的影响"；可以说"用自己
的模范行为去影响孩子"，也可以说"别让自己的坏习惯影响了孩
子"。在这些语境中，"影响"的褒贬分立条件都不够鲜明，所以就
不必给"影响"分立出不同的义位。但"刺激"一词的情况就大不
一样了，《现代汉语词典》（1978 年版）："③使人激动，使人精神上
受到挫折或打击。"对人的感官有不好的作用或影响，精神上受到挫
折或打击是"刺激"，如说"这种洗衣粉对皮肤有刺激"，"多年的
珍藏毁于一旦，对他刺激很大"，这样的"刺激"是贬义的。改革
开放以来人们的观念发生了很大的转变，"玩的就是心跳"，提及
"运动、游戏、小说、影视作品"之类，人们会经常用到"刺激"
（往日至多说"惊险""过瘾"）这个词，比如说"蹦极是一项很刺
激的运动"，"观看美国大片《指环王》的感觉真是刺激"，很明显，
使人兴奋激动的、让人感觉满足过瘾的"刺激"是褒义的，这样明

确的分布状况有利于义点分化而建立不同的义位。

很显然，上面这种情况的义点独立常常离不开它所在语境的意义独特性和使用频繁性，义点一旦分立出来，就会不可避免地融合吸收所在语境的某些意义成分，也就是说，新的意义要素基本上是从语境中获取的。

3. 旧词如果出现新的语法组合关系，这就意味着它出现了新义点，这种新义点需要以义位的形式呈现出来。

语法组合是指符合语法规则的词与词之间的组合。词汇上意义的分析与语法上区分不同的词类虽然不是一回事，但词义与词性却有着密不可分的关系。一个多义词的各个义位可能表现为相同的词性，也可能表现为不同的词性。由于它可能表现为不同的词性，所以词义的变化就可能引起词性的变化。但反过来说，词性的变化（除了词临时的活用之外）都会引起词义的变化，也就是说，如果一个词有了新的词性，这就意味着有了新的语法组合关系出现，这时需要建立新义位予以表现。陆福庆（1987）认为应根据词的用法变化建立兼类词的义项。程娟（2004）把词语因其句法功能变化而产生出来的新义项称作"功能义项"，比如"戏言"一词，1978 年版的《现代汉语词典》中只有一个名词性义项，指"随便说说并不当真的话"，而 1996 年版的《现代汉语词典》则在原来名词性义项的基础上新增了一个动词性义项"②开玩笑地说：～身后事"，这个新增的动词性义项就是功能义项。

改革开放以来，有不少旧词新增了功能义位，这些功能义位在词典中都要通过增添新义项的方式来表现。归纳起来主要有以下几种类型。

第一，名词新增了功能义位，概括起来主要有以下几种情况。

（1）从事物现象到相关行为。例如：

【意思】〈旧义〉③指礼品所代表的心意。（《现代汉语词典》
　　1978 年版）

〈新义〉④指表示一点心意：大家受累了，得买些东
西～一下。（《现代汉语词典》1996 年修订版）

【感知】〈旧义〉客观事物通过感觉器官在人脑中的直接反映。
（《现代汉语词典》1978 年版）

〈新义〉②感觉：已能～腹中胎儿的蠕动。（《现代汉语
词典》1996 年修订版）

（2）从工具到相关行为。例如：

【镩】〈旧义〉一种凿冰的工具，头部尖锐，有倒钩。（《现代汉
语词典》1978 年版）

〈新义〉②用冰镩凿冰：～冰（《现代汉语词典》1996 年
修订版）

【泵】〈旧义〉吸入混合排出流体的机械，能把流体抽出或压入
容器，也能把液体送到高处。（《现代汉语词典》1978
年版）

〈新义〉②用泵压入或抽出：～入｜～出｜～油。（《现代
汉语词典》1996 年修订版）

（3）从指人到人的相关行为。例如：

【同道】〈旧义〉①志同道合的人。②同一行业的人。（《现代汉
语词典》1978 年版）

〈新义〉③同路：～南下（《现代汉语词典》1996 年修
订版）

【宝贝】〈旧义〉①珍奇的东西。（《现代汉语词典》1978 年版）

〈新义〉③〈方〉疼爱、喜爱：老人可～这个孙子了。
（《现代汉语词典》1996 年修订版）

（4）从具体事物到事物所具有的某种性状。例如：

【细软】〈旧义〉指首饰、贵重衣物等便于携带的东西。（《现代
汉语词典》1978 年版）

〈新义〉②纤细柔软：～的柳枝。（《现代汉语词典》

1996 年修订版）

【姜黄】〈旧义〉多年生草本植物，叶子很大，根茎椭圆形，深黄色，开黄花。根茎入药，也可以做黄色染料。（《现代汉语词典》1978 年版）

〈新义〉形容像姜似的黄颜色：病人脸色～，气息微弱。（《现代汉语词典》1996 年修订版）

（5）从抽象事物到事物所具有的某种性质特征。例如：

【气派】〈旧义〉指人的态度作风或某些事物所表现出的气势。（《现代汉语词典》1978 年版）

〈新义〉神气，有精神：他穿上这身服装，多～！（《现代汉语词典》1996 年修订版）

【排场】〈旧义〉①表现在外面的铺张奢侈的形式或局面：～大｜我们反对讲～。②铺张而奢侈。（《现代汉语词典》1978 年版）

〈新义〉（方）体面、光彩：集体婚礼又～，又省钱。（《现代汉语词典》1996 年修订版）

（6）从具体事物到事物指称对象所具有的属性特征。例如：

【灰色】〈旧义〉像木柴灰的颜色。（《现代汉语词典》1978 年版）

〈新义〉①属性词，颓废和失望的：～的作品、～的心情。②属性词。不明朗的、不正规的：～收入、～市场。（《现代汉语词典》2012 年版）

【黄金】〈旧义〉金的通称。赤黄色，质柔软，延展性大，化学性质稳定。是一种贵重金属，多用来制造货币、装饰品等。（《现代汉语词典》1978 年版）

〈新义〉②比喻宝贵：～时代、～地段、电视广播的～时间。（《现代汉语词典》1996 年修订版）

【家用】〈旧义〉家庭的生活费用：贴补～。（《现代汉语词典》

1978 年版)

〈新义〉家庭日常使用的：~电器 | ~小商品。(《现代汉语词典》1996 年修订版)

(7) 从指称名物到指称对象所具有的属性特征。例如：

【老爷】〈旧义〉①旧社会对官吏及有权势的人的称呼，现在用时含讽刺的意思：干部是人民的勤务员，不是人民的~。②旧社会官僚、地主人家的仆人等称男主人。③〈方〉外祖父。(《现代汉语词典》1978 年版)

〈新义〉④指陈旧的、式样老的（车、船等）：~车、~船。(《现代汉语词典》1996 年修订版)

【绅士】〈旧义〉指旧时地方上有势力、有功名的人，一般是地主或退职官僚。(《现代汉语词典》1996 年修订版)

〈新义〉形容男士有现代文明修养：王先生待人谦和礼让，很~。(《现代汉语词典》2012 年版)

【空中】〈旧义〉①天空中。(《现代汉语词典》1978 年版)

〈新义〉②指通过无线电信号传播而形成的：~信箱、~书场。(《现代汉语词典》1996 年修订版)

(8) 表抽象事物的名词产生副词用法。例如：

【本能】〈旧义〉人类和动物不学就会的性能，如初生的婴儿会哭会吃奶，蜂酿蜜都是本能的表现。(《现代汉语词典》1978 年版)

〈新义〉②有机体对外界刺激不知不觉地、无意识地（做出反应）：他看见红光一闪，~地闭上了眼睛。(《现代汉语词典》1996 年修订版)

(9) 表抽象事物的名词产生连词用法。例如：

【结果】〈旧义〉在一定阶段，事物发展所达到的最后状态：优良的学习成绩，是长期刻苦学习的~。(《现代汉语词典》1978 年版)

〈新义〉②用在下半句，表示在某种条件下产生某种结局。(《现代汉语词典》2005 年版)

第二，动词新增了功能义位，概括起来主要有以下几种情况。

(1) 从动作行为到动作行为的施事，即动词义项表示从事某项工作或职业，而名词义项则表示指从事这种工作或职业的人。例如：

【主演】〈旧义〉扮演戏剧或电影中的主角。(《现代汉语词典》1978 年版)

〈新义〉②指担任主演工作的人。(《现代汉语词典》1996 年修订版)

【采购】〈旧义〉(为机关或企业)选择购买：~建筑材料。(《现代汉语词典》1978 年版)

〈新义〉②担任采购工作的人：他在食堂当~。(《现代汉语词典》1996 年修订版)

这类例子很多，其他的还有"指挥""编辑""内应""督察""调度""监工""监考""监制""主播"等。

(2) 从动作行为到动作行为的结果。例如：

【布告】〈旧义〉(机关、团体)张贴出来的通告群众的文件。(《现代汉语词典》1978 年版)

〈新义〉②用张贴布告的方式告知(事项)：特此~ | ~天下。(《现代汉语词典》1996 年修订版)

【雕刻】〈旧义〉在金属、象牙、骨头或其他材料上刻出形象。(《现代汉语词典》1978 年版)

〈新义〉雕刻成的艺术作品：这套~已散失不全。(《现代汉语词典》1996 年修订版)

(3) 从动作行为到动作行为所关涉的对象。例如：

【挂牌】〈旧义〉旧时指医生、律师等正式开业。(《现代汉语词典》1978 年版)

〈新义〉②医生、售货员、服务员等工作时胸前佩戴印有姓名、号码等的标牌：～服务｜～售货（《现代汉语词典》1996 年版）

【珍藏】〈旧义〉认为有价值而妥善地收藏。（《现代汉语词典》1978 年版）

〈新义〉②指收藏的珍贵物品：把家中的～献给博物馆。（《现代汉语词典》1996 年版）

（4）从动作行为到动作行为所具有的某种性质状态。例如：

【贴近】〈旧义〉紧紧地挨近：老头儿把嘴～他的耳朵边，低低地说了几句。（《现代汉语词典》1978 年版）

〈新义〉②亲近：找～的人说说心里话。（《现代汉语词典》1996 年修订版）

【消闲】〈旧义〉消磨空闲的时间。（《现代汉语词典》1978 年版）

〈新义〉②悠闲；清闲：别人忙得要命，他可真～，看戏去了。（《现代汉语词典》1996 年修订版）

【决绝】〈旧义〉断绝关系。（《现代汉语词典》1978 年版）

〈新义〉②非常坚决：态度～｜话说得十分～。（《现代汉语词典》1996 年修订版）

（5）从不及物到及物，即某些不能带受事宾语的不及物动词在引申出新的义项之后，可以带上受事宾语了。例如：

【深化】〈旧义〉（矛盾、认识等）向更深阶段发展。（《现代汉语词典》1978 年版）

〈新义〉②使向更深的阶段发展：～改革。（《现代汉语词典》1996 年修订版）

【规范】〈旧义〉②合乎规范：这个词的用法不～。（《现代汉语词典》1978 年版）

〈新义〉③使合乎规范：用新的社会道德来～人们的行

动。（《现代汉语词典》1996 年修订版）

（6）动词产生表属性特征的义位。例如：

【密封】〈旧义〉严密地封闭：用白蜡～瓶口以防药物受潮或挥
　　　　发。（《现代汉语词典》1978 年版）

　　　　〈新义〉严密封闭的：～舱｜一听～的果汁。（《现代汉
　　　　语词典》1996 年修订版）

【空心】〈旧义〉树干髓部变空或蔬菜中心没长实：老槐树～了｜
　　　　大白菜～了。（《现代汉语词典》1996 年修订版）

　　　　〈新义〉②属性词。东西的内部是空的：～坝｜～面。
　　　　（《现代汉语词典》2012 年版）

【浮荡】〈旧义〉飘荡：歌声在空中～。（《现代汉语词典》1978
　　　　年版）

　　　　〈新义〉②轻浮放荡。（《现代汉语词典》1996 年修
　　　　订版）

　　第三，形容词新增了功能义位，概括起来主要有以下几种情况。

　　（1）从表性质状态到产生使动意义。该类词新旧义项之间的联
系非常密切，一般来说词汇意义变化不大（适用对象基本一致），只
是功能意义有了较大的改变，所引申出的义项都可以带上宾语。
例如：

【严明】〈旧义〉严肃而公正（多指法纪）：赏罚～｜纪律～。
　　　　（《现代汉语词典》1978 年版）

　　　　〈新义〉②使严明：～军纪｜要～纪律，制止不正之
　　　　风。（《现代汉语词典》1996 年修订版）

【涣散】〈旧义〉（精神、组织、纪律等）散漫；松懈：士气～｜
　　　　精神～。（《现代汉语词典》1978 年版）

　　　　〈新义〉②使涣散：～军心｜～组织。（《现代汉语词
　　　　典》1996 年修订版）

【协调】〈旧义〉配合得适当：国民经济各部门的发展必须互

相～。(《现代汉语词典》1978 年版)

〈新义〉②使配合得适当：～产销关系。(《现代汉语词典》1996 年修订版)

其他的例子如"健美""完善""匀和""粉碎""富裕""分散""协调""镇定""镇静""开通""严密""强壮""平衡""激奋"等。

(2) 从表性质状态到表动作行为。例如：

【埋汰】〈旧义〉(方) 脏。(《现代汉语词典》1978 年版)

〈新义〉②用尖刻的话挖苦人：别拿话～人。(《现代汉语词典》1996 年修订版)

【非礼】〈旧义〉不合礼节，不礼貌。(《现代汉语词典》1978 年版)

〈新义〉②调戏；猥亵(妇女)。(《现代汉语词典》2012 年版)

【迟滞】〈旧义〉缓慢；不畅通：河道淤塞，流水～。(《现代汉语词典》1978 年版)

〈新义〉③阻碍，使延迟或停滞：节节阻击，～敌人的行动。(《现代汉语词典》2012 年版)

(3) 从性质状态到具有该性质状态的事物现象或人。例如：

【晦气】〈旧义〉不吉利；倒霉。(《现代汉语词典》1978 年版)

〈新义〉②指人倒霉或生病时难看的气色：满脸～。(《现代汉语词典》1996 年修订版)

【鬼祟】〈旧义〉偷偷摸摸；不光明正大。(《现代汉语词典》1978 年版)

〈新义〉②鬼怪。(《现代汉语词典》2012 年版)

【先进】〈旧义〉进步比较快，水平比较高，可以作为学习榜样的：～工作者｜～集体｜～水平。(《现代汉语词典》1978 年版)

〈新义〉②先进的人或集体：后进赶～。(《现代汉语词典》1996 年修订版）

除此之外，有些形容词还发展出副词的用法。例如：

【干脆】〈旧义〉直截了当；爽快。(《现代汉语词典》1978年版）

〈新义〉②索性：那人不讲理，～别理他。(《现代汉语词典》1996 年修订版）

【一致】〈旧义〉没有分歧。(《现代汉语词典》1978 年版）

〈新义〉②一同；一齐：～对外。(《现代汉语词典》1996 年修订版）

【窃窃】〈旧义〉形容声音细小：～私语。(《现代汉语词典》1978 年版）

〈新义〉②暗地里：内心～自喜。(《现代汉语词典》1996 年修订版）

还有一种现象需要注意，即某些词虽然词典中没有新增义项，但实际运用中却出现了新的语法组合关系。例如"永远"一词，《现代汉语词典》（1996 年版、2002 年版）对它的解释是"副词，表示时间长久，没有终止"。可近几年来，"永远"置于名词之前的用法好像突然间火爆了起来。例如：

㊱这也许是一桩永远的悬案。（张天民《春泥》）

㊲我们做个永远的好朋友好了！（马宣伟《孔二小姐与范绍增的罗曼史》）

㊳永远的橄榄枝（张淑菡散文名）

㊴永远的守灯人（赵丽宏散文名）

人们所熟悉的广告用语"永远的绿色""永远的秦池""永远的爱情"，大学校园里"永远的明天""永远的太阳""永远的恋人"

"永远的朋友""永远的友谊"等说法更是不胜枚举。

"曾经"一词也是如此,在《现代汉语词典》(2012 年版) 只列有作为副词的意义,表示"从前有过某种行为或情况",可如今用作定语的情况却是十分常见。例如:

⑩同学关系是最美好的一种社会关系,其中的主要成分就是情。这次我们大胆地提议同学们不妨表白一下曾经的爱,引起毕业生的情感共鸣,在意料之中,也在意料之外。(《江南时报》2006 年 6 月 25 日)

㊶但在竞争激烈、创新不断的市场上,人们在讲述苹果成功故事的同时,也会思考"后乔布斯时代"的苹果如何才能延续曾经的辉煌。(《人民日报》2012 年 4 月 25 日)

㊷沿着湖滨大道一路行走,来到了巢湖岸边,看着曾经的万年埠,现在已是湿地鸟飞、牧笛悠扬,那里有浅滩芦苇荡,浪花舒卷。(《合肥晚报》2015 年 3 月 12 日)

对于"永远"和"曾经"越来越多的形容词用法,笔者认为,《现代汉语词典》应该删去副词字样或另设一个新义项,因为这样处理既满足了人们的现实理解,同时又会给人们提供值得思索的信息。

4. 旧词因为结构重解而产生新义,这时也应另设一个新义位。

一个复合词的构造本身可能蕴含着不同的意义理解,这就可能为以后预留着自由理解的空间。因此从这个意义上说,构造本身为未来的意义分化提供了可能,一旦条件成熟,潜在意义在语境里出现,义点的分立就会成为现实(同一结构的意义理解存在差异,并不意味它是同形异构词。通俗来说,结构理解不同的词就像一个双黄鸡蛋,而同形异构词则是两个外表相似的鸡蛋)。很显然,这种由结构意义的显著差异造成的意义分立不是我们所说的义点独立(或分立)。因为分立的根据是出自对结构的不同理解,而结构的差异又来源于语素成分和结构形式的多义性，它并不是取决于对词义点分布的理解评价。例如"采集"一词，虽然《现代汉语词典）中并没有分立义项，但却存在着内部结构的歧解。又如：

【采制】①采集加工。②采访并录制。

"采"的语素义实不相同。"采"，一为"采摘"，一为"搜集""采访"；"制"，虽然可以统一概括理解为"制造"义，但"茶叶的加工"同"音像的录制"，给人的感受还是很不一样的。

笔者研究发现，旧词因为结构重解而建立新义位，主要有下面两种情况：一种是合成词构成语素的多义性造成的。合成词至少由两个语素构成，如果其中的构词语素可能蕴含着不同的意义理解，那么该词就有可能产生新的意义，这时需要为这个新义另设一个义位。例如：

【点发】〈旧义〉点射。（《现代汉语词典》1978 年版）

〈新义〉指定内容请刊物登载。（诸丞亮、刘淑贤、田淑娟《现代汉语新词新语新义词典》）

旧义中的"发"指"发射"，而新义中的"发"指"登载、刊登"。

【大钱】〈旧义〉旧时的一种铜钱，较普通铜钱大，作为货币的价值也较高。（《现代汉语词典》1978 年版）

〈新义〉大量的钱：赚～。（《现代汉语词典》1996 年修订版）

旧义中的"大"是指"体积大、面值高"，新义中的"大"指"数量多"。

【空调】〈旧义〉①空气调节，调节房屋、机舱、船舱、车厢等内部的空气温度、湿度、清洁度、气流速度等，使达到一定的要求：～机｜～设备。②指这种用途的装置：安装～。（《现代汉语词典》1996 年修订版）

〈新义〉国家对房地产市场等的诸多调整政策均因受到

种种明暗抵制而未能贯彻落实。（周荐《2006 年汉语新
词语》）

旧义中的"空"是指"空气"，新义中的"空"是"没有结果
的、白白地"。

【转托】〈旧义〉把别人托给自己的事再托给另外的人：这件事
我虽然没法帮忙，但可以设法替你～一个人。（《现代
汉语词典》1996 年修订版）

〈新义〉把婴幼儿从某一托儿所转到另一托儿所。（闵
家骧、韩敬体、李志江、刘向军《汉语新词新义
词典》）

旧义中的"托"是"托付、托给"之义，新义中"托"指"托
儿所"。

【断代】〈旧义〉按时代分成段落。（《现代汉语词典》1978
年版）

〈新义〉①没有后代；断后。②比喻事业中断或后继无
人：加紧培养接班人，不能让这种绝技～。（《现代汉
语词典》2012 年版）

旧义中的"代"是"时代、年代"之义，新义中"代"指"后
代"。

另一种是结构关系的多样性造成的。也就是说，对于某一个合
成词而言，其构成语素之间可能蕴含了不同的结构关系，这时应该
设立不同的义位以示这种区别。例如：

【征文】〈旧义〉报纸杂志为某一主题而公开征集诗文稿件。
（《现代汉语词典》1978 年版）

〈新义〉报纸杂志为某一主题而公开征集到的诗文稿
件。（《现代汉语词典》2012 年版）

旧义中"征"和"文"是动宾关系，新义"征"和"文"是定
中关系。

【美言】〈旧义〉代人说好话。(《现代汉语词典》1978 年版)

　　〈新义〉〈书〉美好的言辞。(《现代汉语词典》2012 年版)

旧义中"美"和"言"是状中关系,新义中"美"和"言"是定中关系。

根据收集到的词例,笔者分析发现:词的义点独立发展出新义,词意义结构的多种理解表示多义,以及同形异构词分别表示各自的词义,这三种不同的词义现象,在理论上的界限大致是清楚的,但具体实例的分析中却有一定的模糊性。

需要特别说明的是,通过结构重解方式建立起的新义位因为与词的旧义位之间不存在意义引申关系,所以不少人都把它看成一种同音同形现象,因此在词典中处理为不同的词条。但笔者认为,词的新旧义位之间虽没有明显的衍生关系,但就构词语素来说,彼此之间的意义还是有联系的,所以设立为一个词条比较合适。

旧词在改革开放以后出现了新义点,但这些新义点要以怎样的方式呈现,是对原有义位概括范围的增减,还是在原有义位的基础上增加新的义位,对这些问题的深入探讨,可以为词典中义项的设立提供科学参考,同时也有利于辞书编纂理论的补充和完善,因为"对语言学新成果的追踪应用是词典学理论创新和编纂实践的重要机制。"①

---

① 章宜华:《辞书研究与新时期词典学理论和编纂方法的创新》,《辞书研究》2010 年第 1 期。

第三章 旧词产生新义的表现

根据产生新义的旧词在改革开放以前的使用情况，可以将其分为两种类型：第一种类型是改革开放以前人们一直在使用，改革开放以后在原来意义的基础上产生了新的意义；第二种类型是一些词在中华人民共和国成立之后已不再使用或很少使用，但改革开放以后却经常"露面"，不过"露面"之后意义并非原封不动，而是有了一些变化。第一种类型是以专用词语的语义泛化为代表，第二种类型是以历史词语的复现为代表，下面分别进行讨论。

第一节 专用词语的语义泛化

一 专用词语语义泛化的内涵

专用词语的语义泛化是改革开放以来旧词增添新义当中十分突出的现象。在讨论这个问题之前，有必要先说明"什么是泛化"。本文所说的"泛化"是指词义发展变化的一种方式，简单来说，就是扩大词语所概括对象的范围，即把本适用于甲事物的词或用于其他事物上，或由适用于个别事物演进到适用于一般事物，与我们经常说的"词义扩大"有相似之处。但本文之所以选择用"泛化"而不用"词义扩大"，是因为"词义扩大"一般只是就词义演变的结果而言，并不涉及词义演变的具体过程，"泛化"则既包含过程也包含结果。另外，"词义扩大"一般指词义演化后获得的相对稳定的结果，常被词典确立为一个义项，并用"泛指"两字作标示。而"泛化"既包含了结果，也包含了词义正处于发展过程中的变化方式及表现出来的意义属性。除此之外，"泛化"也不简单等同于"旧词新义"，因为"泛化"一般限于指称范围的扩大，而"旧词新义"还存在词义缩小或词义转移的情况。例如，"品牌"原指"产品的牌子"，现特指"著名产品的牌子"，属于词义的缩小；"婆婆"指"丈夫的母亲"，现亦用来指"指手画脚、横加干涉的上级主管部门或领导者"，属于词义的转移；"滑坡"原指"地表斜坡上大量的土石整体下滑的自然现象"，现指"其他领域的各种整体下滑的现象"，如"质量滑坡、思想滑坡、收视率滑坡、道德滑坡、经济滑坡"等，这些例子尽管都属于旧词新义，但只有"滑坡"一词属于语义的泛化。

对于某些词而言，语义泛化不但意味着限定义素减少，而且意味着核心义素也可能发生变化，如"雌"和"雄"，原本是专门表示鸟类的阴性和阳性，现在却用来区分花、鸟、鱼、虫、兽等所有生物的阴性和阳性，核心义素未变，限定义素减少，这属于词义的泛化；"井喷"原指"油气井在钻进或生产过程中，地下的高压原油、天然气突然大量地从井口喷出"，现在却可以用来指称"石油"以外"突然爆发、急剧上升、大量涌现的事物"，如"客流量井喷、价格井喷、井喷式增长"等。很显然，与原义相比，"井喷"一词不仅限定义素减少了，而且核心义素也发生了变化，这也属于词义的泛化。

专用词语的语义泛化，具体来说，是指科技术语、行业语等在保持越来越少原有语义特征的情况下，在非专业语境中产生新的使用方式，扩大指称范围，结果衍生出不同于原有意义的新义。例如"包装"，它是一个用于商业的专用词语，原义是指出于保护和美化的目的，用一定的物质材料将商品捆扎包裹起来。《现代汉语词典》（1978 年版）这样解释："在商品外面用纸包裹或把商品装进纸盒、

瓶子等。"可如今,"包装"一词的意义却并非仅仅如此。例如:

　　①F4 也好,S.E.S 也罢,也许真的不是什么歌星、影星,在他们身上也许你根本感受不到任何的文化内涵,但他们绝对是"偶像",作为包装的结果,他们一年就有上亿元的港币收入,并以高于各国经济增长水平的速度递增,可谓"钱"程似锦,不知风靡了多少人。(《新民晚报》2002 年 5 月 23 日)

　　②事实上,这一切都归结为中国流行音乐界的运作还不发达,远未达到"文化产业"的程度。不像我国港台地区、欧美国家,包装歌手已经形成了一个体系。(《新民晚报》2002 年 11 月 5 日)

　　③据介绍,近日由"天籁"上海全音文化主持的萧雅首张大碟《原乡人》现场演示会在上海召开,宣告经中美日三国音乐人全新包装的萧雅,以醇美歌喉演绎的《原乡人》等歌曲正式面世。(《扬子晚报》2003 年 9 月 15 日)

　　从以上的用例中可以看出:"包装"一词已经在人们的使用之中发生了语义泛化:在通过美化将商品以更高价位推销出去的意义上,借助人与商品、人的各种外在特征与商品的包装材料之间存在的相似关系,产生了一个新的意义——一些唱片或影视公司为获取高额回报对其所属的歌手或演员进行形象风格的定位设计并为之创造各种外部条件以使他们走红。语义泛化的结果是"包装"一词的指称范围扩大,艺员的一切风格设计、穿着打扮、技能学习等都可以被称作"包装"。

　　专用词语语义泛化的结果是其可以突破专业语境的限制,实现跨领域的自由使用,因此成为当代新义产生的一个常见途径,具有十分重要的语言学价值。

二　专用词语语义泛化的表现

专用词语发生语义泛化衍生出新义之后，与之相关的其他方面也发生了明显的变化，这主要表现为：

第一，突破了意义的单一性，由单义词变为了多义词。

包括科技术语和行业语在内的专用词语在意义上具有单一性，可是发生泛化之后，其直接结果就是突破了专业语义的局限，指称范围和适用对象扩大。例如：

"蒸发"原为物理学术语，表示"液体表面缓慢地转化成气体"，语义发生泛化之后，用来比喻"一些东西不明原因突然消失的现象"。"蒸发"的适用对象，已经由原来的液体，扩大到了"人""公司""资产""感觉""情感""市场份额""利润"等，这可以从下面的例子中看出来：

④怀古于人文胜地？只怕听导游说着千年前的故事，指尖触摸的却是现代的钢筋水泥，刚刚升腾的一点历史沧桑感被迅速蒸发。（《人民日报》2000 年 4 月 28 日）

⑤如城市蒸发，在黄的笔下就成了这样的解释：一种突然消失的方法，关掉手机，拔掉传真机，不通知任何亲朋好友，在无影无踪一周至十天后，再次出现。（《江南时报》2000 年 7 月 9 日）

⑥两年后，这家公司已经从人间蒸发。（《国际金融报》2000 年 7 月 30 日）

⑦因为消费者的消费行为是 20 世纪 90 年代末期经济明显增长的重要因素，现在经济学家担心由于许多消费者在股市中的财富被大幅蒸发，从而导致消费者出现恐慌心理而引发经济衰退。（《国际金融报》2001 年 1 月 22 日）

⑧广东电信出奇招　移动联通市值蒸发百亿（《财经时报》

2003 年 1 月 4 日标题）

⑨但进入 90 年代中期，一些名优黔酒厂家发现自家门口那种车水马龙、拿着现款排队提货的热闹已逐渐消失，往昔庞大的市场份额日见蒸发，这才想起还有一个严酷的市场法则，但"江山"已丧失许多。（《人民日报》海外版 2000 年 6 月 8 日）

又如"盘点"一词，原指"清点库存货物"，用于金融经营领域，可近年来，它的意义迅速泛化，其适用对象已从"库存货物"扩展到了"收获""收入""成绩""成果""问题""矛盾"等，甚至可以是"心情、情绪"。随着其使用范围的日益扩大，它的意义也变得更加复杂。归纳起来，主要有以下几种。

1. 表示"评价或总结（事物的某一阶段或年度的总体情况）"。例如：

⑩盘点 2002 年中国轿车市场，一系列纷繁复杂的变化令人目不暇接，关税下调、汽车降价、新车型层出不穷……真可谓亮点频闪。（《人民日报》2003 年 8 月 4 日）

2. 表示"分析、研究（某一事件或现象的得失、成因等）"。例如：

⑪政协委员任玉岭对目前出现的种种奢侈消费现象进行了盘点：一是表现在对物资的铺张浪费上。（《人民日报》2007 年 7 月 9 日）

3. 表示"检查、调查（存在的问题）"。例如：

⑫区政府在接受询问前，专门对全区的公建配套情况进行

了一次大盘点，问题实事求是地透底：现在全区的公建配套总体规划滞后，往往是在某个开发商做具体项目时才进行局部规划。（《文汇报》2003 年 11 月 25 日）

第二，专用词语泛化会产生独特的语用价值。

科技术语多见于科技文献，表意单一精确，书面语色彩浓郁，一般在口语交际中不大使用。但语义发生泛化之后，一改往日的严谨庄重而变得轻松活泼，在口语交际中频繁使用，可以使表达显得形象贴切、生动传神。例如：

⑬虚胖：中国制造的深度症结

盛景与繁华并不能覆盖中国制造的隐痛与痉挛——产品低端、利润微薄。尽管可以依靠对劳动力资源最大限度地"抽血"维系中国制造的资本循环和剩余价值的产生。（《中国青年报》2008 年 4 月 6 日）

例⑬中"虚胖""症结""隐痛""痉挛""抽血"这一组医学术语连用，生动形象地揭示了中国制造业的弊端。又如：

⑭大城市消肿何以"越消越肿"——功能疏散效果不佳主城人口未降反增。（《新华日报》2014 年 4 月 7 日）

⑮光大乌龙事件警示——"T+1"与"T+0"时滞造成跨市场监管真空。（《上海证券报》2013 年 8 月 20 日）

⑯苏联国家从休克中复苏（《中国经营报》2001 年 9 月 25 日）

例⑭中用医学术语"消肿"比用"精简""整编"等词更形象生动，一个"肿"字就极为形象地勾勒出了机构臃肿、人满为患的现状；例⑮中使用物理学术语"真空"比喻"缺乏某种东西的状态"，表达别致新颖；例⑯用医学术语"休克"来表示"中止使用，停止发展"，表达具象生动，幽默诙谐。

近些年来，股票交易逐渐为人们所熟悉，因此就有不少有关股市运作方式和行情的术语被借用到了日常生活领域。下面是摘自《重庆晚报》（2007年6月27日）中的一段话：

> 在婚姻生活中，选择对象叫"选股"，刚开始交往，叫"试探行情"，订婚叫"挂进"，结婚是"成交"，生子如同"配股"，婚后感情每隔几年总会陷入"箱形整理"，婚后双方感情不和，叫"翻空"，婚姻不好却离不得叫"套牢"，费尽心思终于离了，便是"解套"，婚姻彻底无法挽救也可称之为"崩盘"，离婚后人财两失叫"掏空"，因为离婚而身价大增叫"获利了结"，婚姻再维持下去只会更惨时，不得不"止损杀出"，嫁给大男子主义者，男人是"主力"，女人只能当"散户"。聪明女人懂得"低档承接"，而不是付出大笔心血在"高位套牢"。除此之外，人们把事情向好的方面发展说成"利好""看涨"，把上班称作"开盘"、把午休称作"停盘"，把下班称作"收盘"。有的商家把购物赠礼称作"分红配股"，把人或事物、商品等的质量或信誉逐步下降称为"高开低走"，等等。

有关股市的专用词语被借用到日常生活语境，可以使表达新奇活泼、幽默诙谐，反映了老百姓运用语言的机智与幽默。但需要指出的是，因为这些新义大多带有临时性的调侃意味，所以稳定性较差。

从感情色彩方面来看，专用词语客观理性地表述与科学技术有关的概念，所以本身不含褒贬倾向，但泛化以后却往往带有鲜明的感情色彩，常常是变客观理性为褒贬分明。例如：

⑰她们的裙子一会儿变长，一会儿变短，一会儿变肥，一会儿变瘦……她们大多是从电视、从广告、从橱窗、从旁人那里学到的。她们极易患这种比流行感冒还快的传染病。她们身上穿的其实永远都是拷贝。

"拷贝"作为电脑操作术语，指"文件复制，将一个文件或多个文件拷贝到另一个位置，制作文件的副本"，但在例（17）中则表示"原封不动、毫无创意地照搬"。对于盲目追赶时髦的做法，作者用泛化后的科技术语予以嘲弄，使得"拷贝"一词有了鲜明的贬义色彩。

第三，专用词语泛化后组合能力明显增强。

一些专用术语泛化之后，与其他语素或词的组合能力明显增强，所以使用频率大大提高。例如"指数"，作为数学领域里的一个专用术语，它表示"一个数自乘若干次的数字"，后来用到经济领域，表示"某一经济现象在某时期内的数值和同一现象在另一个作为比较标准的时期内的数值的比数"（《现代汉语词典》2005 年版）。原来与"指数"组合的大都是与经济有关的词，如"物价指数""生产指数""股票指数""道琼斯指数""经济指数""股价指数""上证综合指数""房价指数""大盘指数""工业景气指数""全球商务枢纽指数""二手房指数""能耗指数""恒生指数""中国市场化指数"等。可现在，组合对象却在不断扩大，逐渐延伸到了气象、医疗、环保乃至生活等领域。例如：

气象方面：舒适度指数、穿衣指数、洗晒指数、紫外线指数、霉变指数、火灾指数、干燥指数、雾霾指数、湿度指数。

医疗方面：怀孕指数、羊水指数、血压指数、感冒指数、血糖指数、营养指数、白细胞指数、健康指数。

环保方面：空气质量指数、污染指数、环保指数、生态环境指数、绿色环保指数。

其他方面：择业指数、品牌指数、旅游指数、防晒指数、结构指数、仓储指数、风水指数、宜居指数。

不仅如此，"指数"一词的适用对象不再仅仅是具体数字，而是进一步扩大到抽象的事物和现象，这些事物、现象往往难以真正计数，所以并不用来表示真正意义上的"数"，而是体现了某种程度，如"危险指数、痛苦指数、安全指数、关注指数、文明指数、人文指数、纯情指数、性感指数、浪漫指数、魅力指数、保密指数、满意指数、乐观指数、信心指数、快乐指数、幸福指数、人气指数、精彩指数、讨人厌指数、自私指数、风险指数、收视指数、歧义指数、人气指数、晨练指数"等。

这种表示程度的意义进一步模糊化，就表示事情可能发生的概率，此时与之搭配的对象更是纷繁复杂，例如"成功指数、出轨指数、变心指数、艳遇指数、结婚指数、失恋指数、恋爱指数、说谎指数、夺冠指数、死亡指数、发胖指数、吃醋指数、走红指数、近视指数"等。

从上面的例子不难看出，专用词语泛化之后，在语法功能上具有全面的开放性和兼容性，其搭配能力随着语义泛化程度的增高而不断提升。这就是说，人们完全可以根据自己的表达需要，十分自由地将不同的词汇形式和发生泛化的专用词语进行组合，从而构成一个个组合系列，不仅如此，这些系列中的成员总是呈现不断增加的趋势，它们大大丰富了普通话词汇。又如：

~网络：传销网络、市场网络、信息网络、流通网络、监督网络。

~老化：知识老化、技术老化、人口老化、设备老化、结构老化、年龄老化。

~效应：风险效应、轰动效应、名牌效应、广告效应、负面效应、大企业效应、光环效应、名人效应、温室效应。

～含量：技术含量、科技含量、文化含量、信息含量、艺术含量。

～机制：就业机制、风险机制、责任机制、利益机制、约束机制、竞争机制。

～工程：希望工程、扶贫工程、安居工程、富民工程、再就业工程、菜篮子工程、绿色工程、阳光工程、胡子工程、便民工程。

～资源：人文资源、德育资源、信息资源、思想资源、旅游资源、历史资源、人才资源。

～市场：人才市场、二手房市场、证券市场、股票市场、期货市场、婚庆市场、保姆市场、月嫂市场、家政市场、就业市场。

～群体：英雄群体、弱势群体、建筑群体、低收入群体、企业群体。

～聚焦：聚焦中国、聚焦奥运、聚焦三农、聚焦中原、聚焦天津大爆炸。

～投资：感情投资、智力投资、健康投资、人才投资。

～大使：形象大使、爱心大使、健康大使、环保大使、申奥大使。

～消费：物质消费、个性消费、健康消费、精神消费、白色消费、超前消费。

～文化：服饰文化、企业文化、商业文化、饮食文化、校园文化、大学文化。

4. 有些专用词语泛化后语法功能增殖。

一些专用词语泛化之后，虽然大多保留了原有的词性，但充当句法成分的能力却明显增强。例如"透支"原为金融行业术语，《现代汉语词典》（1996 年修订版）中的释义是"①存户经银行同意在一定限额内提取超过存款数字的款项。②开支超过收入"。"透支"表示上述意义时，经常用作谓语，一般不带宾语；语义发生泛化后，比喻"精神、体力过度消耗，超过所能承受的程度"，不仅可以作谓语，如"体力透支"，而且还可以带上宾语，如"透支体力、透支爱情、透支健康、透支睡眠"等。"启动"作为工业用语，表示"（机器、仪表、电气设备等）开始工作"，如"启动电流、启动继电器、车轮启动"等。很显然，它主要是用作谓语或用作动语后带名词性宾语；泛化产生了"开拓、带动、活跃"这一新义之后，用法也有了变化：既可以带名词性宾语如"启动市场"，也可以带谓词性宾语如"启动消费"，不带宾语时前面可以加状语如"正式启动"，还可以作定语如"启动资金"，用作主语如"启动快"，甚至还有"启而不动"的用法。总之，专用词语因语义泛化和使用范围的扩大带动了其语法功能的增殖。

三　专用词语语义泛化的等级

专用词语的语义泛化不是一蹴而就的，而是一个历时的渐进的过程，因此对于不同的专用词语而言，其语义泛化程度就有高低之别。如果我们把专用词语的语义泛化过程看成一个连续体，那么处于两端的应分别是完全泛化的专用词语和临时泛化的专用词语，中间的是泛化中的专用词语。据此，我们根据泛化程度把改革开放以来发生语义泛化的专用词语分成了三大类：完全泛化的、正在泛化中的、临时泛化的。下面分别进行讨论。

1. 完全泛化的专用词语

完全泛化是指专用词语泛化之后获得的新义已经相当稳固，并且被《现代汉语词典》所收录。考虑《现代汉语词典》是规范型词典的代表，其收录新词新义也相当谨慎，因此泛化后的新义能否被《现代汉语词典》收录，可以作为我们判断改革开放以来专用词语泛化意义是否完全稳固的主要依据。例如：

【叫停】〈专用义〉①某些球类比赛中教练员、裁判员、运动员等要求暂停。

〈泛化义〉②有关部门或人员命令停止某种活动或

行为。

（《现代汉语词典》2012 年版）

【软件】〈专用义〉①计算机系统的组成部分，是指挥计算机进行计算、判断、处理等信息的程序系统。通常分为系统软件和应用软件两类。

〈泛化义〉②借指生产、科研、经营等过程中的人员素质、管理水平、服务质量等。

（《现代汉语词典》2012 年版）

【抢滩】〈专用义〉①船只有沉没危险时，设法使船只搁浅在浅滩上，防止沉没。

〈泛化义〉②军事上指抢占滩头阵地。③商业上指抢占市场。

（《现代汉语词典》2012 年版）

【定位】〈专用义〉①用仪器对物体所在的位置进行测量。②经测量后确定的位置。

〈泛化义〉③把事物放在适当的地位并做出某种评价。

（《现代汉语词典》2012 年版）

【板块】〈专用义〉大地构造理论指地球上岩石圈的构造单元，由海岭、海沟等构造带分割而成。

〈泛化义〉比喻具有某些共同点或联系的各个部分的组合。

（《现代汉语词典》2012 年版）

完全泛化的专用词语有一个突出特点，即它们的新义在使用频率上明显超过了原义，个别可能会受到自身意义的限制，所以有时候专业意义仍会占据优势。侯昌硕（2008）曾对"叫停""软件""抢滩""定位""板块"5 个专用词语泛化义的使用频率进行了统计，结果发现："叫停"在 2002 年 1 月至 2007 年 3 月的《人民日报》上出现 265 次，其中泛化新义有 259 次，占 97.7%；"软件"在

2006 年 9 月至 2007 年 3 月的《人民日报》上出现了 286 次，其中泛化新义有 30 次，占 10.5%；"抢滩"在 2002 年 1 月至 2007 年 3 月的《人民日报》上出现 128 次，其中泛化新义有 111 次，占 86.7%；"定位"在 2005 年 6 月至 2007 年 3 月的《人民日报》上出现 560 次，其中泛化新义有 500 次，占 89.3%；"板块"在 2002 年 1 月至 2007 年 3 月的《人民日报》上出现 488 次，其中泛化新义有 454 次，占 93.0%。这说明：就大部分完全泛化的专用词语而言，其泛化后新义的使用频率基本上超过了原有的专用意义，这意味着新义已成为核心意义，而专用意义则变成了边缘意义。

据笔者统计发现，1978 年版《现代汉语词典》收录了具有泛化义的专门词语 478 条，2002 年版《现代汉语词典》收录了具有泛化义的专门词语 729 条，其中正文收录 683 条，附录收录 46 条，2005 年版《现代汉语词典》收录了具有泛化义的专门词语 791 条。从 1978 年版《现代汉语词典》到 2002 年版的《现代汉语词典》，其间有 24 年的时间跨度，词义泛化的专用词语增加了 251 条，而从 2002 年版《现代汉语词典》到 2005 年版《现代汉语词典》，仅仅 3 年时间，词义泛化的专门词语就增加了 62 条。这些数据充分说明完全泛化的专用词语在改革开放以来呈现迅速增长趋势。不仅如此，早期发生泛化的专用词语，随着其新义更加频繁地被使用，它们在一定条件下可能会取得全民性而成为基本词汇中的成员。

2. 正在泛化中的专用词语

正在泛化中的专用词语，尽管也衍生出了专用意义之外的新义，但稳定性稍差，虽然已被相关新词新义词典收录，但还没有进入规范型词典当中。与规范型词典相比，新词新义词典属于描写型断代语言词典中的一种，其性质决定了它不是以稳定性和规范性作为基本特征，而是一种记录型词典，它所记录的"新词"和"新义"，是语言的绝对变异性的表现，是社会通用的、规范化的新词赖以产生的土壤，是取之不尽、用之不竭的语料宝藏。

正在泛化中的专用词语因为新义还没有完全定型，所以规范型词典在释义中大都会以用例的形式表明其新义的存在，如《现代汉语词典》（2012 年版）中是用"◇"这一符号来标示的。例如：

【市场】〈专用义〉①商品交易的场所：集贸～。②商品行销的区域：国内～｜国外～◇悲观主义的论调，越来越没有～。

与完全泛化的专用词语一样，正处在泛化中的专用词语，其新义的使用频率也呈逐年上升趋势。下面我们就通过"井喷、盘点、触角"这三个词的使用情况来详细说明。

【井喷】〈专用义〉油气井在钻进或生产过程中，地下的高压原油、天然气突然从井口喷出◇股市交易量～｜西部旅游本月～。（《现代汉语词典》2012 年版）

【盘点】〈专用义〉清点（存货）：～库存◇岁末歌坛大～。（《现代汉语词典》2012 年版）

【触角】〈专用义〉昆虫、软体动物或甲壳类动物的感觉器官之一，生在头上，一般呈丝状：◇这个诈骗团伙的～伸向许多地方。（《现代汉语词典》2012 年版）

检索 2002 年至 2006 年的《人民日报》，我们发现"井喷"一词共出现 188 个用例，其中用作专用义的有 101 例，所占比例为 53.7%，用作泛化义的有 87 例，所占比例为 46.3%，泛化义在各年出现的次数分别为：2002 年 7 例，2003 年 9 例，2004 年 16 例，2005 年 28 例，2006 年 27 例，很显然，"井喷"泛化义的使用频率基本上是逐年上升的。

检索 2002 年至 2006 年的《人民日报》，我们发现"盘点"一词共出现 233 个用例，其中用作专用义的有 9 例，所占比例 3.9%，用作泛化义的有 224 例，所占比例为 96.1%，泛化义在各年出现的次数分别为：2002 年 29 例，2003 年 36 例，2004 年 45 例，2005 年 51 例，2006 年 63 例，很明显，"盘点"泛化义的使用频率远远超过了原有的专用义，并且呈逐年递增趋势。

检索 1981 年至 1985 年的《人民日报》，我们发现，"触角"一词共出现 46 个用例，其中用作生物术语的只有 3 例，泛化用法的有 43 例，占 93.5%；检索 2002 年至 2006 年的《人民日报》，共出现 219 个用例，其中用作专用义的有 11 例，所占比例为 5.0%，用作泛化义的有 208 例，所占比例为 95.0%，泛化义在各年出现的次数分别是：2002 年 19 例，2003 年 38 例，2004 年 46 例，2005 年 50 例，2006 年 55 例，这说明"触角"泛化义的使用频率也呈逐年上升趋势。

3. 临时泛化的专用词语

所谓专用词语的临时泛化，是指人们为了追求某种特定的语用效果，临时借用专用词语来表达而衍生出来新义。专用词语临时泛化产生的新义，大多只是偶尔使用，其突出特点是不能离开了特定的语境。这就是说，若离开特定语境，其临时意义就不复存在了。

因为临时泛化产生的新义具有不稳定性，并且其使用频率远远低于原有的专用义，所以发生这种泛化的专用词语在很多时候要用双引号加以标示。例如：

⑱ "二孩"落地期待制度的"保胎丸"。（《科教新报》2015 年 11 月 12 日）

⑲ 大学生龙舟队赢得"大满贯"，龙舟公开赛金堂站今闭幕。（成都全搜索新闻网 2015 年 6 月 14 日）

⑳ 按照他的话说，俄罗斯在这方面没有"板凳队员"，每次在替换地方高级官员时都要绞尽脑汁。（中国网 2008 年 7 月 24 日）

㉑ 过去，他们抓服务质量采取"自查、自理、人盯人"的方法，结果，领导在与不在、有检查与无检查服务情况大不一样。（北大语料库）

例⑱中的"保胎"并非表示"用服药等方法预防流产并保护母体内的胎儿，使正常发育"之义，而是被临时赋予了"出台保护性政策和措施"这一意义；例⑲中"大满贯"原本是网球运动术语，指一个运动员或运动队获得某个项目的全部冠军，这里是指"囊括所有奖牌"；例⑳中"板凳队员"一词出自 NBA 职业篮球赛，原本是指"坐在赛场旁边的替补队员"，而句中的"板凳队员"则表示"替补"之义；例㉑中的"人盯人"原为篮球术语，是指每名队员按位置防守对方的一名队员，这里表示"分配给每人具体的任务，且互相不干涉"。

我们都知道，专用词语语义泛化的过程大致可以概括为：专用词语在某些语境中发生临时泛化而产生新义，这个新义由于人们经常地反复使用，就会逐渐固化为稳定的泛化义。从这个过程中不难看出，临时泛化所具有的重要意义——它既是词义泛化过程的开始，又是泛化义得以固化的基础。也就是说，临时泛化义是专用词语泛化过程开始的标志，如果它在人们的交际中一直被频繁使用，那么它就会逐渐固定下来并成为专用词语一个新义位。

笔者对"会诊"和"伤口"两个词在 2004 年至 2014 年《人民日报》的出现情况进行了检索，发现"会诊"一词共出现 759 次，其中用专用义的有 645 次，用"集中有关人员一起解决难题"这一泛化义的有 114 次，并且大都带上了双引号；"伤口"一词共出现 394 次，其中用专用义的有 302 次，表示"心灵上的伤"这一泛化义的有 92 次。这说明，临时泛化的专用词语，其专用义的使用频率远远高于泛化义。另外，笔者对一些报刊媒体和出版物中发生临时泛化的专用词语进行了统计，共搜集到了 500 余条，其中涉及医学、物理学、金融证券、信息技术、工业技术、计算机技术、生物技术、化学、数学、政治外交、军事、戏剧等 30 多个领域。这当然不可能是一个全面的、穷尽性的统计，但我们可以从中看出当前专门词语语义泛化的强劲势头。

四 专用词语语义泛化的机制

如前所述，专用词语是在某一行业或专业领域中使用的词语，当语言运用者为了表达的需要将它们用在非专业语境中，它们的意义就会发生泛化，这种泛化的新义如果逐渐得到了大众的认可，专用词语就会扩大指称范围而成为某一语言社会通用层的一员。

专用词语如何实现了语义的泛化？据笔者考察发现，它们绝大多数是通过相似引申的方式实现的。词义的相似引申源于人们的相似联想，而相似联想作为人类认知方式的重要方面，是指人类在认识事物时，思维上会着眼于不同事物之间的相似点，而这种方式反映在语言上则表现为人们倾向于用同一个词语来指称不同的事物或现象，从而促发了语言中的旧词在原来意义的基础上发展出新义。根据专用词语原义与新义之间的相似点所侧重的不同方向，我们可以做出如下分类：

1. 状态相似

【断层】〈旧义〉由于地壳的变动，地层发生断裂，并沿着裂面发生垂直、水平或倾斜方向的相对位移的现象。（《现代汉语词典》1978 年版）

〈新义〉连续性的事业或人员的层次中断，不相衔接。（于根元《现代汉语新词词典》）

相似点——不能相接

【流失】〈旧义〉指坡地泥土或河床泥沙随水逐渐失散。（《现代汉语词典》1978 年版）

〈新义〉比喻人员离开本地或本单位。（诸丞亮、刘淑贤、田淑娟《现代汉语新词新语新义词典》）

相似点——失去

【淡出】〈旧义〉影视片的画面由清晰明亮逐渐变得模糊暗淡，

以至完全消失，是摄影方法造成的一种效果，表示剧情发展中一个段落的结束。（《现代汉语词典》1978年版）

〈新义〉比喻逐渐退出（某一领域、范围）～演艺界、～社会活动。

相似点——退出、消失（《现代汉语词典》2005年版）

2. 作用相似

【处方】〈旧义〉医生给病人开的药方。（《现代汉语词典》1978年版）

〈新义〉引申指解决问题的办法。（诸丞亮、刘淑贤、田淑娟《现代汉语新词新语新义词典》）

相似点——用以解决问题

【输血】〈旧义〉把健康人的血液输入病人体内。（《现代汉语词典》1978年版）

〈新义〉喻指从外部给予援助。（于根元《现代汉语新词词典》）

相似点——给予帮助

【二传手】〈旧义〉排球比赛中第二次传球并组织进攻的队员，（《现代汉语词典》1978年版）

〈新义〉常比喻在中间起中介或协调作用的人。（《现代汉语词典》2005年版）

相似点——中介

3. 特征相似

【流行病】〈旧义〉能在较短时间内广泛蔓延的传染病，如流行感冒、脑膜炎、霍乱等。（《现代汉语词典》1978年版）

〈新义〉比喻广泛流行的社会弊病。（《现代汉语词典》1996年版）

相似点——短时间的、范围大的

【顽症】〈旧义〉难治的或久治不愈的病症。（《现代汉语词典》
1978 年版）

〈新义〉现在也比喻难以克服的弱点或难纠正的错误。
（闵家骥、韩敬体、李志江、刘向军《汉语新词新义词
典》）

相似点——难度大

【盲点】〈旧义〉眼球后部视网膜上的一点，和黄斑相邻，没有
感光细胞，不能接受光的刺激，物体的影像落在这一点
上不能引起视觉，所以叫盲点。（《现代汉语词典》
1978 年版）

〈新义〉比喻没有被认识的或被忽略的地方。（《现代汉
语词典》2002 年版）

相似点——看不到、被忽略。

4. 位置相似

【生长点】〈原义〉植物根和茎的顶端由许多扁方形细胞构成的
组织。这些细胞能不断地分裂成新细胞，所以根和茎
能不断地生长。（《现代汉语词典》1978 年版）

〈新义〉喻指生命力旺盛的部位。（诸丞亮、刘淑贤、
田淑娟《现代汉语新词新语新义词典》）

相似点——生命力旺盛的、借以滋生的部位

【体外循环】〈原义〉医学术语，指血液经过身体外面的循环。
（《现代汉语词典》1978 年版）

〈新义〉指大批现金游离在银行之外的流通。（于
根元《现代汉语新词词典》）

相似点——外部

我们可以把专用词语的一个义位看作一组语义特征的集合。专
用词语之所以能够指称某一类对象，是因为这类对象的基本属性被

概括为了一组语义特征而成为构成该词义位不可缺少的重要方面。这个词如果要指称新的对象，就必须要有新的义位出现。就发生语义泛化的专用词语而言，其新义位只能是在原义位的基础上派生出来，与原义位保持着某些语义特征的交叉，否则就不是一个词在扩大指称范围、发生语义泛化，而是产生了一个同音同形的新词。

　　我们知道，"同一关系"和"相似关系"是人们确定认知对象之间关系的基本类型。当面对新对象 A 时，如果发现 A 的基本特征与某词语 W（B）所指称的对象 B 相同，这时我们就把 A、B 的关系确定为同一关系，即 A 是 B 类对象中的一员，这时在语言上就表现为可以用词语 W（B）去指称新对象 A，而词语 W（B）的意义并不发生变化（也就是没有产生新义位）。但如果新对象 A 的基本特征和对象 B 有很大差异，它们应该分属于不同的类别时，一般来说 A 就不能用 W（B）来指称，而应该为之创造一个新词 W（A）。可是如果进一步发现，A 和 B 之间尽管有很大的不同，可它们还是存在着一些相似点，也就是说在某些特征上它们是相同的（这些相似点是对象 A 和 B 共有的语义特征，用 C 来表示），那么我们就可以认为对象 A 和 B 之间是相似关系。因为人们的相似联想作用，所以就倾向于把不同事物间的相似关系处理为伪同一关系，即先把新对象 A 设想为已知的对象 B，后借助于对象 B 的知识来处理对象 A，在语言上就表现为用指称 B 的词语 W（B）来指称 A。不属于同一类的 A 和 B 能够受到同一个词语 W（B）的指称，说明 W（B）一定产生了一个新义位 W（B）′，这个新义位是在 W（B）的基础上派生出来的，由 A 和 B 共有的语义特征 C 加上 A 的区别性语义特征形成。正是因为有了这样的新义位，W（B）才能够指称不同于 B 的对象 A，结果是它在原义位的基础上增添了新的义位而发展成为一个多义词。例如：

　　"工程"，作为行业用语，是指"土木建筑或其他生产、制造部门用比较大而复杂的设备来进行工作，如"土木工程、机械工程、采矿工程、水利工程、航空工程"等。这些传统的"工程"多是指"具体物质"意义方面的，可如今，"精神"意义方面大的计划或项目也被称为"工程"，如"素质工程、希望工程、再就业工程、送温暖工程、凝聚力工程、科技扶贫工程、211 工程、菜篮子工程、安居工程"等。一些大的活动、项目与传统意义上的土木工程尽管不一样，可它们有一点是相同的，即"都要投入大量的人力或财力"，于是人们就着眼于这种相似，把"工程"一词的使用范围扩大到行业以外，从而产生出了新的意义，用来泛指"某项需要投入巨大人力和物力的工作"。

人们着眼于不同事物间的相似，并把这种相似映射到了更多的事物上面，所以才会用同一个词语来指称这些不同的事物，其结果是这个词语产生了新的意义，这个新义既包括了原来意义中的某些成分，同时又增添了一些新的内容。例如"充电"，它在通过给蓄电池补充电能使之更有效地工作这个意义上，借助人与蓄电池之间存在的某种相似关系，即都需要不断地从外界补充能量，产生了一个新的意义——"通过各种途径增加知识，提高技能"。很明显，它的指称范围扩大了，读书、网上学习、参加培训、继续深造等，只要是有助于人们提升自己素质或实力的一切手段都可以称为"充电"。它的新义位中既包含了原来义位里"补充能量"这一语义成分，同时又增加了其他一些新的内容。

五　专用词语语义泛化的社会功能

在社会层面上认识专用词语的语义泛化现象，比较适宜的方法是考察它的社会反映功能。专用词语语义泛化之所以具有对社会的反映功能，是因为这一现象的发生直接受到了各种社会因素的支配。国家重心的转移、社会观念的变化、文化心态的重塑、价值标准的嬗变等都会在专用词语的语义泛化中留下深刻的印记。当然，这其中必定包含了言语主体的创造性努力，但我们也应该承认，只有在某些社会因素更为迫切和更有力度的推动下，人们才可能为之付出更多的心智劳动而进行这种创造性的尝试。因此，在改革开放以来专用词语语义泛化的状态上，往往更为集中地反映着这个时期社会主旋律的变化。具体表现为：

一方面，哪些词语发生语义泛化反映了社会因素的相应要求。语言中的任何一个词都潜存着发生语义泛化的可能性，但泛化在哪些词上发生却无法从语言自身求得解释，而需要依赖于社会背景的选择。在革命战争年代，语义泛化便大量集中在军事词语上，其流风余韵在当今语言中的还为数不少，例如"市场争夺战、新长征突击手、商品大战、战利品"等。当国家重心向经济建设转移时，商品经济大潮冲击社会生活的每一个角落，语义泛化便又主要集中在经济类词语上，如"投资、资源、消费、推销、盘点"等。随着社会的进步，人们越来越重视身心健康，注重提高生命质量，基本的医疗术语逐步普及，所以其泛化趋势日益显著，如"会诊、脉搏、输血、感染、牛皮癣"等。改革开放以来，知识爆炸、科技日新月异，它们借助当今发达的信息传播技术，迅速而广泛地为大众所了解和熟悉，所以不少科技术语和行业用语发生了语义泛化。笔者对近些年来出版的新词词典以及《现代汉语词典》（2012年版）中发生语义泛化的专用词语进行了统计，发现主要集中在以下一些领域。

1. 医学类

【阵痛】①分娩时因子宫一阵一阵地收缩而引起的疼痛的感觉。②比喻新事物产生过程中出现的暂时困难。（《现代汉语词典》2012年版）

㉒国资委主任张毅坦言，国企改革与发展将进入"阵痛之年"。这种"阵痛"首先来源于钢铁、煤炭、石油、石化等行业中大量"僵尸企业"的存在。（《慈溪日报》2016年1月30日）

【肠梗阻】①指肠内因异物阻塞，肠肌肉痉挛引起的疾病。②喻指中间环节出现障碍。（于根元《现代汉语新词词典》）

　　㉓多年来，无为县襄安镇教子湾经营户占道经营、骑路集市现象屡禁不止，"肠梗阻"一直制约公路通行安全。（《大江晚报》2016 年 1 月 15 日）

其他的如"贫血、消肿、造血、换血、输血、贫血、癌症、会诊、催产、阵痛、处方、错位、过敏、红眼病、流行病、手术、体外循环、顽症、小儿科、粘连、整容、感冒、传染、盲点、麻醉剂、强心针、病毒、透视、近视、远视、治标、治本、感染"等。

2. 物理类

【老化】①橡胶、塑料等高分子化合物，在光、热、空气、机械力等作用下变得黏软或硬脆。②生物体的组织或功能逐渐衰退。③指在一定范围内老年人的比重增长。④知识等变得陈旧过时。（《现代汉语词典》2012 年版）

　　㉔农技人员知识老化，强基培训迫在眉睫。（《镇江日报》2008 年 10 月 27 日）
　　㉕基层法官年龄老化，校园安全亟待立法。（《广州日报》2016 年 3 月 15 日）

【磁场】①指传递实物间磁力作用的场。②比喻很有吸引力的地方。（诸丞亮、刘淑贤、田淑娟《现代汉语新词新语新义词典》）

　　㉖"强磁场"催生"加速度"——利通区绿色纺织产业转

型升级路径之一。(《宁夏日报》2016 年 2 月 24 日)

其他的如"充电、短路、杠杆、力度、硬化、曝光、磁极、反馈、临界、裂变、内耗、同步、视角、折射、能量、支点、真空、折光、淡化、绝缘、放电、聚焦、载体、微观、宏观、效应、透明、含金量、凝聚力、冲击波"等。

3. 军事类

【旗舰】①某些国家的海军舰队司令、编队司令所在的军舰，因舰上挂有司令旗（夜间加挂司令灯），所以叫旗舰。中国人民解放军海军叫指挥舰。②比喻带头的、起主导作用的事物。(《现代汉语词典》2012 年版）

㉗1 月 18 日，中国国家博物馆天猫旗舰店正式上线发布会在北京举行。(《工人日报》2016 年 1 月 20 日)

【大战】①指规模大的战争、战斗或战役。②指商品经济领域的激烈竞争或激烈争夺。(于根元《现代汉语新词词典》)

㉘"双 11"的电商促销大战中，预售已经成为商家"吸粉"的一个法宝。(《贵州商报》2015 年 11 月 3 日)

其他的如"抢滩、登陆、杀伤力、前沿、角逐、领军、梯队、退役、航母、前卫、战果、战利品、主战场、正规军、闪电战、烟幕弹、持久战、攻坚战、白刃战、制高点、出击、跟进、下岗、上岗、放哨、观阵"等。

4. 金融股市类

【透支】①存户经银行同意在一定时间和限额之内提取超过存款金额的款项。②开支超过收入。③预先支取（工资）。④比喻精神、

体力过度消耗，超过所能承受的程度。（《现代汉语词典》2012年版）

㉙长期不规律的生活和狂欢节奏，往往也让人体力透支，精神慵懒。（《郴州日报》2016年2月17日）

【贬值】①指货币购买力下降。②泛指事物的价值降低。（闵家骥、韩敬体、李志江、刘向军《汉语新词新义词典》）

㉚有了来去自如的自动驾驶汽车，将越来越少人考虑持续贬值的私家车。（《车友报》2016年1月13日）

其他的如"经济、效益、投资、市场、工程、推销、套牢、解套、盘活、飘红、升值、打白条、逆差、开盘、收盘、上浮、看涨、走高、冲高、跌破、涨势、跌势、大户、散户、利好、利空、利多、牛市、熊市、盘整、崩盘、保值、基本面、绩优股、强势股、原始股、垃圾股、高开低走"等。

5. 体育类

【短平快】①排球比赛的一种快攻打法，二传手传出弧度很小的球后，扣球手迅速跃起扣出高速、平射的球。②（企业、工程等）投资少、历时短、收效快的。（《现代汉语词典》2012年版）

㉛短平快、娱乐化、快餐式、碎片化是微信阅读的最主要特征。（《安徽日报》2016年1月29日）

【金牌】①指体育运动比赛中第一名获得的金质奖牌。②泛指某些评比活动中名次或等级第一或最好、最高、最优秀的。（于根元《现代汉语新词词典》）

㉜由《非诚勿扰》《最强大脑》金牌团队为孟非打造的减压节目《四大名助》，在东方卫视首播后颇受好评。（《克拉玛依日报》2016 年 1 月 15 日）

其他的如"冲浪、跳水、冲刺、黄牌、收官、二传手、打谱、叫停、空手道、落马、起跑、抢断、时间差、练兵、拔头筹、擦边球、开局、踩线、冲顶、底线、马后炮、抢点、起跑线、三级跳、扳平、接力棒、洗牌、前卫、银牌、亮红牌"等。

6. 电子信息领域

【平台】③指计算机硬件或软件的操作环境。④泛指进行某项工作所需的环境或条件。（《现代汉语词典》2012 年版）

㉝近十年来，不断有投资者在各地建立旅游商品营销平台，从实体的交易平台到网上交易平台，都做过尝试。（《中国旅游报》2016 年 1 月 13 日）

【零等待】①电子计算机专用术语。②比喻使顾客等待时间为零，即及时、不耽误的服务。（于根元《现代汉语新词词典》）

㉞安徽大医院挂号，争取实现"零等待"。（《江淮晨报》2016 年 2 月 18 日）

其他的如"软件、硬件、接口、回车、预热、网络、传真、扫描、遥控、界面、热启动、内存"等。

7. 生物类

【克隆】①生物体通过体细胞进行无性繁殖、复制出遗传形状完全相同的生命物质或生命体。②指复制（强调跟原来的一模一样）。

(《现代汉语词典》2012 年版)

㉟"克隆"出租车即假冒出租汽车，其外观和真的出租车一样，难分真假，不仅影响市场秩序，还有可能危及乘客安全。(《中国民航报》2016 年 2 月 8 日)

【杂交】①不同种、属或品种的生物体进行交配或结合。②喻指不同流派的学术观点的结合交流。(于根元《现代汉语新词词典》)

㊱论麦克卢汉的媒介杂交理论(华东师范大学硕士学位论文名，2011 年)

其他的如"变异、孵化、群体、触角、基因、细胞、温室、生长点、移植、反刍、嫁接、盲点、腰眼、近亲繁殖"等。

8. 地理地质类

【断层】①由于地壳的变动而使岩层发生断裂，并沿着断裂面发生相对位移的构造。②连续性的事业或人员的层次中断，不相衔接。(《现代汉语词典》2012 年版)

㊲演员没有出现断层，是演员的培养出现断层，这和社会大环境有关。(《三峡晚报》2016 年 1 月 5 日)

【流失】①指坡地或河床泥沙随水逐渐失散。②比喻人员离开本地或本单位。(诸丞亮、刘淑贤、田淑娟《现代汉语新词新语新义词典》)

㊳专家预测，传统零售业人才流失将加剧。(《广州日报》2016 年 1 月 8 日)

其他的如"滑坡、品位、板块、落差、流失、解冻、谷底、含金量、抬升、井喷、风景线、冻土带"等。

9. 文教类

【下课】①上课时间结束。②指辞职或被撤换。(《现代汉语词典》2012 年版)

㊴1 月 5 日，皇马官方正式宣布贝尼特斯下课，齐达内接任主帅一职。(《永州日报》2016 年 1 月 7 日)

【重头戏】①指唱工和做工很繁重的戏。②借指重要的任务或活动。(《现代汉语词典》2012 年版)

㊵每年两会的重头戏都是如何打造服务型政府，服务社会、改善民生。(《北京商报》2016 年 1 月 25 日)

其他的如"上课、交白卷、学费、功课、教科书、前台、反差、淡入、淡出、走台、大手笔、三部曲"等。

10. 交通类

【末班车】①按班次行驶的最后一班车。②借指最后的一次机会。(《现代汉语词典》2012 年版)

㊶为了让农村农户、养殖小区和小散养殖户能搭上沼气建设国家能源补助末班车，北流市抓紧落实 2014 年的沼气建池指标对农户群众进行补助，使得该市 2015 年继续新增建设沼气池440 户。(《玉林日报》2016 年 1 月 6 日)

其他的如"接轨、并轨、快车道、撞车、提速、转轨、刹车、超速、搭载、翻车、放空、站点、客流"等。

11. 工业制造类

【磨合】①新组装的机器，通过一定时期的使用，把摩擦面上的加工痕迹磨光而变得更加密合。②比喻在彼此合作的过程中逐渐相互适应、协调。(《现代汉语词典》2012 年版)

㊷接下来一方将与鲁能有一场热身赛，这场比赛也将是两位新外援与球队磨合的最好机会。(《半岛晨报》2016 年 1 月 23 日)

其他的如"工程、打造、润滑剂、冷处理、热处理、启动、回炉、余热、测试"等。

12. 商业类

【缩水】①将纺织品、纤维等放进水中浸泡使收缩。②某些纺织品、纤维等下水后收缩。③比喻在原有的基础上缩小、减少。(《现代汉语词典》2012 年版)

㊸去年是香港股市最近四年来表现最差的一年，而近日福布斯公布 2016 年评级显示，排名前列的香港富豪身家受到波动而大幅缩水。(《南方都市报》2016 年 1 月 27 日)

其他的如"套餐、注水、包装、大餐、推销、勾兑、掺水"等。

13. 数学类

【拐点】①高等数学上指曲线上凸与下凹的分界点；经济学上指某种经济数值持续向高后转低或持续向低后转高的转折点。②发展目标、规划等。(诸丞亮、刘淑贤、田淑娟《现代汉语新词新语新义词典》)

㊹习近平总书记视察江苏时的重要讲话，着眼新的时代背景和全国发展大局，为江苏发展确立了新坐标，勾画了美好蓝图。(《新华日报》2014年12月21日)

其他的如"系数、参数、指数、坐标"等。

14. 航天航空类

【对接】①指两个或两个以上的飞行中的航天器（航天飞机、宇宙飞船等）靠拢后接合成为一体。②泛指互相衔接、互相连接起来。(《现代汉语词典》2012年版)

㊺我市召开房地产行业银企对接会——36家金融机构与150家房企面对面洽谈(《石家庄日报》2016年1月6日)

其他的如"起飞、硬着陆、软着陆、倒计时"等。

15. 建筑类

【马赛克】①一种小型瓷砖，方形或六角形，有各种颜色，多用来装饰室内地面或墙面。②用马赛克做成的图案。③电视、电脑、手机等屏幕图像中出现的像马赛克的图案，有时是故意加上去的，用来掩盖画面的某些部分。(《现代汉语词典》2012年版)

㊻任性编辑拒绝给嫌犯打马赛克，并表示"讨厌人贩很久了"(《西海都市报》2016年1月8日)

其他的如"跨度、防火墙、封顶、构架"等。

16. 气候类

【全天候】①不受天气限制的，在任何气候条件下都能使用或工作的。②每天24小时不受任何条件限制提供服务的。(《现代汉语词典》2012年版)

㊼当天，武汉各大火车站相继迎来客运小高峰，为保障乘客顺利回家，工作人员 24 小时全天候做好安全服务保障工作。（《武汉晚报》2016 年 2 月 4 日）

其他的如"风向、大气候、暴热、小气候"等。

促使词语发生语义泛化的另一个社会因素是词语社会价值的提高，而词语的社会价值主要取决于它所依附的社会群体。社会价值高的词语因为更容易占据人们语言中枢的兴奋点，所以它们发生语义泛化的可能性就比一般词语大很多。改革开放以来，随着科学技术的普及与发展，言语主体的知识背景逐渐深广，文化素养不断提高，思维也日趋活跃，他们敏锐地感受着时代生活的巨变，为顺应交际表达的需要，就创造性地在非专业语境中使用这些词语而使它们发生了语义的泛化。

另一方面，将一定的类比性特征赋予哪些对象同样反映了一定社会因素的制约。类比的基础是相似，而相似远不是一种有客观标准的客观现象，往往仁者见仁、智者见智。因此，与其说是在对象上发现类比特征，不如说是将这些特征赋予了一定的对象。例如，对于感情的交流与投资行为之间有没有相似关系的问题，不同的人会做出不同的回答。可是一旦把商品的价值特征加在感情之上，又把期盼回报的特征加之于感情的表达，那么感情交流与投资行为就成了同一类对象，用"投资"一词去指称前者（如"感情投资"）也就顺理成章了。在商品经济大潮的冲击下，有尊严的人也被类比成了商品，人的能力就如同商品的质量一样，他们都可以在市场里待价而沽，因此在这个意义上就有了"人才市场"的说法，很显然，其中的"市场"一词发生了语义上的泛化。然而，只有在一种金钱至上、人情淡薄的社会环境中，在一种极端功利化的观念的支配下，这种赋予和类比才有可能会发生。

六　专用词语语义泛化的特点

改革开放以来，专用词语的语义泛化主要有以下特点。

1. 专用词语泛化大众化

从理论上来说，任何专用词语都潜存着发生语义泛化的可能性，但研究发现，发生泛化的多是社会大众所熟知的行业用语，而不是晦涩难懂的专业术语。例如，医学行业用语中的"动脉""命脉""病毒""瘫痪""感染""体检""疫苗"等。

⑱畅通电商物流大动脉——我省电商产业实现"弯道超车"路径解析（《吉林日报》2016 年 2 月 27 日）

⑲诚信是企业的命脉（《德州晚报》2015 年 7 月 1 日）

㉕爱情病毒击中了我（《扬子晚报》2013 年 3 月 28 日）

㉑交通瘫痪——辽宁 3 条主铁路线受损，84 趟列车停运，55 条公路中断（《武汉晚报》2012 年 8 月 5 日）

㉒微笑服务感染乘客（《东阳日报》2011 年 3 月 7 日）

㉓我市旅游发展的软肋（《承德日报》2009 年 6 月 10 日）

㉔九亿亩耕地大"体检"（《人民日报》2008 年 4 月 13 日）

㉕健康教育是最好的疫苗（《光明日报》2008 年 4 月 7 日）

股票行业用语中的"利好""走高""崩盘""跌破""飘红""潜力股""垃圾股""上浮""套牢"等。

㉖免费转会是否真利好（《江西日报》2016 年 1 月 5 日）

㉗蔬菜价格继续走高——叶菜类价格上涨明显（《宜兴日报》2015 年 12 月 17 日）

㉘婚姻崩盘——一对房奴夫妻竟弄假成真（《吉林工人报》2014 年 2 月 17 日）

㊾水货 iPhone 4 跌破 4000 元——行货回落至 4999 元，并且放量供应（《温州商报》2011 年 4 月 13 日）

㊿《遥远》收视飘红——李幼斌：别再叫我"李云龙"（《榆林日报》2009 年 8 月 2 日）

㉑"潜力股"变成"垃圾股"——6 号种子班纳被世界排名第 145 的查迪淘汰出局（《羊城晚报》2008 年 5 月 30 日）

㉒农民呼唤小额农贷上限上浮（《湖南经济报》2004 年 3 月 9 日）

㉓武汉高校曝出黑幕："家教传销"套牢 10 万名学子（《扬子晚报》2002 年 3 月 29 日）

很显然，上述例句中发生语义泛化的专用词语都十分通俗常见，人们一听就能明白其所指，一般不会受原有专用义的影响而产生理解上的偏误。

2. 专用词语泛化群组化

发生语义泛化的专用词语很少单独出现，而是经常成系列地被整体运用到日常表述中，即专用术语连带泛化，从而形成泛化群组。这一特点主要存在于语用泛化阶段，其具体表现形式有两种：一种是某个专业术语反复出现，另一种是多个同类专业术语联串出现。例如：

㉔婚姻有个"阵痛期"（《滕州日报》2016 年 2 月 17 日）

㉕盘点家具行业三大"阵痛"（《潮州日报》2016 年 2 月 4 日）

㉖大气污染治理：阵痛中寻求"突围"（《科技日报》2016 年 1 月 21 日）

㉗乡村的阵痛——《一位博士生的返乡笔记：近年情更怯，春节回家看什么》（《南国都市报》2015 年 3 月 3 日）

⑱从阵痛到转型——首府奶牛规模化养殖调查（《呼和浩特日报》2015 年 11 月 25 日）

语义泛化后的"阵痛"可以在不同的语境中自由运用，形象地表达了"新生事物产生过程中出现的暂时困难"这一意义。

⑲她三十年如一日，把科学种田的理念深植于乡亲们的心中——"土壤医生"王玉梅给土地"号脉"：她踏遍全村 3800 亩地；给庄稼"看病"：她建起家庭妇科技服务站，把风险留给自己，把成功献给人民。（《人民日报》2008 年 4 月 13 日）

例句中连用"医生""号脉""看病"等一系列医学词汇，形象生动地讲述了农民科学家王玉梅扎根乡间、为农民服务的事迹。

女：亲爱的，最近我发现你情绪低落，反应速度大大降低，是不是头脑里碎片太多，要不要我帮你清理一下？

男：我也说不清楚，我觉得与同事越来越不兼容了。

女：也许这与你和他们配置有关系，你们办公室好像就你一个是从外地毕业分到北京的。

男：这不是主要原因。有时，他们谈得正热闹，我只要一插话就死机。

女：难道你谈了什么非法话题？

男：不是我非法，他们尽谈论一些行业以外的话题，什么汽车啦，房子啦，三陪啦。我觉得他们的话题版本太低，应该升级。

女：你应该学会向下兼容。

男：这是一个迅速更新换代的社会，向下兼容未免成本太高。而且造成很大的资源浪费，我倒认为他们应该扩充内存。

这是从事电脑网络工作的一对恋人之间的谈话，将"兼容""配置""死机""版本""内存"等一系列计算机术语用于口语交际，尽管显得不伦不类，但正是这种有意为之的"不和谐"造成的语境反差却恰好凸显了幽默诙谐、活泼生动的表达效果。

3. 专用词语泛化不平衡

专用词语的语义泛化具有不平衡性，这主要体现为泛化领域和泛化程度上。

从泛化领域来看，医学、生物、物理、军事、体育等领域的科技术语发生泛化的占绝大多数，这大概是因为这些术语所指称的对象大部分人都比较熟悉，并且与社会政治、经济、文化、人们日常生活的某些方面存在相似之处，所以人们就会相对容易地把它们借用到非专业语境，拓展使用范围，衍生出新的意义。不过，在不同历史时期，发生泛化的专用词语的领域分布也是有侧重点的。二十世纪五六十年代，革命战争时期的影响因为并未完全消除，所以军事类术语发生泛化相对较多；七八十年代，经济发展迅速，因此经济类术语就大量泛化；九十年代以来，随着全民科技素质的提高，所以生物类、物理类术语泛化就十分常见。

从泛化程度来看，临时泛化虽然最为常见，但因为只是偶尔临时一用，泛化程度最低，所以泛化义不稳定，在使用时需要加上引号予以标示。例如"管涌"，作为一个有关水利的术语，在 1998 年长江暴发特大洪水以后的几年里，泛化用法很是多见。例如：

⑦山西大战税收"管涌"（《中国税务报》1998 年 10 月 14 日）

⑦水利资金使用中如何堵"管涌"（《经济日报》1999 年 6 月 20 日）

⑫堵住教育附加费的"渗漏管涌溃口"（《人民日报》1999年4月3日）

例⑩中"管涌"是指"偷税漏税"，例⑪中指"资金使用漏洞"，例⑫中指"教育乱收费的漏洞"。但需要说明的是，因为这些隐喻式泛化义后来并没有在人们的语言交际中继续被高频率地使用，所以现在就很难再见到了。

完全泛化程度最高，这就意味着此种泛化义最为稳定。一般情况下，人们在使用它时甚至不用清楚地知道其专用义。例如：

⑬（本栏目）对有的本该急于办理，却没人管、相互扯皮的事，及时予以曝光，促成事情尽快解决。（《北京日报》1997年12月31日）

⑭目标管理、量化分析、"一表式"反馈——探索领导干部考核评价新机制（《中国组织人事报》2011年1月31日）

例⑬中的"曝光"对人们来说，根本不用知道它作为物理学术语的意义——"使照相底片或感光纸感光"；例⑭中人们也不会想到它的专用义——"把放大器的输出电路中的一部分能量送回输入电路中，以增强或减弱输入信号的效应"。

现代汉语词汇系统正处在一个急剧变革和迅猛发展的新时期，专用词语创新使用导致语义泛化就是其中的重要表现之一。专用词语发生泛化，在专业语义的基础上派生出了非专业的新义以适应交际需求，符合了语言的经济原则，这同时也是现代汉语词汇系统内部自我调节的重要表现。随着科学文化的普及和人们知识水平的提高，一定会有更多的科学术语转化为通用词汇，这正如陈光磊（1997）所说："专业词语的通用化，特别是把科技领域的术语转化成为普通词语，这是现代汉语新词语发展的一种走势。"① 因此，作为语言研究者，我们必须密切关注这一现象，并在此基础上展开纵向的历时研究和横向的大规模整理调查以及跨语言的比较分析，旨在探寻现代汉语词汇和语义发展的一般规律。

第二节　历史词的复现

一　历史词复现的内涵

　　历史词作为现代汉语词汇系统中古语词的一支，它所反映的事物和现象在历史上曾经出现过但现阶段却已消失，因此这类词现如今也已不再使用了。但近几十年来，随着改革开放，我们的社会生活发生了重大变化，这反映在语言上就是一批过去曾经用过而后来被淘汰了的历史词又随着观念的更新和事物的复现被重新起用了，有的甚至成为了流行语。从具有复呈性的备用词汇单位到复呈率降低乃至消失的隐形词汇单位，后来由于某种原因使用频率再次增大，并逐渐失掉了旧词语的某些特点和风格而被赋予了一种新的意义，结果演变成为现时词汇系统的成员，这种现象我们称为词汇的复现。举一个例子来说，中华人民共和国成立之初，我国实行的是计划经济体制，商品经济一度被认为是资本主义的代名词，所以有些与商品经济有关的词，如"红利、股份制、招聘、业主、当铺、拍卖"等就遭到了淘汰。但改革开放以后，我国的经济体制发生了变化，所以这些反映商品经济生活的词又被人们再次拿来使用，重新成为现代汉语共时词汇系统中的成员。

　　综上所述，历史词的复现是指一度"退隐"的历史词由衰转兴，重新活跃起来广泛应用于语言交际的一种现象。历史词是特定历史条件下对人们的社会生活、价值观念的反映。随着社会的发展，人

---

① 陈光磊：《改革开放中汉语词汇的变动》，《语言教学与研究》1997 年第 2 期。

们观念的变化，有些历史词完成了它的使命，所以就退出了语言交际的舞台而处于一种"退隐"的状态。但这种"退隐"并不等于"消亡"，因为一旦语言交际需要，这些"退隐"的历史词就会再次活跃起来，从潜状态显化，重新成为现时词汇系统的成员。这正如许德楠（1990）先生所言"很多旧词语虽'消'未'亡'，有挂起来的性质，在必要的时候，还要拿出来派派用场"①。当然，对于复现后的历史词而言，其词义发展情况也并不是完全相同，有的词义出现了引申，有的出现了泛化，有的感情色彩改变了，有的则没有任何变化。这里需要说明的是，本文所讨论的"历史词"，从时间的角度来看，指的是在一段时期内前些时候还流行，可是因为不适合社会当今的思想观念和风尚，现在极少使用或一般不使用的词语。很明显，之所以会被称作"历史词"，绝不仅仅是因为时间因素在起作用，它还与人们对该词语的使用情况、指称上的特点有密切联系。另外，在这里之所以用"复现"来描述这些历史词，而没有选择"复活"，是因为这些词语在复现之前，并没有"亡"，只是"消"。换言之，虽然它们的使用频率大大降低，但始终还在现时词汇系统当中一直存在着，只不过是暂时地隐退罢了。

有的学者把历史词的复现认为是词语更替现象的一种。所谓"词语更替"是指"在语言交际的过程中，表达同一语义概念的词形 A 被词形 B 完全或部分取代。其中，词形 A 被定义为源头词，词形 B 被定义为目标词。源头词和目标词是根据它们在词语更替这个历时链条中的方向来定义的"②。从替换原因方面来看，它可分为：与音译词和意译词有关的词语替换，如"布拉吉（A）"和"连衣裙（B）"；与普通话词语和方言词语有关的词语替换，如"电饭煲

---

① 许德楠：《实用词汇学》，北京燕山出版社 1990 年版，第 52—53 页。
② 高侠：《现代汉语词语更替现象研究》，硕士学位论文，中国社会科学院研究生院，2003 年，第 1 页。

（A）"和"电饭锅（B）"；与不同普通话词语的选择有关的词语替换，如"残废（A）"和"残障（B）"，与全称形式和缩略形式有关的词语更替，如"导游员（A）"和"导游（B）"，与旧词重现有关的词语更替现象，如"小姐（A 和 B）、老板（A 和 B）"等，与异体现象有关的词语更替，如"倒楣（A）"和"倒霉（B）"。

对于历史词复现这一现象而言，其源头词（A）和目标词（B）是同一形式。我们同样认为这也是一种更替，只是这种更替不是具体词形的替换，而是使用状态的显隐，这种显隐同样会引起词语在词汇系统中相对关系的变化，只是程度不同而已。

二 历史词复现的原因

历史词之所以会在改革开放以来大规模地复现，原因主要有以下几个方面。

一是社会的原因。改革开放以来，我国的政治、经济、文化等各个领域都经历了深刻的变革，人们的思想观念和价值体系也发生着急剧的变化。过去由于某些原因曾被人们摒弃的事物、现象会随着新时期的改革开放，再度出现在社会生活当中，甚至成为大家关注的焦点，所以人们在谈论这些事物和现象的时候，指称这些旧事物的词就会被重新起用。一个典型的例子就是改革开放以来，随着国家工作重心的转移，一大批与经济生活有关的旧词语重新活跃起来，在经济迅速发展的今天又成功地担当起了交际的任务。如"证券、期货、破产、当铺、董事长、回扣"等，这些与商品经济活动有关的词曾一度被认为是资本主义的代名词在中华人民共和国成立后遭到淘汰，但改革开放之后，随着国家经济成分的多样化，这些词又被人们拿来直接使用。还有一种情况是，一些历史词所指称的事物或现象虽然没有在社会生活中再次出现，但人们却通过文学著作、影视作品等广泛地接触了这些事物、现象，所以指称这些事物、现象的历史词因为文化的缘故也会重新在社会上广泛使用。

二是语用表达的需求。改革开放以来，有些历史词之所以会复现，还与说话者的创造性运用直接相关。说话者为了使表达形象生动以求特别的感染力，经常会别出心裁地在某些语境中使用一些历史词。例如：

　　㉕高校"大跃进"凸显三大硬伤（《文摘周报》2005 年 8 月 12 日）

　　例㉕中使用了"大跃进"这个历史词，意在讽刺现在高校盲目地扩招、合并，搞"高教产业化、大众化"的现象，这样表达显得形象生动、幽默诙谐。

　　一些历史词本身具有较强的口语化和形象性色彩，这正好满足了人们力求特殊表达效果这一需求，所以这在某种程度上也有利于它们复现。比如"进贡"表示给人送礼求方便（含讥讽意），"下海"表示离开公职的辞职行为，"跳槽"表示离开原来的单位到别的单位谋职，这些历史词具有丰富的内涵和特殊的表达效果，与比它们对应的同义词比较起来，显得形象贴切，具有更强的表现力。另外，人们都有"求雅避俗"的语用心理，随着社会文明程度的提高，语言表达中人们总是倾向于选择一些庄重、典雅的词，因此"小姐""千金""老板""少爷""太太"等一些历史词就被重新启用了。

　　三是语言自身的因素。文字是记录语言的书写符号系统，文字的出现弥补了有声语言的时空局限性，所以"有些语言成分虽然在口语中消失了，但还可以保留在文字里，若干年后也还可以'复苏'，重新被人们利用（当然含义可能变动）"[1]。这就是说，文字的记录作用使得词语虽"消"但不"亡"，所以词这种语言单位的语

---

[1]　高明凯、石安石：《语言学概论》，中华书局 1987 年版，第 190 页。

音形式和意义内容才能作为隐形的符号稳妥地储存在文字——这个特定的容器里，一旦需要，它便会重新登上交际舞台，发挥特定的交际功能。

有些历史词中的单音节语素具有较强的构词能力，这也是促使其复现的一个有利因素。这就是说，一些历史词在言语交际中的复呈率逐渐升高，还应归功于其内部构词能力较强的单音节语素。例如，现代汉语词汇系统中虽然原本有"工资"一词，但"薪水"还是随着社会大潮的冲击不可避免地复现了，其中的原因除了受港台社区方言的影响及人们求新求异心理的驱动之外，还与语素"薪"的构词能力强不无关系，这从"底薪、薪饷、薪俸、高薪、年薪、月薪、日薪、薪金、薪酬、工薪族"等词中就可以看出来。随着经济体制改革"股票"一词复现了，这也与"股"有极强的构词能力直接相关，如"股市、股价、股迷、股东、股民、股经、公股、私股、炒股、股情、原始股、垃圾股、潜力股"等。"霸"本是一个历史词，最初表示"古代诸侯联盟的首领"，后来衍生出"强横无理、仗势欺人的人"这一新义，并构成了"电霸、狱霸、恶霸、水霸"等贬义词。改革开放以来，特别是在网络媒体当中，"霸"的意义又有发展，表示"能力特别突出的人或性能特别好的产品"，并且感情色彩也由贬义变为褒义，构成了"学霸、麦霸、歌霸、戏霸、浴霸、毒霸、译霸"等一系列新词。更有甚者，有的单音节语素会随着能产性的提高，构词位置也逐渐趋于固定，而出现了类词缀化的倾向。例如"小姐"一词复现后，在其使用范围不断扩大的同时，构词语素"姐"出现了类词缀化用法——词汇意义发生了一定程度的泛化，语法意义增强，构词能力扩大，具有标注词性的功能，且所处位置相当固定，这些变化从"空姐、的姐、军姐、港姐、倒姐、托姐、富姐、款姐"等词中可以看出来。不仅如此，这一变化也引发了同属于一个亲属语义场中其他成员如"爷、婆、哥、嫂、妹、弟"等也产生了类似的用法。如"爷"构成了"款爷、星爷、股爷、宰爷、的爷、佛爷、侃爷、息爷"等词，"婆"构成了"富婆、款婆"等词，"哥"构成了"的哥、托哥、吧哥"等词，"嫂"构成了"军嫂、月嫂、空嫂、护嫂、商嫂、房嫂、环卫嫂"等词，"妹"构成了"外来妹、打工妹、四眼妹、书包妹、大陆妹"等词。"明星"表示"有名的电影演员或交际场中有名的女子"这一意义，改革开放以后复现，不仅意义有了变化——"称呼有名的演员、运动员等"，而且构词语素"星"也出现了类词缀化的倾向，构成了"歌星、球星、影星、笑星、新星、谐星、童星"等新词。

三　历史词复现的方式

改革开放以来，历史词的复现方式主要有两种，即原义复现和变义复现，下面逐一进行分析。

（一）原义复现

原义复现是指一些历史词在不改变理性意义的情况下直接进入现时词汇系统的复现现象。这类词语在历史上曾经出现过，后来由于特定的原因暂时隐退了，或者使用范围大大缩小，现在因为有了新的契机而重返语言舞台。这些历史词与复现之前相比，其理性意义并未变化。例如"股票"，中华人民共和国成立后一直被认为是资本主义经济的产物，直到 1985 年商务印书馆出版的《新华字典》还作如下的解释："资本主义的股份公司发给股东的有价证券。它证明股东入股的股份额和取得股息的权力。"改革开放之后，"股票"一词重新回到人们的生活当中，但其内涵并无改变，仍表示"股份公司用来表示股份的证券"这一意义。

经笔者考察，以这种方式复现的历史词主要集中在以下几个领域。

经济生活类：总汇、股票、股东、招标、中标、国货、总汇、破产、当铺、拍卖、彩票、现货、期货、债券、股份制、甩卖、交易所、董事会、证券、交易所、分红、商号、招聘、底薪、拍卖行、回扣、经商、利市、捐客、开盘、收盘、佣金、生财、空头、牌照、业主。

文化娱乐类：夜总会、选美、酒吧、领班、舞女、票友、玩儿票、戏码、艺林、杂耍、红角、卖唱、会馆、舞场、舞厅、风月、艳情。

职业或人际称谓类：经理、夫人、女士、太太、小姐、先生、男士、伴娘、傧相、大亨、东家、董事长、雇员、伙计、老板、业主、律师、保镖、佳丽、明星、名流、阔佬、少爷、官员、鄙人、首富、显要、权贵、大亨、财主、劳工、弃妇、督学。

社会沉渣类：绑票、撕票、肉票、蛇头、抽红、保镖、黑道、拉皮条、赌棍、神汉、绑匪、暗娼、贩子、狎妓、舞女、妓女、嫖客、妓院、从良、卖身。

以这种方式复现的历史词并不真正具有语义学的意义，因为复现前后其意义并没有实质性的改变，只是同一个词语经历了跳跃性的时间流程。但通过这种词语的时间错位现象，我们可以探寻到时代变迁对于词汇取舍及发展所产生的影响和作用，从而进一步印证词汇与社会的共变关系。

但需要说明的是，一些历史词复现之后，虽然它们的理性意义并没有改变，但是附加的态度评价意义却与以前大不一样了，这主要是人们的价值观念发生了变化的缘故。综合起来看，这些历史词态度评价意义的变化主要有以下两种情况。

一是由负面评价到正面评价的变化。"股票、股东、股份、债券、股金"等词语所指称的事物，曾被人们认为是资本主义剥削的产物而对其持否定态度，改革开放以来人们观念的变化影响到了它们的态度评价意义发生改变。"炒股"一词也同样如此，炒股原先在许多人的心目中是不屑为之的投机行为，现在作为大有收益的生财之道得到了大众的认同。同样的例子还有"暴富、盈利、经纪、小康、私营、经商、个体、富翁、利市、股票、外资、外商、竞争、业主、拍卖、迪斯科、比基尼、牛仔裤、超短裙、舞厅、口红、香水、高跟鞋"等。"政治挂帅、斗私批修、发财致富、里通外国、私有财产"等词在改革开放前，因受原来的政治、文化和价值观的影响，不同程度上都带有负面评价的色彩，但二十世纪九十年代以来，随着国家方针政策的转变，中外交流的增多以及人们价值观念的变化，使得这些词所指称的对象成为社会上普遍接受，甚至是正面提倡的观念和行为。

二是由正面评价到负面评价的变化。"大锅饭、铁饭碗"曾被认为是体现社会主义制度优越性的代名词，在二十世纪六七十年代一直具有正面评价的色彩。但是改革开放以后，人们逐渐认识到它们阻碍了社会主义生产力的发展，已不再符合时代进步的要求了，所以需要改革、引进竞争机制，于是这些词产生了负面评价意义，其典型例子是语言交际中出现了"破三铁（铁饭碗、铁工资、铁交椅）、砸三铁"等说法。例如：

⑦如"破三铁"并不是目的，目的是要通过"破三铁"建立起良好的激励机制，创造更多的社会财富，从而在发展生产的基础上不断改善职工生活。（《经济日报》1992年4月6日）

⑦国家经济国家经济体制改革委员会主任陈锦华说，转换企业经营机制不能简单归结为"砸三铁"，一定要与其他方面面的改革有机结合起来。（《宁波日报》1992年4月27日）

⑦最近，高集镇抓住当前计生队伍"四制"改革"回头看"之机，采取"破三铁"做法，加强计生队伍建设。（《人口导报》2010年4月19日）

有些历史词复现之后，感情评价意义也会有所改变，这主要表现为由贬义回归至中性。原来明显含有贬斥、厌恶感情色彩意义的历史词复现之后，社会又重新赋予了它们不同程度的认同和肯定。

如"策划""谋划""集团""言论"等有关政治方面的历史词，在中华人民共和国成立之前一直都是用作中性词，但中华人民共和国成立后的一段时间里，因为它们与政治运动之间存在密切联系，所以被赋予了贬义色彩。改革开放以后，随着我国工作重心的转移，这些词又恢复了其原有的非政治倾向的中性色彩。

（二）变义复现

变义复现，即词汇系统内部利用原来的历史词来负载新意义所形成的复现现象。与上面提到的原义复现有所不同的是，这种复现不是简单的重现，而是它们的理性意义都发生了一定程度的变化。例如，"老板"在旧社会是指私营工商业的业主或私营商店的掌柜。随着中华人民共和国的成立，我国经济结构发生重大改变的同时，人与人之间的关系也有了变化，不分贵贱，一律平等，大家都互称"同志"。私营工商业的业主或私营商店的掌柜也同样被改造成了劳动人民，所以也不再以"老板"称之，因此"老板"一词就退出了语言交际的舞台。而到了改革开放的新时期，我国经济结构发生了巨大变化，人们的思想观念也有了一些改变，社会上开始更换个别称谓语，"同志"这一称谓虽然还在使用，但在非正规场合使用总显得有些笼统和冷淡，称"师傅"又显得土气。对于一些私营企业主、小商小贩，一时很难找到得体的称谓语，于是"老板"这一沉寂多年的旧词又重新登台并迅速流行开来。改革开放以前，汉语中的"老板"是私营企业外部的人对私营业主的称呼，如称某某人为"张老板""李老板"。也就是说，企业内部的工作人员并不用"老板"来称呼私营业主。汉语中的"老板"一词大致对应英语中的"boss"，但它们又有一些不同：英语中，无论是企业内部的员工还是企业以外的其他人，都可以用"boss"来称呼私营业主。改革开放以后，被重新启用的"老板"的意义也明显地受到了这种外来文化的影响，它在保留原义不变的同时也借用了"boss"的一些意义，指称范围扩大，表示"企业内部员工或非企业内部的其他人对私营业主的称呼"这一意义。同样，在国外的高校，学生可以把自己的导师称为"boss"，这种称呼习惯在频繁的中外文化交流中被中国学生纷纷仿效，于是他们把自己的导师也称作"老板"，"老板"一词再次发展出了新的意义。

"财主"，原义是指"旧社会占有大量财产、靠剥削为生的人"。随着社会制度的变更，靠剥削别人而拥有大量钱财的财主没有了，所以"财主"一词也就很自然地退出了交际舞台。但改革开放以后，经济迅速发展，社会上依靠自己的能力而获得大量财富的人越来越多，于是"财主"一词又被重新起用，但意义发生了变化，指"占有大量财富的人"。

从以上例子的分析中我们可以看出：变义复现的历史词要经历了一个短暂的退隐阶段，后来由于某种原因重新回到了人们的语言交际中来，这种状态的显隐引起了词语在词汇系统中相对关系的变化。与复现之前相比，这些历史词不仅表现为使用频率的提高，而且更为重要的是，在不断产生新的使用方式的情况下将更多的对象纳入了自己的指称范围。

如前所述，变义复现的历史词语大都经历一个短暂的退隐阶段，后来由于某种原因，它们又重新出现在人们的交际中。这正像古希腊哲学家亚里士多德说的那样，人不可能两次踏进同一条河流。历史不可能完全被复制，旧事物、旧现象的再次登场也不可能有着与从前毫无二致的脸，人们对它们进行新的认知，并把这种新的理解、体验记录到词义当中，因此被重新起用的历史词的词义具有了在现实语境中存在的必要性和继续发展的可能性。

变义复现的历史词主要通过引申的方式产生新义，概括起来有以下两种情况：一种是通过相似联想发展出了新义。相似联想主要是指由一事物联想到与之相似相类的另一事物。两事物在某一方面或某个层面存在着相似的情况是由此及彼的联想之所以产生的契合点。当社会中产生了新事物，但这时语言中并无现成的语词去指称它们的时候，人们便根据自己的心理经验，通过这种非逻辑的类比方法，将所要表示的新意义赋予某个表达与之有相似或相类关系事物的现成的词语上面。例如"下海"，它作为一个历史词，本来是指"旧社会中业余戏曲演员转为职业演员"，后来由于某种原因从语言交际中退出。改革开放以后又重新出现，但意义发生了改变，比喻"辞去原有的工作，转而从事自己所选择的其他工作（主要是指经商）"。"下海"原来也有"比喻从事低贱而有风险的职业"的意义，同样，从事私人性质的市场经营，而且常常是丢掉了国营、公家的"铁饭碗"，这意味着地位的沉降与事业的风险，所以人们就利用它们之间的这种相似性，由此喻彼，"下海"因此而产生出了新的意义。另外"进贡、跳槽、苛捐杂税"等都是通过相似联想引申而获得了新的意义。另一种是通过关系联想发展出了新义。相似联想引申依据的是事物间的相似性，而这种相似性主要是由人们主观决定的，而关系联想引申则以事物间客观存在的内在联系为依据，较多地包含着理性逻辑的因素。事物之间的联系纷繁复杂，所以关系联想引申也有多种情况。我们经常说的"词义扩大"，即词语指称范围由属概念到种概念间的转移，另外还有，从表达某一事物意义的词引申出表示与之相关的原因、条件或结果的意义，这都属于关系联想引申。复现的历史词中通过关系引申发展出新义的占很大一部分，例如说上文提到的"老板"，本指"私营工商业的财产所有者、掌柜的"，而现在政府机关、企事业单位、群众团体的一把手，高校的硕士生导师和博士生导师也都以"老板"称之，它的意义就有明显扩大的趋势。"小姐"在中华人民共和国成立之前就已经有了"对未出嫁女子的敬称"这一意义，但后来时代变了，"小姐"被当作封建主义、资本主义的产物给封杀了，所以中华人民共和国成立后直至"文化大革命"这一段时间，谁要是对一个年轻女子称呼"小姐"，这比骂她还要过分，因为这涉及政治立场问题，因此在那个时候，"小姐"一词没有广泛通行，只是偶尔用于外交方面。改革开放以后，"小姐"一词开始迅速流行，意义和用法都有了变化——日常交往中的一般女性，不论婚否，都可以用"小姐"来称呼，这表明"小姐"一词的意义明显扩大了。

当然，一些变义复现的历史词也会涉及其态度评价意义的变化。我们还以"小姐"为例来说明。"小姐"一词在宋元时期是指社会地位低微的女性，后来词义发生变化，指"对未嫁的富家之女的敬称"，暗含正面评价意义；中华人民共和国成立后相当长的一段时间里因为批判封建礼教的关系，所以"小姐"作为"封资修"的代表多用于讽刺，含有消极意味。从中华人民共和国成立后至"文化大革命"的二三十年间，因为被定位在剥削阶级范畴内，因此惨遭淘汰；改革开放以后，"小姐"一词重新起用，它多用作服务员的代称，年轻女士亦称"小姐"，是一个中性词，与"师傅""同志"等称谓词相比，它更多凸显出了"年轻、貌美、时髦"等附加意义；20世纪90年代以来，因社会上色情服务业急剧增加，"三陪小姐"的说法此起彼伏，所以短短数年间，"小姐"一词便从尊称变为贱称，它让人想到的不再是仪态万方的大家闺秀，或者是纯情雅致的小家碧玉，而成了"从事色情服务业女性的代称"，这时它完全变成了一个含有负面评价意义的词；2000年以后，因为表示"从事色情服务的女性"这一意义时必须有特殊的语境要求，再加上对色情女郎的称谓形式也呈现多样化趋势，所以在这种情况下，"小姐"一词的尊称义又再次回归，这时它又变回具有积极正面评价意义的词了。

历史词的变义复现是现代汉语词汇系统内部自我调节的结果。语言中的词汇与外部客观事物比较起来，数目总是有限的，要准确表达社会中的事物和现象，语言不可能全部创造新词，它必将赋予其旧质要素以新的意义。一部分曾经失去生命力的历史词复现以后，它们以崭新的面貌、蓬勃的活力出现在现代汉语词汇的行列当中，充实和壮大了队伍；它们所产生的新的意义，丰富了词义的内容，增加了词汇的表达功能。从这个意义上说，历史词的变义复现同新产生的词语一样，是词汇新质要素增加的表现，是词汇发展变化的又一方式。因此，与原义复现相比，以这种方式复现的历史词显然具有更高的语言学和社会学价值。

历史词的复现是当代汉语词汇发展的重要现象之一，对复现词的充分理解和重视，可以使我们进一步认识到词汇发展变化的复杂性和多样性，这无疑对我们进行更深入的现代汉语词汇研究有着特别的意义和价值。

第四章　旧词产生新义的主要方式

改革开放以来，旧词主要通过以下三种方式产生了新义，即隐喻衍生、转喻衍生和意义移植，下面分别进行具体的讨论。

第一节　隐喻衍生

一　认知语言学的隐喻观

认知语言学认为，隐喻是人们一种普遍的思维方式，它是用一个概念来说明另一个相似的概念，是两个相似的认知范畴之间的投射（mapping）。一般来说，人们总是把较为熟悉、具体的认知范畴投射到较为生疏、抽象的认知范畴上去，以便于对后者的理解。例如，"瓶颈"是从身体部件概念投射到人造器皿概念，"论战"是从战争概念投射到辩论概念等。隐喻的使用可分为被动使用和主动使用两种情况。在认识事物时，可能因为受思维能力的限制，或因为语言中缺乏现成的表达方式，所以不得不用另一种事物来谈论某事物，这实际上就是在被动地使用隐喻。主动使用隐喻是指使用者实际上已经认识到两种事物之间的差别，或者语言中有现成的表达方式，但为了更好地传达意义以获得特殊的交际效果，于是人们选择用另一种事物来谈论某一事物。有时因为人们所要描述的事物过于抽象，所以就会通过隐喻将抽象事物具体化，从而可以更好地理解和传达所谈论事物的特征，这也属于主动使用隐喻的情况，例如，普通词汇"窗口"、"菜单"等被用作计算机用语就属于这种情况。与此相反，主动使用隐喻的另一种情况是故意使话题陌生化。也就是说，某一事物是一个日常生活中非常熟悉的事物，为了揭示该事物尚未为人所认识的某一特征，使用者可能会有意地用相对陌生的事物来说明它，从而形成一种"新奇"的隐喻。例如，"平台"是网络信息用语，一般指对于应用系统起到支撑作用的基础结构部分，也可从软件角度指计算机操作系统，现在已语义泛化，常用来指所有的支撑环境，广泛运用于多种社会生活领域。

　　隐喻的发生过程涉及施喻者、源域、目标域三个基本要素。施喻者根据自己对目标域的认识，寻找与之具有共同特征的源域，最终将源域映射到目标域上，也就是说，源域是理解目标域的基础，人们是利用了对源域的经验去处理目标域。这里所谓的"共同特征"指的是源域和目标域之间的相似性，它在隐喻中起核心作用，认知主体正是通过它将一个概念域投射到另一个概念域，从而在不同概念之间建立起联系。人们这种认知活动的最终结果反映在语言上，就是用一个语言符号去指称彼此具有相同特征的不同事物和现象，促使一个词在原有意义的基础上衍生出新的意义，即旧词增添新义。这正如杨文全、程婧（2006）所言"隐喻是两个不同语义领域之间的语义映射与互动，它在汉语流行词语的词义衍生和词义泛化过程中发挥着积极作用"①。例如"炒"一词，它的源域是人们家庭常用的一种烹饪方法，指把食物放在锅中加热，并不断翻动使其加热均匀。"炒"所表示动作行为的特性是要求炉火旺、时间短、动作快，因此人们就利用这个特性，把"炒"应用到所要表现的多种目标域，如"炒新闻、炒地皮、炒绯闻、炒知名度、炒楼盘"等。尤其是经济领域，如"炒买炒卖、炒股票、炒期货、炒外汇、炒房产、炒黄

---

　　① 杨文全、程婧：《隐喻认知与当代汉语词义变异的关联过程——以汉语流行词语的衍生和语义泛化为例》，《暨南学报》（哲学社会科学版）2006 年第 6 期。

金"等，表示"交易中快速买进卖出，以从中牟利"这样一种经济行为。

二 隐喻衍生的过程

旧词通过隐喻派生出新义表现为一个泛化程度由低到高的动态过程，我们可以将其分为两个阶段，即以语义隐喻为特征的第一阶段，以语义抽象为特征的第二阶段。下面就来具体讨论旧词是如何通过隐喻衍生出新义的。

以语义隐喻为特征的第一阶段。如前所述，隐喻作为一种认知活动，它以相似性为基本要素，并以此来获得对未知事物新的观察角度。如果新对象 A 和已熟知的旧事物 B 存在相似性，那么人们在认知上就习惯于借助于对 B 的知识来处理 A，这在语言上则表现为用原先只能指称 B 的词 W（B）去指称 A，这正如"桌子面的支撑部件"和"动物身上具有支撑作用的器官"都可以用同一个词"腿"来指称一样。A 和 B 在语言上之所以能表现为同一关系，其实是质的相似关系隐匿在具有同一性的语言形式的后面，即我们所谓的隐喻。A 和 B 是两类不同的对象但却能受到同一个词 W（B）的指称，这意味着 W（B）一定产生了新的义位 M（B）′，而这个新的义位是由旧义位派生出来的，并且其中肯定包含了与旧义位中相同的一些语义成分（我们暂且称为 C），也就是说它是把 A 隐喻成 B 而形成的。这样的派生义位，使得一个旧词扩大指称范围，可以将更多的对象容纳进来。例如，"扶贫"是指"扶持帮助那些缺乏基本生活资料的人或地区"，但如果将其中的"缺乏某种东西而需要帮助扶持"作为相似性特征的话，那么就可以形成多种隐喻关系而将"扶贫"一词的指称范围扩大到许多现象上，如"教育扶贫、文化扶贫、医疗扶贫、科技扶贫、精神扶贫"等。

不过，新义位与旧义位相比，新义位还是很不稳固的，这主要表现为使用时后者通常采用无标记方式，而前者却总是离不开标记词的帮助——与特定的词组合才可以让人们的理解导向新义位，例如，进行商品交易的场所我们称之为"市场"，但"劳工供求的场所"我们只能说成是"人才市场"，也就是说，这种意义的"市场"不能离开"人才"这个标记词。

以语义抽象为特征的第二阶段。旧词在第一阶段借助于隐喻形成了新义位，这个新义位如果随着人们频繁地使用就会获得一种较为独立而稳固的地位，其标志就是可以无标记地自由使用。例如，"投资"在流行过程中形成的新义位已经逐渐摆脱了对经济行为的隐喻性依赖，至少是不再被强烈地意识到人们可以在智力、健康、感情、文化等领域中用它自由地谈论任何一种"付出一定代价以求获得超越代价的回报"的行为。

有时候，随着旧词这个新义位过于频繁地使用，人们可能不大关注义位之间区别性特征的差异而只是专注义位之间的相似性特征，这必然导致义位的抽象与归并，其结果是又形成了一个只是由相似性特征构成的更新的义位。我们知道，对于一个词而言，其义位中的语义特征越少，其概括范围就越大，反之则越小。于是凭借着这样一个更为抽象的新义位，旧词的指称范围又得到了进一步拓展。例如前面所提到的"盘点"一词，刚开始泛化的时候，人们只是摆脱了专业领域的限制，只要是具有"清点"意义的现象和行为都可以用"盘点"，随后"清点"这一意义也逐渐淡化，而产生了一种更抽象、更具有包含性和扩张性的一种意义，比如网络上流行的"盘点快乐、盘点心情、盘点幸福"等说法就是明证。

需要说明的是，那些流行程度特别高的词，其语义可以抽象到足以吞噬原有义位的地步，例如"到位""错位""品位"这三个词，已经很少有人能敏感地意识到原先它们分别作为体育运动术语、医学术语和矿物学术语时的原有义位，它们的流行完全是凭借抽象的新义位实现的，所以当人们需要在原有意义上使用这些词时，原有义位反倒成了这些抽象义位的一个特例。

三 隐喻投射的方式

隐喻是旧词产生新义的认知根源之一，它表现为不同领域内一个范畴向另一个范畴的语义延伸。在改革开放以来旧词增添的新义当中，有不少是通过隐喻衍生出来的。从认知域之间的关联关系来看，隐喻的认知投射主要体现为"从人到物""从物到人""从物到物""从人到人"四种情况。

1. 从人到物

因为人总是习惯于从自身出发去感受外部世界，因此从"人"域投射到"物"域的隐喻很常见。例如：

①国际足联为中国男足把脉。（《人民日报》2003 年 12 月 20 日）

②"Y"一代终将会成为法国社会的主体。……如何准确地把脉、塑造、影响这代人，使"Y"一代能够更好地融入社会、发挥建设性作用，是摆在法国面前的一道现实课题。（《人民日报》2011 年 12 月 15 日）

③把脉广大中小企业的迫切需求，国家出台了一系列促进中小企业健康发展的政策，特别是针对小型和微型企业发展的各项扶持措施，有效地帮助企业实现了平稳运营。（《中国青年报》2011 年 12 月 6 日）

"把脉"本是一个医学名词，从人的"诊脉"发展出"对某事物进行调查研究，并作出分析判断"这一新的意义，正是利用了动作行为目的的相似性，实现了从"人"域到"物"域的投射。

2. 从物到人

人们总是倾向于从自身的经验出发去理解其他的事物，所以从人到物的隐喻比较多，而从物到人的隐喻则相对较少。在改革开放以来产生的旧词新义当中，存在少量的从物到人的隐喻投射，"放电"一词便属此类。

　　④她（徐熙媛）最近接受某杂志封面专访时挑战自我性感尺度，眼神迷蒙，露肩入镜，放电指数直接破表。（《鲁中晨报》2008 年 12 月 2 日）

　　⑤女星于咏琳曝光了一组最新的写真大片。片中的于咏琳时而俏皮放电，时而安静优雅，低胸的裙装在性感之余也多了一分浪漫的味道。（《南宁晚报》2013 年 3 月 15 日）

"放电"本是一个物理学名词，是指"带电体的电荷消失而趋于中性；电池等释放电能"。借助人与带电体、蓄电池之间存在的某种相似关系，即都具有释放出某种东西的能力，产生了一个新的意义——比喻异性之间用眼神传情，施展魅力。很显然，这是一种从"物"域到"人"域的投射。

　　3. 从物到物
　　源域和目标域都是"物"的隐喻投射也比较普遍。例如：

　　⑥电子行业板块估值水平回落，市场底部特征明显。能源板块全盘下跌，早盘逆势上扬的房地产、传媒板块亦翻绿。（《中国青年报》2011 年 12 月 15 日）

　　⑦接受面试的学生共要经过五道题目的考核。五道题共分为人文表达与数学自然科学两大板块，其中人文表达板块有三个材料，内容均和"老人跌倒"有关，……数学、自然科学板块涉及数学、物理、化学三个学科。（《齐鲁晚报》2011 年 12 月 14 日）

"板块"原指"地球上岩石圈的构造单位"，现隐喻为"具有某些共同特点或联系的各个部分的组合",这是利用了"构造单位"和"组合成分"之间的相似性,实现了从一个"物"域到另一个"物"域的隐喻投射。

4. 从人到人

即源域和目标域都是"人",这也是一种常见的投射模式。例如"教主"一词,原来是指"某一宗教的创始人或某些宗教团体的领导人"。可是近些年来,它的意义有所发展,使用范围也在不断扩大。

⑧在 NBA 中国赛宣传页中的张朝阳则被冠以"搜狐教主"的称号,与亚洲巨人姚明、嘻哈天王潘玮柏两位体育界和娱乐界明星并列。(《法制早报》2006 年 3 月 20 日)

⑨到本赛季 CBA 联赛第 11 个年头的时候,CBA"教主"中国篮球实施了欲振兴联赛的"北极星计划"。(《千山晚报》2006 年 3 月 17 日)

上例中的"搜狐"和"CBA"虽不是宗教团体,但其创始人和领导者却被称作"教主",这是因为在人们的认知中存在着这样一种基本观念:宗教团体的"教主"与其他社会组织的创始人或领导者之间在职责、权利、作用等方面存在相似性,因此可以通过隐喻的方式实现不同概念域间的认知投射,在语言上则表现为用"教主"来指称其他社会组织的创始人或领导者。

第二节 转喻衍生

一 认知语言学的转喻观

认知语言学认为,同隐喻一样,转喻也是一种普遍的思维方式,它是用一个概念来指称另一个相关的概念,是两个相关认知范畴

（往往隶属于同一个"认知框"）之间的"过渡"。转喻主要有两种情况，一种是把某一认知框中并存并且相关的两个概念中的一个提取出来，用来指称另一个，如在表示"国家政治中心"这一认知框中，"政府"和"首都"是相关的两个概念，人们常常会用后者来指称前者，即用"首都"指称"政府"，如"华盛顿还未作出反应"中用"华盛顿"指称"美国政府"。另一种是用某一个概念的组成部分来指称这个概念，如"沉舟侧畔千帆过"中用"帆"指称"船"。

传统修辞学中也会提到"转喻"，但人们基本上把它等同于"借代"，关于"借代"，陈望道（1976）认为，"所说事物纵然同其他事物没有类似点，假使中间还有不可分离的关系时，作者也可借关系事物的名称，来代替所说的事物"。[①] 显然，这与认知语言学中的转喻有着根本的不同。具体来说，主要体现在以下几个方面：第一，认知语言学上的转喻不是特殊的语言现象，也不仅仅是语言现象，而是一种概念上的转指。第二，认知语言学上的转喻不仅仅是词义的转移，还涉及范畴上的构造。一个范畴的典型成员可以用来指代整个范畴，如"各行各业都有诸葛亮"，因为"诸葛亮"是足智多谋这一类人中的典型，所以可用来指代这一类人。除此之外，转喻还会涉及"言语行为"。间接言语行为实质上也是一种转喻，如"你够得着那本书"，实质上要求对方"把那本书递过来给（说话人）"，这是用"陈述"这一言语行为来转指"要求"这一言语行为。在言语交际的过程中，我们要求别人做某事时不一定会直接提出要求，而是指明别人具有做某事的能力，别人做某事的能力是我们要求别人做某事的根本前提，因此这种间接的言语行为实际上是用"提要求的前提"来转指"要求"。第三，认知语言学上的转喻不仅仅是词语的借用，而是通过一个心理实体来跟另一个心理实体

---

① 陈望道：《修辞学发凡》，上海教育出版社1997年版，第80页。

建立心理上的联系，是一种"参照点—目标"的心理操作过程。何为"参照点"和"目标"呢？举个简单的例子，"斯巴达健身中心在家乐福超市的右边"，我会先指给你家乐福超市，然后再说明斯巴达健身中心的具体位置，这里"家乐福超市"就是参照点，而"斯巴达健身中心"则是目标。同样，在"朴槿惠就任以来首次对青瓦台做出大范围人事调整"这句话中，其中的转喻是用"青瓦台"作参照点来指称目标"韩国政府"，之所以如此，是因为青瓦台是韩国总统的官邸和办公室，所以可以通过青瓦台建立起与韩国政府的心理联系。第四，很多情况下，相对于直指而言，转指（即"转喻"）更自然、更常用。比如"喝龙井"实际上指"喝龙井泡的茶"，前者是转指，用产地转指产品，后者是直指，但前者比后者显得更自然。

为了更深入地理解认知语言学上的"转喻"，我们有必要解释清楚"认知框"和"显著度"两个概念。

先说"认知框"。"认知框"是人们根据经验建立的概念之间相对固定的关联模式，它具有自然的、经验的特征。说其"自然"，那是因为它既是人类认识自身的产物，又是人与外界交互作用的结果，如"容器—内容"这个认知框就是人最初通过认识自身而建立起来的：人体是一个容器，有内外之分，生活里最基本的事情是呼吸、进食和排泄。壶和房屋之类的容器就是人类基于这一基本认识制造出来的。又如，人类通过认识自己的四肢跟人体的关系，建立起了"整体—部分"这一认知框，通过反复用手拿起玩具又松手放下的体验建立起"施事—动作—受事"的认知框。认知框是心理上的"完形"（gestalt）结构，完形结构作为整体比它的组成部分在认知上反而简单，也就是容易识别、记忆和使用。现将一些主要的认知框列举如下（右边是相关的转喻/转指）。

1）容器—内容：壶和壶中的水 ⟶ 壶开了。

2）整体—部分：一年和四季 ⟶ 一日不见，如隔三秋。

3）领有者—领有物：作家和笔 —→ 他是个笔杆子。

4）事物—性状：桌子和大小 —→ 大的（桌子）质量有问题。

5）机构—所在地：美国政府和白宫 —→ 白宫没有表态。

6）当事—行为：宝宝老哭 —→ 老哭的（孩子）。

7）施事—动作—受事/结果：老张开车 —→ 开车的（老张）早走了、小宝写字 —→ 小宝写的（字）不好。

8）施事—动作—与事/目标：张华送老师一束花 —→ 张华送老师的（花）是康乃馨、老张把书放在箱子里 —→ 老张放书的（箱子）散架了。

事件认知框也是在人与外界交互作用的过程中形成的，它是人类对事件最基本、最普通的描写方式，主要涉及动词和动词所联系的名词。常见的事件认知框主要有以下几类：

1）施事—动作—受事：学生们读书。

2）施事—动作—结果：妈妈织毛衣。

3）施事—动作—与事—受事：老师送我一本书。

4）施事—工具—动作—受事：我用菜刀切肉。

5）当事—行为/经历：孩子笑了。/我们成功了。

事件认知框作为主观的心理构造物，它与客观情景并不一定要完全一致，并且很多时候总是要比客观情景简单得多。例如，实际发生的是老张深夜驾车在公路上匆忙地飞奔，但是人作为认知的主体，却把这一情景纳入了"施事—动作—受事"这样一个认知框中，施事（"老张"）、受事（"车"）成为该认知框中的必有成分，而时间（"深夜"）、处所（"公路上"）、方式（"匆忙地"）则是非必有成分。所以从这个意义上说，事件认知框也是一个心理上的"完形"。在上面提到的事件认知框中，"施事—动作—受事"是最基本的，它是儿童最初通过体验反复拿起玩具又放下玩具的动作建立起来，这也是由人类认识世界的基本模式决定的。

再说"显著度"。沈家煊（1999）曾指出"A 转喻 B，A 和 B 除了在同一认知框架内，A 还必须比 B 显著，A 能附带激活 B。用显著的东西来转喻不显著的东西是一般规律。显著（salience）是知觉心理学的一个基本概念，显著的事物是容易吸引人注意的事物，是容易识别、处理和记忆的事物"[1]。从这段话中不难看出，显著度是指事物容易被人们识别、处理和记忆的程度。事物显著度的差异是有规律的。一般来说，整体比部分显著，容器比内容显著，有生命的比无生命的显著，具体的比抽象的显著。比如在"壶开了"这句话中，人们用"壶"（概念 A）转喻了"水"（概念 B）。之所以会如此，是因为"壶"和"水"同在"容器—容纳物"这个认知框内，两者密切相关，并且"壶"在认知上比"水"有更高的显著度——壶是可见的，水是不可见的：水开的时候，我们看到的是壶盖在砰砰地动，壶嘴在冒着热气，而里面的水是不能直接看到的。按照一般的认知规律，可见的比不可见的具有更高的显著度，因此概念"壶"会激活概念"水"。同样的道理，在"李坚弹肖邦，弹李斯特，弹莫扎特，也弹中国乐曲"这句话中，人们用作者转指作品，这是因为在"作者—作品"这一认知框内，人比物的显著度更高，所以可以用作者来激活作品。

转喻中包含着这样一种不对称现象，即：处于同一个认知框中的 X 和 Y 虽然有时能相互转指，但 X 转指 Y 和 Y 转指 X 的容易程度或可能性是不同的，其中必定有一个转指方向是容易的、自然的，而另一个转指方向则是困难的、不自然的。如前所述，在"容器—内容"的认知框中，我们经常用容器转指内容，如"喝一杯、买一箱、盛一碗、熬一锅"等，但却很少用内容来转指容器。在"语言事件"的认知框中，我们会用说话器官转指说话行为或内容，如"住嘴、饶舌"等，但却不会用说话行为或内容转指说话器官。这表明：转喻要遵循一定的规律，这种规律跟我们的认知方式有关。为

---

① 沈家煊：《转指和转喻》，《当代语言学》1999 年第 1 期。

了说明转喻中的这种不对称现象，同时也为了寻求汉语词类转化这一语言现象的认知规律，我们参考了沈家煊（1999）的相关理论而建立了一个转喻认知模型，其具体内容如下。

第一，某个语境中，为了某种目的，需要指称一个"目标"概念 Y。

第二，用来指称概念 Y 的概念 X 须与 Y 处于同一个"认知框"内。

第三，在同一个认知框内，X 和 Y 是密切相关的，由于 X 被激活，Y 也会被附带激活。

第四，"参照"概念 X 在认知上的显著度明显高于"目标"概念 Y。

第五，如果 X 和 X′都有可能激活 Y，而且 X 的显著度高于 X′，则 X 比 X′更容易激活 Y。

第六，如果 Y 和 Y′都有可能被 X 激活，而且 Y 比 Y′与 X 有更强的关联性，则 Y 比 Y′更容易被激活。

如上所述，转喻作为一种认知过程，它是指在同一个认知框内，以一个概念为参照点建立与另一个概念（目标概念）的心理联系，目标概念是本体，作为参照点的概念是喻体。在认知语法看来，很显然，通常所说的词类转化本质上就属于"概念转喻"这种情况，下面我们就这个问题展开具体深入的阐述和分析。

二　词类转化的转喻阐释

（一）动词转用作名词的认知阐释

在第二章里，我们提到了动词可以在原有意义的基础上产生名词性的功能义项。比如"编辑"原是动词，指"对资料或现成的作品进行整理、加工收工"，后来有了新的意义，表示"从事编辑工作的人"，很显然，这个意义上的"编辑"就成了名词。"追肥"原来是指"在农作物生长期内施肥"，是动词，后来又产生名词的用法，表示"在农作物生长期内所施的肥"之义。

　　这种动词转用为名词,一些学者称其为"动词名化",并经常会用到"转指"这一术语。"转指"是由朱德熙(1983)最先提出来的,表示"名词化造成的名词性成分与原来的谓词性成分所指不同,不仅词类转化,而且语义也发生了明显的变化"[①],如"骗"和"骗子","盖"和"盖儿","开车"和"开车的"等。在朱先生看来,凡是真正的动词名词化都有实在的形式标记,正如例子中的后缀"子""儿"以及结构助词"的"。其实,汉语中的有些动词不加任何标记也可以名词化,用来转指与这个动词相关的施事、受事、与事、工具等,像我们上面提到的动词"编辑"产生名词性的新义项就是动作转指施事的结果,而动词"追肥"产生名词性的新义项则是动作转指受事的结果。转指可以根据不同的标准细化出一些类型。比如,从传统的语言研究层面出发,转指可以分为词汇层面的转指和句法层面的转指;从是否有标记,转指可以分为有标记转指和无标记转指;从转指的名词充当的论元角色出发,转指可以分为转指"施事""受事""工具"等。需要说明的是,本文讨论的词类转化,显然是属于无标记的词汇层面的转指。

　　如前所述,认知语言学上所谓的"动词名化",其本质上是概念转喻:参照点是关系,目标体是与关系相关联的事物。根据我们的转喻模型,参照点和目标体一定处于同一个认知框中,一个认知框就是一个心理上的"完形"。当通过参照点与之建立心理联系的目标体在认知框中不止一个时,被转指的一定是最容易被参照点激活的那一个。研究发现,动词名化主要涉及"事件"认知框。动作和动作相联系的事物共同构成一个事件的要素,与动作相联系的事物(以下简称"事物")主要包括施事、受事、工具、结果、手段、方

――――――――――

　　① 朱德熙:《自指和转指――汉语名词化标记"的、者、所、之"的语法和语义功能》,《方言》1983年第1期。

式、时间、地点等。动词陈述一种"关系"，名词化后变为指称这一关系所联系的事物。由于动作和它所联系的事物属于同一个事件认知框中，关系较密切，所以可以用动作来自由地转指与之有联系的事物。根据笔者的统计，发现主要有以下几种类型。

1. 动作转指动作施事

这种类型可以分出两个小类：第一类是并列结构或连谓结构的动词名词化指称施事，如"编审"，"编"和"审"都是动词性语素，组合构成词后作为动词，表示"编辑审查"，后来转化为名词，表示"编审者"。之所以会如此，我们认为这是在以"编审"为动作的事件认知框中，动作（在语言层面表现为一个并列复合词）转喻它的施事，结果就出现了作为名词的"编审"。同类的例子还有"领导、看守、警卫、调度、教授、指挥、招待、裁判、督察、编导、编译、校对、编辑、出纳、陪伴"等。第二类是动宾结构的动词名词化指称施事，如"管家"，语素"管"是动词性的，"家"是名词性的，组合构成动宾复合词表示"管理家务"，后转化成名词表示"管家的人"。之所以会如此，我们认为这是在以"管家"为动作的事件认知框中，动作（在语言层面上表现为一个动宾式复合词）转喻了它的施事，结果就出现了作为名词的"管家"。同类的例子还有"编剧、导演、领班、监工、包工、领航、领队、领舞"等。

2. 动作转指动作受事

这种类型可以分出三个小类：第一类是动宾结构的动词名词化指称受事，如"贷款"，"贷"是动词性语素，"款"是名词性语素，组合构成动宾结构的复合词。作为动词，表示"贷出款项"，后转化为名词，表示"所贷出的款项"。之所以会如此，我们认为这是在以"贷款"为动作的事件认知框中，动作（在语言层面表现为一个动宾式复合词）转喻它的受事，结果就出现了作为名词的"贷款"。同类的例子还有"拨款、存款、存粮、赔款、包车、包饭、包席、编号、编目、备料、补票、订货、欠债、回话、烤肉、发面、投资、题词、题名、移民、来稿、来信、来电、追肥、失地、签证、托词、描红、开衩"等。第二类是并列结构的动词名词化指称受事，如"摆设"，"摆"和"设"都是动词性语素，组合构成联合结构的复合词。作为动词，表示"安放、陈设"，后转化成名词，表示"所摆设的东西"。之所以会如此，我们认为这是在以"摆设"为动作的事件认知框中，动作（在语言层面表现为一个并列式复合词）转喻它的受事，结果就出现了作为名词的"摆设"。同类的例子还有"陈设、穿戴、负担、积蓄、夹带、评价、议论、传说、欠缺、依靠"等。第三类是偏正结构的动词名词化指称受事，如"珍藏"，"珍"是名词性语素，"藏"是动词性语素，组合构成偏正结构的复合词。作为动词，表示"认为有价值而妥善地收藏"，后转化为名词，表示"收藏的珍贵物品"。之所以会如此，我们认为这是在以"珍藏"为动作的事件认知框中，动作（在语言层面表现为一个偏正式复合词）转喻了它的受事，结果就出现了作为名词的"珍藏"。

3. 动作转指动作与事

这种类型只有一个小类，即：偏正结构的动词名词化指称与事，如"同谋"，"同"是副词性语素，"谋"是动词性语素，组合构成偏正结构的复合词。作为动词，表示"共同谋划（做坏事）"，后转化为名词，表示"共同谋划做坏事的人"。之所以会如此，我们认为这是在以"同谋"为动作的事件认知框中，动作（在语言层面表现为一个偏正式复合词）转喻了它的与事，结果就出现了作为名词的"同谋"。同类的例子还有"同辈、同伙、同窗、同党、同乡、同事、同学"等。

4. 动作转指动作结果

这种类型可分出三个小类：第一类是并列结构的动词名词化指称动作结果，如"建筑"，"建"和"筑"都是动词性语素，组合构成并列结构的复合词。作为动词，表示"修建（房屋、道路、桥梁等）"，后转化成名词，表示"建筑物"。之所以会如此，我们认为这是在以"建筑"为动作的事件认知框中,动作(在语言层面表现为一个并列式复合词)转喻了动作的结果,于是就产生了作为名词的"建筑"。同类的例子还有"建议、建置、创作、发明、摹刻、雕刻、沉淀、选编、选辑、选读、汇编、摘编、摘记、雕饰、著述、著作、成就、建树"等。第二类是动宾结构的动词名词化指称动作结果,如"配餐","配"是动词性语素,"餐"是名词性语素,组合构成动宾式复合词。作为动词,表示"按照一定标准把各种饭食搭配在一起",后转化为名词,表示"搭配在一起的各种饭食(如合装在一起的面包片、香肠、火腿等)"。之所以会如此,我们认为这是在以"配餐"为动作的事件认知框中,动作(在语言层面表现为一个动宾式复合词)转喻了动作的结果,于是就产生了作为名词的"配餐"。同类的例子还有"编号、编目、作文、画图、画像、答案、留影、合影、录像、录音、定价、标价、押面、插话、切片、评分、回电、裂缝、鼓包、布局"等。第三类是偏正结构的动词名词化指称动作结果,如"实录","实"是形容词性语素,"录"是动词性语素,组合构成偏正式复合词。作为动词,表示"把实况记录或录制下来",后转化为名词,表示"按照真实情况记载的文字"。之所以会如此,我们认为这是在以"实录"为动作的事件认知框中,动作(在语言层面表现为一个偏正式复合词)转喻了动作的结果,于是就产生了作为名词的"实录"。同类的例子还有"彩绘、守纪、手书、谣传、预言、预告"等。

5. 动作转指动作工具

这种类型可分出两个小类:一类是动宾结构的动词名词化指称动作工具,如"刹车","刹"是动词性语素,"车"是名词性语素,组合构成动宾式复合词。作为动词,表示"用闸等止住车的行进",后转化为名词,表示"机动车的制动器"。之所以会如此,我们认为这是在以"刹车"为动作的事件认知框中,动作(在语言层面表现为一个动宾式复合词)转喻了动作的工具,结果就产生了作为名词的"刹车"。同类的例子还有"标点、分解、界限、添箱、补白、摆渡、补差"等。另一类是并列结构的动词名词化指称动作工具，如"补助"，"补"和"助"都是动词性语素，组合构成并列式复合词。作为动词，表示"从经济上帮助（多指组织上对个人）"，后转化为名词，表示"补助的钱、物等"。之所以会如此，我们认为这是在以"补助"为动作的事件认知框中，动作（在语言层面表现为一个并列式复合词）转喻了动作的工具，结果就产生了作为名词的"补助"。同类的例子还有"装裹、掩蔽、掩护、补贴、装饰、包装、装潢、装备、陪衬"等。

6. 动作转指动作方式

这种类型中常见的是并列结构的动词名词化指称动作方式，如"打扮"，"打"和"扮"都是动词性语素，组合构成并列结构的复合词。作为动词，表示"使容貌和衣着好看；装饰"，后转化为名词，表示"打扮出来的样子；衣着穿戴"。之所以会如此，我们认为这是在以"打扮"为动作的事件认知框中，动作（在语言层面表现为一个并列式复合词）转喻了动作的方式，结果就产生了作为名词的"打扮"。

另外需要说明的是，有些词虽然也产生了新义，并且这个新义也是动作转喻动作方式的结果，但新旧意义并没有词类方面的差别。例如：

【面授】①〈旧义〉（动词）当面传授：～机宜。②〈新义〉（动词）用当面讲授的方式进行教学（区别于"函授、刊授"）：对函授学院每学期～一周。（《现代汉语词典》2012年版）

【分餐】①〈旧义〉（动词）不跟大家一起进餐，自己单另吃：我因为有病，跟家里人～。②〈新义〉（动词）大家共同进餐时，把菜肴分到各自的碗碟中吃：宴会采用～式，既方便又卫生。（《现代汉语词典》2012年版）

【开卷】①〈旧义〉（动词）打开书本，借指读书：～有益。

②〈新义〉（动词）一种考试方法，参加考试的人答题时可自由查阅有关资料（区别于"闭卷"）。（《现代汉语词典》2012 年版）

7. 动作转指动作地点

这种类型中常见的是动宾结构的动词名词化指称动作的地点，如"拐弯"，"拐"是动词性语素，"弯"是名词性语素，组合构成动宾结构的复合词。作为动词，表示"行路转方向"，后转化为名词，表示"拐弯儿的地方"。之所以会如此，我们认为这是在以"拐弯"为动作的事件认知框中，动作（在语言层面表现为一个动宾式复合词）转喻了动作的地点，结果就产生了作为名词的"拐弯"。

8. 动作转指动作时间

这种类型中常见的是动宾结构的动词名词化指称动作的时间，如"煞笔"，"煞"是动词性语素，"笔"是名词性语素，组合构成动宾结构的复合词。作为动词，表示"写文章、书信等结束时停笔"，后转化为名词，表示"文章最后的结束语"。之所以如此，我们认为这是在以"煞笔"为动作的事件认知框中，动作（在语言层面表现为一个动宾式复合词）转喻了动作的时间，结果就产生了作为名词的"煞笔"。同类的例子还有"煞尾、开头、开始"等。

从上面对各种类型的分析中，我们可以得出如下一些规律。

第一，动作转指施事和受事最为常见，其次是结果、工具，而转指与事、时间、地点的则比较少。如前所述，转喻是通过"参照点"建立与"目标体"的心理联系的过程，动词转用作名词，本质上也是一种概念转喻。根据我们的转喻模型，参照点和目标体一定处于同一认知框中，一个认知框就是心理上的"完形"。当通过参照点与之建立心理联系的目标体在认知框中不止一个时，被转指的一定是最容易被参照点激活的那一个。动词可以转指施事和受事，这显然是因为在"施事——动作——受事"这个典型的事件认知框中，施事和受事与动作的联系最密切，所以通过动作最容易被激活。动作转指施事时，施事和动作的关系得到凸显，而受事和动作的关系则隐而不显；动作转指受事时，受事和动作的关系得到凸显，而施事和动作的关系则隐而不显。

第二，动作转指施事时，大多表示职位或职业。表示职业的有"编导、编辑、编审、编译、保管、督察、校对、传达、看护、看守、收发、采购、随从、侍卫、护卫、供奉、跟从、扈从、警卫、保镖、跟差、当差、听差、跟包、帮佣、出纳、裁判、侦探、稽查、调度、提调、掌舵、教练、导游、伴游、导演、领港、领航"等；表示职位的有"主编、总管、主考、教授、指挥、参谋、参议、统领、理事、领班、领队、领舞、领唱、领奏"等。

第三，对于转指施事的动宾式复合词而言，其中充当宾语的名词性成分可以是具体的，如"掌舵、领港、开山"等，也可以是比较抽象的，如"管事、监工、包工"等，还有非常抽象的，如"导演、督办、帮闲"等。根据统计发现，宾语是具体的名词性成分的动宾式复合词转指施事的最少，宾语是比较抽象的名词性成分的动宾式复合词转指施事的次之，而宾语是非常抽象的名词性成分的动宾式复合词则转指施事的最多。这说明：充当宾语成分的意义越具体，动宾式复合词转指施事就越困难，反之，充当宾语成分的意义越抽象，动宾式复合词转指施事就越容易。另外，转指施事的动宾式复合词中，宾语和动词的结合大都比较紧密，中间一般不能插入别的成分，宾语一般也不能提前充当受事主语，这表明宾语的独立性比较弱。如"掌舵──→＊掌了一个舵──→＊舵掌了一天"，"移民──→＊移了一批民──→＊民移了一批"。而转指受事的动宾式中，宾语与动词的结合不太紧密，中间常常可以插入其他成分，不仅如此，宾语还可以提前充当受事主语，独立性较强，如"包车──→包了一辆车──→车包了三四辆"，"贷款──→贷了一笔款──→款贷了"。独立性较弱的事物不容易被激活，独立性较强的事物则容易单独激活，所以这两类动宾式合成词在转指事物时表现出来的不同恰恰体现了凸显和激活对转指对象所起的决定性作用。

第四，转指受事、结果的动词以动宾式最多，这是因为动宾式本身已经包含了表示对象或结果的宾语，所以宾语容易被激活。如转指受事的动词"藏书"，由于宾语"书"已经出现在动宾式，所以最容易被激活，容易被转指。"汇款、包车、编号、画图"等也是同样的道理。

（二）名词转用作动词的认知阐释

在第二章里，我们也提到了名词可以在原有意义的基础上产生动词性功能义项，比如"锯"原来是指"拉开木料、石料、钢材等的工具，主要部分是具有许多尖齿的薄钢片"，是名词，后来又产生了动词的用法，表示"用锯拉"。根据名词动化后所承当论元角色的不同，名词转化为动词可分为以下几种类型。

1. 工具转指动作

有些名词和它转指形成的动词之间存在工具和动作的关系，如"夯"，本是名词，表示"砸实地基用的工具或机械"之义，动化后表示"用夯砸"，事物"夯"是动作"夯"的工具，这种名词动化我们称为工具转指动作。同类的例子还有"镏、箍、碾、筛、罩、锛、锯、鞭、苫、楚、刷、锤、锉、铅、铐、产、衬、凿、铡、闸、夹、梳、奶、药、毒"等。

2. 材料转指动作

有些名词和它转指形成的动词之间存在材料和动作的关系，如"糟"，本是名词，表示"做酒剩下的渣滓"之义，动化后表示"用糟腌制食物"，事物"糟"是动作"糟"的材料，这种名词动化我们称为材料转指动作。同类的例子还有"酱、卤、钢、胶、絮、漆"等。

这类动词名化与工具转指动作尽管有相同之处，但又有明显不同。"工具"是做某个动作需要借助的东西，具有独立性和非变化性，这里的"非变化性"是指动作发生与否对工具本身没有影响。

例如"锯木头",动作发生之前之后工具"锯"都是独立的,也没有发生变化;但"材料"不同,"材料"是用来制作某些东西的,具有变化性,动作的发生对它有着重要的影响,即动作发生前材料是独立的,动作发生之后材料成为动作对象不可分割的一部分,丧失了独立性。如"用酱酱萝卜"中,事物"酱"在实施了"酱"这一动作后发生了变化,成了酱萝卜不可分割的组成部分,也就是说,它不再是独立的了。

3. 处所转指动作

有些名词和它转指形成的动词之间存在处所和动作的关系,如"窖",本是名词,表示"收藏东西的地洞或坑",动化后表示"把东西收藏在窖里",事物"窖"是动作"窖"的处所,这种名词动化我们称为处所转指动作。同类的例子还有"窝、袖、盆、掩、畦"等。

这类名词动化与工具转指动作也有相似之处,如"窖白菜"和"网鱼",都是动作使某物到了某地,但不同之处在于:"网鱼"中的"网"只是捉鱼的工具,鱼在网中是施事的目的,"网"并不是"鱼"位移的终点,而只是一个途经的地点;而"窖白菜"中的"窖"则不同,它既是施事的目的,也是白菜位移的终点。

4. 结果转指动作

有些名词和它转指形成的动词之间存在结果和动作的关系,如"结",本是名词,表示"条状物打成的疙瘩",动化后表示"在条状物上打疙瘩或用这种方式制成物品",事物"结"是动作"结"的结果,这种名词动化我们称为结果转指动作。同类的例子还有"垛、团、包、辫、废话、美言、谱、锈、粉、画"等。

5. 对象转指动作

有些名词和它转指形成的动词之间存在对象和动作的关系,如"恩典",本是名词,表示"恩惠",动化后表示"给予恩惠",事物"恩惠"是动作"恩惠"的对象,这种名词动化我们称为对象转指动作。同样的例子还有"钉、楔、种"等。

6. 施事转指动作

有些名词和它转指形成的动词之间存在施事和动作的关系，如"统帅"，本是名词，表示"统率全国武装力量的最高领导人"，动化后表示"统辖率领"，事物"统帅"是动作"统帅"的施事，这种名词动化我们称为施事转指动作。同样的例子还有"霸、刺、鲠、电、祸害"等。

按照罗纳德·兰盖克（Ronald W. Langacker）的观点，名词代表的是一个独立概念，动词代表的是一个依存概念。名词代表"概念"，动词代表"关系"，事物可以独立于关系而存在，但关系必须依赖相关的事物而存在，因此从这个意义上说，关系概念和事物概念之间是一种抽象的整体和部分的关系。与动词转用名词一样，名词转用动词也是一种概念转喻。如前所述，转喻是通过参照点建立与目标体的心理联系，如果动词转指名词是用整体转指部分，那么名词转指动词就是用部分转指整体。根据我们提出的转喻模型，在事件认知框中，用来转指关系的事物在诸事物中一定是最显著的那个事物，这个事物应该能确定无误地激活相关的关系，这主要表现为转指的关系是事物之间的常规关系。如：

统帅—统帅—三军（统帅三军，"统帅"是施事转指动作）

工人—钉—钉子（钉钉子，"钉"是受事转指动作）

人—用（网）—捕—鱼（网鱼，"网"是工具转指动作）

人—堆—货—（成）堆（堆成堆，"堆"是结果转指动作）

人—藏—白菜—（于）窖（窖白菜，"窖"是处所转指动作）

例子中被转指的关系（即"动作"，下面加着重号的动词）都是事物之间的常规关系，事物与关系共同构成一些具体的有关事件的认知框。如果把加着重号的动词去掉，人们可以根据相关的名词补充出来动词。因为这样的认知框在人的头脑中是比较固定的，所以通过事物也可以把关系激活。

（三）名词转用作形容词的认知阐释

在第二章里，我们也提到了名词可以在原有意义的基础上产生形容词性功能义项，比如"机械"原来是指"利用力学原理组成的各种装置"，是名词，后来又产生了形容词的用法，表示"方式拘泥死板，没有变化；不是辩证的"。

名词转用作形容词也是一种概念转喻，同动词转用作名词和名词转用作动词一样，这也是"认知框"在起作用，所不同的是，它们涉及的是"事物—属性"认知框，即用事物转指事物所具有的属性。这个"属性"可以是包括位置、颜色、形状、大小等在内的外在特征，也可以是内在属性。如"球""柱""卵""月""筒""板"等名词可以凸显所指对象的形状特征，"银""火""墨""霜""雪"等名词可以凸显所指对象的颜色特征，这些都属于外在特征；这里的"内在属性"是指事物内在的、不可目视的特征，例如，"贵重"是"金"的内在属性，"坚固"是"铁"的内在属性，"纤维多、硬"是"柴"的内在属性。

名词之所以会产生形容词性的功能义项，除了转喻机制起着决定作用之外，这与它自身的语义特点也密切相关，下面就来具体地分析这个问题。

1. 名词转用作形容词的语义基础——名词的性状义

名词性状义的内涵。名词除了有直接反映、概括事物本质的理性意义之外，还有一系列附加其上的别的意义，因此根据这个特点，可以把名词的词义分成理性意义和附加意义两部分。理性意义是名词的基本意义，它在语言交际中处于核心地位。也就是说，名词之所以有所指称，就是利用理性意义直接和现实中的对象发生联系，它体现的是一种事物义。附加意义是在理性意义基础上获得的意义，它包括了内涵意义、风格意义、感情意义、搭配意义等，其中内涵意义是人们依据理性意义通过联想而获得的一种隐含意义。具体到名词，它的内涵意义是人们在语言运用中常常会直接或间接地联想到名词指称对象所具有的属性。比如，人的外貌、性格、习惯、经历、地位等，物的性质、形状、功效、历史、影响等都具有各自不同的特征，这些不同的特征在特定的语境中会引发人们的联想，从而体现出名词丰富的内涵意义。下面就以"女人"一词为例进行说明。"女人"指称的对象是女性成年人（事物义）。社会经验告诉我们，女性成年人的性状特征是多方面的，体质上是"柔弱的"，外貌上是"穿裙子的、化妆的、漂亮的"，性格上是"易动感情的、意志脆弱的、温柔的、贤惠的、细心的、爱唠叨的、富于同情心的"，社会角色特征是"管家务的"等，这些有关性状特征的内容就构成了"女人"一词的内涵意义。通过以上分析可知，名词的内涵意义是由名词指称对象的性质特点决定的，它反映了人们对指称事物所具有的某些属性的认识，显然与理性意义不同，它体现的是一种性状义。

名词性状义的类型。根据名词性状义存在方式的不同，可以将其分为直接性状义和间接性状义两种类型。直接性状义是理性意义中起区别作用的语义成分，它会出现在词典的释义中，并且可以通过义素分析直接得到。

【学究】迂腐的读书人。

【礼貌】言语动作谦虚恭敬的表现。

释义中加着重号的部分就是直接性状义。而间接性状义都不会出现在词典的释义中，我们往往需要从名词指称对象所表现出来的性质方面去认识。例如"农民"，让人很容易想到"土气、保守、落后"等特征，这些内容就构成了"农民"一词的间接性状义。很显然，间接性状义总是与特定的文化紧密相连。

名词性状义的隐含性。名词的性状义是内在隐含的语义成分，它不像事物义那样直接、显豁，因此它必须依靠一定的手段才能外化显现出来。一般来说，名词性状义的外化方式有三种：一是在名词前面加上程度副词形成"程度副词十名词"的组合；二是让名词直接充当情态状语或带上补语；三是让名词充当属性定语。例如：

⑩他把希望寄托在了这个据说很色情，又很有钱的老女人身上。(《她吸的是带薄荷味儿的烟》,《椰城》1993 年 1 月)

⑪个头矮小的钱军任何时候总是西服革履，头发梳得整整齐齐，打上摩丝，湿漉漉的油光锃亮，那风度气派，真比城里人还城里人。(张抗抗《工作人》)

⑫我会像我的祖宗那样英雄地死去。(田汉《关汉卿》)

⑬即使刘姥姥这样的粗人到了此地，怕也要淑女起来。

⑭现在你关在牢里，搞得家破人亡，还想洁身自好，摆出中世纪的骑士风度，不叫女士们去担风险，或是想跟人正正经经地谈恋爱，就像小说里写的那样，你能办得到吗?

例⑩中的"色情"是指"下流、低俗"；例⑪中的"城里人"是指"时髦、讲究仪表、风度气质好、生活富裕"等；例⑫中的"英雄"充当了状语，意思是"像英雄那样悲壮地"；例⑬中的"淑女"后面跟上了补语，意思是"温柔大方、仪态端庄"；例⑭中的"骑士"充当了"风度"的属性定语，意思是"有风度、讲义气"。

笔者统计发现，能够产生形容词性功能义项的名词主要有以下几类。

第一类是具体指人名词，如"官僚、市侩、流氓、军阀、淑女、学究、男子汉 、天才、农民、小市民、贵族、绅士、傻瓜、骑士"等。

第二类是具体指物名词，如"泡沫、城市、牛皮、奶油、宝贝、垃圾、黄金、机械、木、火、土、铁、花、面、柴、沙、草、妖、神"等。

第三类是抽象名词，如"权威、能耐、规律、现代、原则、个性 、技术、生活、悲剧、福气、暴力、民主、科学、自然、现实、理想、道德、本分、典型、精神、气派 、威风、文明、正宗、神气、矛盾、经济、艺术、形象、风光"等。

2. 名词转用作形容词的制约因素

从理论上讲，名词都有转用为形容词的可能性，但可能性能否成为现实，主要受下面几个因素的制约。

一是名词性状义外化方式的使用频率。如前所言，名词的性状义具有隐含性，它大都需要借助于一定的语法手段才能外化，这种外化使得名词的性状义在一定的语境中凸显并具体化，这仿佛是名词在特定语境中的"活用"为了形容词。也就是说，使用频繁越高，临时的活用就越容易固定，该结构中名词发展成为兼类词的可能性就越大。这正如马庆株（1998）所说："如果一个词经常出现于某类词的典型分布环境，它就会获得即接受该类词的语法意义和功能，该类词的语法意义和功能就会扩散到本不属于该类的词上面。"① 这里所说的"经常"，强调的也是使用频率问题。关于这一点，邢福义（1997）也持有同样的观点，他认为"进入'副名'结构的名词，一旦用得多了，就习以为常，临时的'异感'意义就会转向固定的特征意义，结果就会出现词性裂变现象，使一个形式在原来名词词性的基础上裂变出形容词"②。这充分说明：临时变化是历史变化之源，如果名词临时变化的频率达到一定的程度，就会逐渐成为固定的用法，那么这个名词很可能会成为兼类词。

二是名词活用自由度的大小。名词活用的自由度与名词的生命度有直接关系，一般来说，生命度高的名词往往是名词这个类别中的典型成员（或者说是核心成员），典型成员在功能上表现出较强的稳定性，其活用自由度就小些。与之相对，生命度低的名词常常是名词这个类别中的非典型成员（或者说是边缘成员），非典型成员在功能上表现出一定的游移，其活用自由度就大些。具体名词（如指

---

① 马庆株：《汉语语义语法范畴问题》，北京语言文化大学出版社1998年版，第82—83页。

② 邢福义：《"很淑女"之类说法语言文化背景的思考》，《语言研究》1997年第2期。

人名词、指物名词、专有名词）属于名词中的典型成员，所以它们的活用自由度较小，偶尔会有临时的活用，但这种活用发展成为兼类词的可能性不大。抽象名词属于名词中的非典型成员，它们的活用自由度很大，所以抽象名词的临时活用就很容易固定而发展成为兼类。名词活用自由度的大小与名词性状义的强弱也有密切关系。一般说来，名词的性状义越强，活用的自由度就越大，反之则越小。下面就来具体地分析抽象名词、具体名词性状义的强弱。事物义和性状义可以看作是名词语义的两极，当名词的事物义强时性状义就弱，反之，当性状义强时事物义就弱。就抽象名词而言，它不是表示有形的实体，而往往反映的是人们对抽象事物内在细节的描述，所以与具体名词比较起来，事物义要弱一些，而性状义则相对更强，因此实现功能转换的机会就会更大一些。关于这一点，正如张伯江、方梅在《汉语功能语法研究》中所说："抽象名词不是典型的名词，带有明显的性质意义，言语中易于活用。"[①]抽象名词具有丰富的性状义，这一点是毫无疑问的，但其性状义的强弱也不是均等的，这与抽象名词性状义的隐含程度关系密切。一般来说，性状义越强，隐含程度越低，名形转类的可能性就越大；反之，性状义越弱，隐含程度越高，名形转类可能性就越小。抽象名词性状义的隐含程度与其自身的结构和意义有一定的关系。下面具体分析几类有代表性的性状义隐含程度相对较低的抽象名词。

　　A 类是由"形语素 + 名语素"构成的偏正式抽象名词，如"悲剧、热门、新派、美味、偏见、专业、细节、纯情、温情、柔情、优势、诚意"等。

　　B 类是含语义偏移特征的名词，如"风度、技术、个性、经验、潮流、缘分、款式、文化、学问、知识"等。

　　C 类是词义可作"形容性成分 + 指称性成分"义素分析的抽象

---

① 张伯江、方梅：《汉语功能语法》，江西教育出版社 1996 年版，第 47 页。

名词，如"骨气、兽性、权势、宝贝、模范、学究、兴致、技巧、风采"等。

A类抽象名词本身带有形容词性的构词语素，性状义直接由它来表示，因而性状义的隐含程度较低，容易发生外化，所以这类名词发生转类的可能性就很大。B类是含有语义偏移特征的名词，在特定语境中可以由中性偏向褒义或贬义，因而词语本身会附上一定的感情倾向并获得了程度性，所以其性状义的隐含程度相应变低，比较容易发生外化。例如，"风度"一词本是指"举止、姿态"，是一个中性词，但是人们在使用中，因多与"高雅、优雅"等褒义词连用，时间久了，语义发生偏移，"风度"成了"优雅的举止"，在"很风度"这个语境中就凸显了"高雅"的性状义。C类名词的理性意义可分为形容评价性的内容和指称性的内容两部分，其中第一部分实际上就是该名词的直接性状义，因而该类名词性状义的隐含程度总体上也比较低，所以发生词性裂变的可能性也很大。

具体名词都是表示有形的实体，与抽象名词比较起来，事物义强，性状义弱，因此实现功能转换就不太容易，所以临时的活用发展成为兼类的可能性较小。具体来说，具体名词中指人名词的性状义最强，这是因为其中有些指人名词是表示某种身份或类型的，身份或类型往往包含着人们公认的性质。不仅如此，有些指人名词本身就包含一个形容词性质的语素，因此直接就表现出来了较强的性状义，如"笨蛋、傻瓜、浑蛋、草包"等。与指人名词相比，指物名词的性状义要弱一些，因为它首先让人想到的是有形的实体，所以实现功能转换的机会就少一些。但在语言中我们会发现，像"铁、鬼、牛、火、油"等已被词典收录的名形兼类词原来也都是一些具体名词，这又该如何理解呢？对于这一点，我们可以用认知语言学的理论来解释。用事物来表示该事物的性质是人类认识世界的主要认知框，它是基于人的经验建立起来的概念与概念之间的相对固定的关联模式。在这个认知框中，如果事物的性质非常鲜明，为人们所熟知，就可能利用事物转喻其性质。因为事物是具体的，性质是抽象的，具体的事物比抽象的性质更容易识别、处理和记忆，这表现在语言中就是用指物名词表示该指称对象的性质。

三是名词性状义的类型。名词发生词性裂变的可能性还与其性状义的类型有关。一般来说，含有直接性状义的名词要强于含有间接性状义的名词。因为直接性状义固定，并且指向集中，所以就比较容易独立出来而发展成为一个新的义位。而间接性状义不稳定，并且所表性状的角度也更多样化，所以就很难独立出来成为一个新的义位。例如：

【技巧】（表现在技术、工艺、体育方面的）巧妙的技能。

【学究】迂腐的读书人。

上述例子中的直接性状义（加点部分的内容）在特定的语境中一旦用得多了，就会从名词原来的一个义位中独立出来，由义素成分而发展成为另一个新的义位，该名词就会发生词性裂变而成为名形兼类词。《现代汉语词典》中现在已经收录的名形兼类词情况大都是如此。例如：

【典型】①具有代表性的人物或事件。②具有代表性的。

【精神】①表现出来的活力。②活跃、有生气。

上述词的义项①表示事物义，义项②表示性状义，义项②明显是由义项①发展而来的。

综合以上的分析，对于名词发展成为名形兼类词的可能性，我们大致可以作出如下推测：抽象名词的可能性最大，具体指人名词次之，具体指物名词的可能性较小。

另外，基于对所收集到词例的统计分析，我们也可得出如下结论。

第一，名词所表示事物属性的凸显度呈现出不平衡，具体来说，就是事物的外在特征在人们的认知中更容易被凸显，内在属性特征则较少被凸显。

尽管名词所指称对象的属性是多方面的，但它们在表达中只凸显了包括颜色、外形、位置、形态在内的外在特征和内在属性的某些方面，至于其他的如质地、类属、数量、功能等则很少涉及。而且总的来看，人们更倾向于凸显事物的外在特征。这是为什么呢？从认知角度来解释，事物的外在特征（如颜色、形状、位置、形态）与其内在属性相比，前者具有更高的显著度，因为可见的比不可见的更显著，显著度高的特征更容易引起人们的注意。当然这也不是绝对的，对于指称人和动物的名词而言，人们就更倾向于凸显它们所指称对象的内在属性。例如"鬼""神""贼""虎""牛""兽""枭""骁""熊"等。

第二，从历时角度来看，通过比喻用法产生形容词性质的意义并得以固化的名词在分布上也是不平衡的。通过统计，我们发现，产生形容词性义项的名词主要集中在以下几类。

（1）指称人或动物的名词或名词性语素。例如：

【虎】②用于比喻，形容勇猛威武。

【兽】②用于比喻，形容野蛮、下流。

【枭】〈书〉勇猛、强悍。（"枭"的本义是一种捕食鼠类夜间活动的鸟。）

【骁】〈书〉勇猛。（"骁"的本义是指强壮的马。）

【母】⑤有产生出其他事物的能力或作用的。

【贼】③邪的、不正派的。

（2）指称物质实体的名词或名词性语素。例如：

【铁】③形容坚硬；坚强；牢固。④形容强暴精锐。

【金】⑤用于比喻，形容尊贵、贵重。

【琼】②比喻美好的。

【玉】②用于比喻，形容洁白或美丽。

【墨】⑥黑的或近于黑的。

（3）指称人体构件的名词或名词性语素。例如：

【耳】③位置在两旁的。

【头】⑨领头的、次序居先的。

【首】②第一，最高的。

【血】④指刚强热烈。

从这些名词或名词性语素产生形容词性意义的情况来看，基本上都是具有较高显著度的特征被提取出来成为一个独立的意义，并且多半集中在内在属性特征或位置特征上，尽管形状特征有较高的显著度，但却很少固化下来成为一个独立的意义。

第三节　意义移植

一　意义移植的内涵

外来词语通过翻译渠道进入汉语，它们所蕴含的思想观念无形中也为说汉语的人所接受，这会影响汉语本土的词语也增添新的意义成分。这种意义移植手段，值得我们去深入研究。

董为光（2001）曾以"遗憾"一词为例，谈到了汉语中词的意义移植问题。他认为，汉语中的"遗憾"一词在古代汉语中有两个意思，一个是表示"遗恨"，即"憾恨的程度很高"，可以说"到死都感到悔恨"，如：唐·杜甫《敬赠郑谏议十韵》："毫发无遗憾，波澜独老成。"元·姚云文《摸鱼儿》："便乞与娲皇，化成精卫，填不尽遗憾。"清·孙鼎臣《与郭筠仙书》："徒使忠臣荩士魂魄，遗憾千古耳。另一个是表示"因未能称心如愿而感到惋惜"，如：元·

马端临《〈文献通考〉序》："然时有古今，述有详略，则夫节目之间，未为明备，而去取之际，颇欠精审，不无遗憾。"清·管同《馀霞阁记》："自馀霞之阁成，而登陟憩息者，始两得而无遗憾。"到了现代，它的用法与英语中的"sorry"一类词合流。据《现代汉语词典》，"遗憾"附带一个特别用法："在外交文件上，常用来表示不满和抗议。"如："对于韩国部署萨德的做法，我们深感遗憾。"这种对别人的行为表示不满的委婉用法，确实是受英语影响而产生的。此外，"遗憾"也还用来对别人的不幸遭遇表示难过，从而成为一种表达同情的说法，如说："听说您的夫人身体欠安，这真是太遗憾了。"这同样也是接受了英语中"sorry"的相关用法。

　　改革开放以来，汉语中也有一些旧词的新义并不是在原有意义的基础上衍生出来的，而是从外族语言的词义系统中移植过来的。具体来说，它是借用了外族语言中概念意义与之大致相当的对应词的意义。例如，汉语中"蒸发"原本是一个单义词，表示"液体表面缓慢地转化为气体"之义；英语中与之对应的"evaporate"，除了具有上述意义之外，还表示"人或事物消失、不复存在"，如"His hopes evaporate"。由于汉英语言之间的频繁接触，如今"evaporate"的这个意义也被借用过来，作为"蒸发"后起的新义在语言交际中经常使用，如"几百万元的股票一夜之间全部蒸发了""犯罪嫌疑人却像在人间蒸发了一样，音信全无"等。又如，汉语中的"教父"与英语中的"godfather"对应，"教父"一词在《现代汉语词典》（2012 年版）中的释义是"①基督教指约 2—12 世纪在制订或阐述教义方面有权威的神学家。②天主教、正教及新教某些教派新入教者接受洗礼时的男性监护人"。可近几年来，"教父"又产生了新义，表示"一个组织或团体的发起者、倡导者"，如"摇滚教父、时尚教父、IT 教父、职场教父、营销教父"等。究其原因，也是因为移植了其外语对应词"godfather"意义的缘故。

　　很显然，意义的移植一般发生在汉外对应词之间，具体来说，就是汉语中的某个词会把外族语言中对应词的某个义项移植过来，从而成为自己一个新义项。所以，外族语言中的对应词一定是个多义词，并且移植所涉及的一般是它的某个义项，而不会是全部义项。这里所谓的汉外对应词是指汉语和外族语言中基本义大致对应但又不完全对等的一组词，如，汉语词"口袋"和英语词"pocket"，汉语词"屋"和日语词"屋（ハウス）"等。

二　意义移植的条件

外来词义之所以能够顺利地移植到现代汉语中，并且存活下来，这主要有以下两个方面的原因。

一方面，这是词义的民族性与认知方式的普遍性共同作用的结果。词义具有民族性，这主要表现为不同语言里基本义大致相当的对应词之间，有时核心意义相同，但边缘意义却并不完全等值，这就是说，汉外对应词的词义架构具有不完全对等性。从理论上讲，汉外对应词在意义上有完全对等和不完全对等两种情形。而实际上汉外对应词中词义完全对等的并不多，这就是说，最常见的还是词义不完全对等的情形。后者的这种同中有异、异中有同的交叉关系正是语言接触中词义交互影响的前提，因为它直接导致汉语词的词义空位。另外，随着汉外交流的不断增加，汉语与其他语言之间的接触日益频繁，尤其是语言翻译的需要，更是呼唤着汉语词的词义空位能尽早得到填补，于是就出现了外来词义的移植。例如：

【voice】n. ①嗓音，声音；②发言权；③愿望，意见，呼声；④语态。（《朗文当代高级英语辞典》）

【声音】声波通过听觉所产生的印象：～大｜他听见了敲门的～◇报纸反映了群众的～。（《现代汉语词典》2012 年版）

"voice"词义中的"愿望，意见，呼声"这一义项正是"声音"的词义中所没有的内容，显然，"声音"一词存在着词义空位，这样一来，"声音"的英语对应词"voice"的"愿望，意见，呼声"之义便能够乘"虚"而入了，这在"报纸反映了群众的声音"这个例子中可以得到印证，因为其中的"声音"就表示"论调、意见"之义。

　　需要说明的是，对于基本义相同的汉外对应词（均为单义词）而言，如果其中的外语词后来发展出了新义，那么这个新义就会打破汉外对应词意义之间的相对平衡，结果导致汉语词出现词义空位。为达到一种新的平衡，对这些外语词的新义进行移植可以说是汉语词填补自己词义空位最方便、最快捷的一种途径。例如：

　　【virus】n. 病毒；滤过性病毒：the flu, rabies, AIDS, etc virus 流感、狂犬病、艾滋病等病毒。（《牛津高阶英汉双解词典》第四版，1997年）

　　【virus】n. 计算机病毒。（《牛津高阶英汉双解词典》第四版增补本，2002年）

　　【病毒】比病菌更小、用电子显微镜才能看见的病原体。（《现代汉语词典》1978年版）

　　【病毒】①比病菌更小的病原体，多用电子显微镜才能看见。②指计算机病毒。（《现代汉语词典》2012年版）

　　英语中的"virus"原是医学术语，后来用于电脑行业，衍生出"computer virus"这一新义，受此影响，汉语中的"病毒"一词也新增了"计算机病毒"这个意义。

　　另外，需要说明的是，人类思维的普遍性决定了任何语言中词义衍生基本上都通过隐喻和转喻两种方式，而移植成功的新义项和汉语原有义项之间也大都存在隐喻或转喻关系，正是这种关系才使得外语词的词义更容易在汉语中生根发芽。

　　另一方面，这是词义系统开放性和有序性相互作用的结果。研究表明，语法总是语言中最稳固的部分，它的这种超稳定性不仅仅是因为它属于语言的底层因子，有着高度的抽象性，而且还因为语法总是与本民族的思维、文化上的认知规则密切地联系在一起。相比之下，词汇总是悬浮在语言的最上层，所以它会比较容易受外部因素的影响。词义是一个层次单一、结构薄弱的开放系统，一般情况下，系统的结构层次越是严密，其稳固性和排他性也就越强，语法系统比语言的其他子系统更具稳固性就是有力的佐证。因此，词义系统的开放性就决定了它较容易受外在因素的影响，具有灵活的适应性和强大的再生力，即：词义在保持基本定型的面貌的同时，可以随时做出适度的改变，这种内在机制促进了词义的移植；但是，词义毕竟是一个完整有序的系统，系统内部成员之间都是相互联系和制约的，其中一个词的意义总是制约着同一语义场中相邻词的意义，同时又受制于相邻词的词义。如果其中一个词的意义发生了变化，总会引起相邻词的意义发生程度不一的改变，所以容易造成词义移植中的连锁式、类聚式倾向。

当然，外来词义的成功移植也与一定的社会文化背景密切相关。20 世纪 80 年代以来，随着我国内地开放程度的不断加深，中外科技、文化教育的交流也变得日益频繁。在这样的氛围下，中国国民的思想空前解放，思维格外活跃，思想观念和价值观也发生了明显的变化，这主要表现为有更多人乐于接受外来的生活方式和思想意识，对外语影响的包容力也大大增强，因此大量的外来词（包括占有相当比例的意译词）就相对自由地涌入了汉语词汇系统。与此同时，国民受教育程度有很大提高，特别是作为国际通用语的英语在国内也逐渐普及，整个社会群体对英语词汇的接受能力也随之不断上升，许多人可以熟练地使用英语对话，对某些常用词的主要义项更是了如指掌。所有这些都为外来词义的移植提供了广阔的社会背景和便利条件。普通话对某些方言词的意义移植主要是经济、文化方面的原因，其中对港台词语的意义移植起主要作用的是经济因素，也就是说，改革开放以来由于这些地方的经济比较发达致使其语言价值有所提升，而对北京方言词的意义移植则主要是文化因素发挥了主导作用。

三　意义移植的类型

着眼于汉语词，意义移植主要有两种情形：一种是单义的汉语词通过意义移植变成了多义词。例如：

"菜单"在汉语中原本是一个单义词，表"开列各种菜肴名称的单子"之义，英语中的"menu"与之对应，基本义也表示"开列各种菜肴名称的单子"，但除此之外还有一个派生义——"（荧光屏上显示的）项目单，选择单"。"menu"的这个派生义造成了汉语词"菜单"的词义空位，于是"菜单"就将其移植过来。如今"menu"的这个派生义也成为了"菜单"的新义而在汉语中频频使用。如"接通电源，打开仪器，按一下'选择'按钮，屏幕上就会显示一个菜单""网吧游戏菜单下载""Excel 中怎样制作下拉菜单"等。

"蛋糕"在汉语中也是一个单义词，表示"用鸡蛋、面粉再加糖、油等做成的一种松软可口的食物"，但英语中的"cake"一词除了具有这个意义之外，还有一个比喻义，即"共有的社会财富或利益"。受"cake"这个比喻义的影响，汉语中的"蛋糕"也增添了相同的新义，如"电子游戏市场已经形成了一块诱人的大蛋糕，在日本、韩国和美国都成为支柱产业。"

另一种是多义的汉语词通过意义移植获得新的义项。有些基本义相同的汉外对应词虽然在汉语、英语中均为多义词，但两者的词义派生脉络却不尽相同，因此词义架构有同有异。如果外语词的某些派生义是汉语词所没有的，在这种情况下，汉语词就会直接把它们移植过来。例如：

【软】①物体内部的组织疏松，受外力作用后，容易改变形状（跟"硬"相对）。②柔和。③软弱。④能力弱；质量差。⑤容易被感动或动摇。⑥姓。（《现代汉语词典》1978 年版）

英语中的"soft"与汉语中的"软"基本义相同，但它还表示

"（饮料）不含酒精的"，如"Would you like some wine or something soft?"。如今"soft"的这个派生义也被移植到了"软"的词义系统中，成为"软"的一个新的派生义，如"软饮料"。

同样，汉语中"干"与英语中"dry"基本义相同，但"dry"其中的一个派生义——"指酒等无甜味的或无水果味的"，如"a crisp dry white wine"，是汉语"干"的词义架构中所没有的。所以，"dry"的这个意义也被移植到了"干"上，成为其新增的一个意义，如"干啤、干红"。

着眼于被移植的意义的来源，词义移植可分为对外语词的意义移植和对方言词的意义移植两大类。

汉语对外语词的意义移植主要来自英语，其次是日语。前者如汉语词"垃圾"，因为受英语词"garbage"词义的影响，新增了"无聊的、没有价值的"这个意义；后者如汉语中的"屋"只表示"可供居住的房子"，而日语中的"屋"除了表示"房子"之外，还可以指"店铺"，如"本屋（即书店）、酒屋（即酒家）、靴屋（鞋店）"等。受日语中"屋"这个意义的影响，汉语中的"屋"也新增了"店铺"这一意义，如"精品屋、发屋、咖啡屋、休闲屋、美食屋、面包屋"等。

大陆普通话从港台社区方言里也移植过来了不少意义。例如"家教"一词，大陆普通话中仅仅是指"家长对子弟进行的关于道德礼节的教育"，而台湾地区还可以表示"家庭教师"，如今这个意义已经在普通话里扎下了根。再如"管道"，大陆普通话中是指"用来输送或排除流体的管子"，而台湾地区则表示"途径、门路"的意义，《现代汉语词典》（2002年增补本）中的"新词新义"中已经增添了这个意义。"房车"一词在大陆普通话中是指"一种汽车，车厢大而长，像房子。其中配有家具，并有厨卫设备等，能保证基本的生活条件，多用于长途旅行"，而在港台地区则表示"豪华的轿车"之义，如今这个意义已被普通话移植过来，"房车"由单义词变成了多义词。类似的还有"商场"表"商业界","心路"表"心理变化的过程"等。大陆普通话对港台社区方言词意义移植的结果除了增加义项之外，还表现为对原有义项的渗透。如"总裁"，1978年版《现代汉语词典》中的释义是"②某些政党首领的名称"，受港台社区方言中"总裁"一词词义的影响，1988年出版的补编本中新增了"某些政党或大型企业领导人的名称"这一意义，1996年修订本则把这两个意义合并为一个义项"某些政党或大型企业领导人的名称"。再如"小姐"，1978年版《现代汉语词典》中的释义是"对未出嫁女子的尊称，现在多用于外交方面"，而到了1996年修订本中释义则变为"对年轻女子的尊称"，这同样是因为受到了港台社区方言中"小姐"词义的影响。

　　通过对《现代汉语词典》不同时期不同版本的比较，我们发现：随着社会开放程度的不断加深，大陆普通话对港台社区方言词的意义移植呈现递增趋势。1978年版的《现代汉语词典》里面没有收录从港台社区方言里移植过来的词义，甚至也很少收录港台社区方言词。1988年的补编本出现了移植港台社区方言意义的情况，但仅有一个词条"总裁"。到了1996年出版的修订本中因移植港台社区方言词的意义而对原词义进行增添或更改的词条就有17条。如"变态、大陆、单车、公干、沟通、品位、监制、搭配、商场、水车、太太、先生、新潮、小姐、尤物、总裁、总理"等。而2002年版的"新词新义"部分，又有19个词条增加了从港台社区方言里移植过来的意义，如"包装、长线、心路、底线、短线、家教、家居、经典、票房、前卫、强暴、外援、房车、非礼、黑金、管道、演绎、夕阳、抢摊"等。

　　普通话对港台社区以外其他方言词意义的移植主要集中在北方方言和粤方言。前者如"火"，它在普通话里主要表示"物体燃烧时所发的光和焰""枪炮弹药""火气""紧急""发怒"等意义，但在北京话中它还可以作形容词，表示"兴旺，兴隆"之义，如

"买卖很火""他唱了一首好歌，一下子就火了"等。后来普通话就吸收了这个意义，所以《现代汉语词典》（2012 年版）就新增了一个义项"⑧（口）兴旺；兴隆"。后者如"八卦"，该词在普通话里是指"我国古代的一套有象征意义的符号"，但在粤方言中却还可以表示"爱管闲事的、爱打听别人隐私的"，受此影响，普通话就吸收了这个意义，所以《现代汉语词典》（2012 年版）中"八卦"就新增了一个义项"②没有根据的；荒诞低俗的"。

四　意义移植的影响

外语词和方言词的意义移植丰富了普通话的词义系统，同时也带来了其他方面的一些变化，这主要体现在以下几个方面。

一是丰富了汉语词的语法意义。"词的语法意义的改变也是和词汇意义方面的变化有着密切的联系，而且这种联系多是通过义项的增多来实现的。"[①] 的确，有些词在移植了外语词或方言词的意义之后，语法意义发生了改变。如"前卫"，在普通话中本来是名词，受港台方言的影响，又可作形容词，表示"具有新异的特点而领先于潮流的"。"爽"在普通话中原本只是一个不成词语素，但因为移植了港台社区方言中表示"痛快、顺利"的意义之后，所以具备了词的性质。同样"软"也是因为受了"soft"的影响，所以增加了新的语法意义——构词时位置固定，具有黏着性，并且构词能力大大增强，如"软实力、软绩效、软技术、软管理、软科学、软质量、软环境、软指标、软设备、软广告、软产业、软黄金、软投入"中的"软"就是这种情况。

二是丰富了汉语词的评价意义。一些汉语词移植了外来词义之后，在增添新的理性意义的同时，附属的情感评价意义也发生了改变。例如，"检讨"在普通话中表示"找出缺点和错误"，是贬义

---

① 葛本仪：《现代汉语词汇学》，山东人民出版社 2001 年版，第 207 页。

词，但在移植了港台社区方言中"检讨"的"总结分析、研究"这一意义之后，又具有了中性色彩；"策划"一词在改革开放前，受当时政治条件的影响，在普通话中一直用作贬义词，现在已吸收了港台社区方言中的意义用法，表示"筹划谋划"，如"创意策划、方案策划、营销策划"等，所以具有了中性色彩。再如"倒"，它在普通话中原本是中性词，但在吸收了北京话中的"倒买倒卖"这一意义之后，又增添了贬义色彩。"绿色"在汉语中原本是中性词，受英语词"green"意义的影响，成了"健康、环保"的同义语，所以其感情色彩也经历了由中性到褒义的转化。

除此之外，外来事物及观念的进入，也影响到一些汉语词的联想意义。例如，汉语中"黑色"一词改革开放以后在一定程度上有了"象征死亡"的理解。大家都知道，西方丧服尚黑，而汉族丧服尚白。颜色在中国有深刻的文化含义，根据五行观念，"白"是西方、秋季、收割、征伐、死丧的象征，而"黑"则与死亡无关。但是不知何时，中国也接受了西式丧仪的"黑色"标志，如：佩戴黑纱以致丧，在死者的遗像或名字四周画上黑色的边框，还有了"黑名单"的说法，很显然，"黑色"一词在今天也已沾染了西方的礼俗意义。

三是引发了汉语词的词义虚化。受外语对应词的影响，汉语中某些词的意义会发生不同程度的虚化，并在此基础上出现类词缀化的用法。例如，"族"在汉语中原本是一个不定位黏着语素，表示"家族""种族""民族"等意义，可近些年，它又产生了一个新义——"具有某种共同属性的一类人"，这就是受日语词"族"意义影响的缘故。20世纪70年代，日本有位作家写了一部小说，名为《太阳的季节》，书中描述了当时年轻人的思维及生活方式，因为这本书有着很大的社会影响力，所以人们就用"太阳族"来称呼社会上像书中所描述的年轻人那样的一类人。很显然，日语中的"族"表示的是"具有某种共同特征的群体"这一意义。"族"的这个意义先是在港台地区使用，后来进入大陆，普通话中的"族"因为移植了这一意义，所以现在已经成为一个非常能产的构词成分了，如"打工族、上班族、工薪族、有房族、啃老族、哈韩族、月光族、飙车族、丁克族、练摊族、泡吧族、素食族、SOHO 族"等。

普通话在与其他民族语言或方言的接触当中，除了吸收外来词和方言词之外，一些汉语词也移植了对应词的某个意义，移植过来的这些意义或是与原有的意义并存使用，或是取代原有的意义成为基本义。这些外来意义与汉语词固有的意义融为一体，极大地丰富了汉语的词义系统。因为这些外来词义是由汉语的固有词形去负载的，再加上它们与该词形所表示的原义之间总是存在着隐喻或转喻关系，所以其外来身份很容易被人们忽视。杨锡彭（2007）曾指出："外语词的语义发生隐喻、转喻等变化，汉语中与之同义的成分借助于意译而随之发生语义变化，是汉语语言成分语义发展的重要方式之一。汉语语言单位随着同义的外语成分的语义的引申、转喻等变化而发生语义变化，这一语义发展的形式似乎还没有引起注意。"[1]虽然在本义或基本义的基础上通过引申发展出新义始终是旧词词义发展变化的主要途径，但是通过移植使汉语旧词增添新义也不容忽视，因为目前处在中外交流日益频繁，语言接触越来越密切这样一个大的背景下，外来词义是很容易进入汉语而成为某些汉语词新的意义成分，所以意义移植这一现象需要大家共同关注。唯有如此，我们对改革开放以来旧词衍生新义方式的分析才会尽可能地全面、深入。

---

[1]　杨锡彭：《汉语外来词研究》，上海人民出版社 2007 年版，第 117 页。

第五章　旧词产生新义的原因

第一节　社会发展变化的影响

社会的发展变化是旧词产生新义的外部原因。改革开放以来，我国的政治、经济、文化等各个领域都经历着空前而深刻的变革，人们的思想观念、价值体系等也随之发生着急剧的变化。这种变化打破了词汇与社会之间的相对平衡，从而引起了词汇与表达需求之间不相适应的矛盾，这一矛盾正是词义发展变化的催化剂和现实基础。

一　新事物的涌现

社会的发展会造成新事物不断涌现，而语言社会对其一般会采取"区别对待，尽量将就"的对策。所谓"将就"，是指对于需要表达的事物，能够用原义包容的，不必生成新义；能够用新义解决问题的，不必另造新词，很显然，这是语言简省原则在词义领域的体现。这就意味着，人们使用旧词去指称新事物的时候，既然要尽力包容新的成分，就需要对其意义进行相应的变动：要么一定程度上改变原来对事物特点的理解，结果是造成旧词改变原义；要么调整词义概括的角度，结果是造成旧词增加新义。因为只有如此，才能满足语言准确表达信息这一需求。

社会的发展使旧词所指称事物或现象的本质特点在改革开放以

后发生了明显的改变，人们对其有了新的认知，因此促成旧词意义发生变动。例如，"股金"在 1978 年版《现代汉语词典》中的释义是"投入合营企业或消费合作社中的股份资"，而 1996 年版的《现代汉语词典》则变为"投入股份制企业或消费合作社中的股份资本"。很显然，这是因为近些年来股份制企业在经济生活中变得较为普遍，而合营企业则相对减少，可见，经济制度的变化影响到了"股金"一词意义的改变。"叫座"在 1978 年版的《现代汉语词典》中的释义是"（戏剧或演员）能吸引观众，看的人多"。但随着时代的发展，特别是改革开放以来，电影在人们的娱乐生活中也变得日渐普及，所以《现代汉语词典》（2005 年版）就把"叫座"的释义改为"（戏剧、影片或演员）能吸引观众，看的人多"。据我们的推测，随着时代的进步，可能像"小品""音乐剧""演唱会""体育赛事"等文化娱乐活动也终将会成为括注内容的一部分。

　　经济、科技的高速发展使人们的生活中出现了更多的新事物，人们用旧词去指称这些新事物的时候，原来的意义已经不适用了，所以要产生新的意义才能满足语言交际的需求。例如，"出版"在 1978 年版《现代汉语词典》中的释义是"把书刊、图画等编印出来"。书刊、图画都是离不开"版"的，可是随着社会的发展、科技的进步，音像制品、光盘影碟问世了，这些知识文化的载体既不用"版"，也不用"印"，但是我们仍然沿用旧词，经常说"音像出版、出版唱片"等。由此可见，人们在理解"出版"时不仅仅拘泥于制作方式，转而强调其制成品是"大众知识文化的载体"，所以 1996 年版《现代汉语词典》中的释义就变为："把书刊、图画等编印出来；把磁带、光盘等制作出来。"随着网络信息技术的传播与发展，汉语中有不少旧词也产生了新的意义，如"文件"，1978 年版《现代汉语词典》中的释义是"公文、信件"等，可如今，它在这个意义的基础上又衍生出了新的意义，表示"电子计算机中，用一个符号名作为代表的，由一些指令、数字、文字或图像合成的有条理的完整的信息集合体"。"窗口"在 1978 年版《现代汉语词典》中的释义是"①窗户；②窗户跟前；③（售票处、挂号室等）墙上开的窗形的口，有活扇可以开关"，除了这些，现在它还可以表示"计算机操作系统中的窗口应用程序，包括文档窗口和对话框"这一意义。

二　人们思想观念的进步

人们的思想认识会随着社会的发展而不断进步，因此对事物的认知水平也会不断提高，因此造成某些旧词的意义日益丰富和深化。例如"产品"和"产权"，一般的词典上都注释为"生产出来的物品""对物质财富所拥有的权利"，这样的释义在过去看来是完全合理的，但随着社会的发展，从今天的现实情况来看，它们的释义中也应该把"精神产品""知识产权"等不可缺少的内涵包括进去。

"银行"一词在《现代汉语词典》（1978 年版）中的释义是："经营存款、贷款、汇兑、储蓄等业务，充当信用中介或支付中介的金融机构。"可现在有了"图书银行""房屋银行""生命银行"，甚至还出现了"道德银行"（据说这个词语的产生是为了落实《全民道德建设实施纲要》的需要，借鉴国外的经验，把人们为公益事业服务的时间及捐助的财物全都折合成时间存储起来，当自己有困难的时候就可以得到相应的帮助）这一说法。"银行"词义的抽象化和移用，这显然是外部社会因素促成的。人们认识到银行有储存并方便流通的独特职能，而这正好适应了社会上对许多类似具有银行职能的事物称说的需要，于是就不再创造新词去指称它们，而是采用了扩大旧词语"银行"原义的办法来解决，于是"银行"在原来意义的基础上衍生出了新义——"具有存储借贷功能的虚拟网络平台系统或实体机构"。

又如，因为现代社会对公共关系日益重视，所以"大使"一词在社会生活中很快扩大了使用范围，出现了新用法，如"形象大使"

"亲善大使""申奥大使""宣传大使"等,一个公司、一种产品乃至一项活动都可以有"大使"。这样一来,"大使"一词就不再仅仅表示"国与国之间互派的代表"的意义了,同时还表示"某一个部门或某件事情的形象代表或代言人"这一意义。

三 大众传媒的推动

改革开放以来,我国的传媒业发展迅猛,其主要表现是报纸杂志品类繁多,影视节目精彩纷呈,电视已进入千家万户,不仅如此,还出现了网络、手机等新媒体形式。传统媒体和新媒体的充分结合使信息的生成和传播与改革开放之前相比有很大的不同:第一,信息内容的生成具有"即时性",即内容的生成过程和传播过程正在重合起来;第二,信息内容的获取具有"即地性",即人们可以在任何地方通过任何手段获取即时信息;第三,信息内容的传播具有互动性,即内容的接收方对接收的内容有更多的选择权。正是因为如此,所以当代新词新义的创造和传播就出现了新特点——创造者的平民化和传播的直接性、广泛性。只要新词新义够新鲜、有创意,人们就可以随心所欲地使用、自由地传播。2005年的夏天,大型娱乐选秀节目——"超级女声"在全国范围内热播,歌迷们根据喜欢的偶像把自己划入到不同的阵营中,并分别用"玉米"(李"宇"春的歌"迷")、"凉粉"(张"靓"颖的"fans")、"盒饭"("何"洁的"fans")等词来命名。从语言形式来看,"玉米""凉粉""盒饭"属于旧词新义,它用语言中的固有词形清楚地表达新的意义内容,简洁高效,便于传播;从传播媒介来看,因为"超级女声"这档节目是众多媒体关注的焦点,所以自然受到了语言创造的先锋——年轻前卫的网民们的追捧,他们在网络媒体上恣意地传播着新义,实现了网络语言与现实生活"零距离"的贴近,于是,"玉米""凉粉""盒饭"等旧词也凭借新义以惊人的速度成为了流行语。然而,随着"超女"活动的结束,媒体注意力的转移，"玉米"等词也很快从人们的视野中消失了。由此可见，现代大众传播媒体以其传递信息的迅速性、广泛性深刻地影响着大众用语的流行趋势。

不仅如此，大众传媒的普及与多样化也推动了方言词的跨地域流行，而方言词的跨地域流行会使普通话中的某些词容易出现意义移植而获得新义。例如，大陆普通话中的"演绎"表示"一种推理方法，由一般原理推出关于特殊情况下的结论"，而港台社区方言中的"演绎"则表示"阐释、展现、表现"这一意义，后来大陆普通话就移用了"演绎"的这个方言义，使它在原有意义的基础上产生了新义。其他的例子如：

【族群】〈大陆普通话中的原义〉指由共同语言、宗教、信仰、习俗、世系、种族、历史和地域等方面的因素构成的社会文化群体。（《现代汉语词典》1978 年版）

〈来自港台方言的新义〉泛指具有某些共同特点的一群人。（《现代汉语词典》2012 年版）

【非礼】〈大陆普通话中的原义〉不合礼节；不礼貌。（《现代汉语词典》1978 年版）

〈来自港台方言的新义〉〈方〉指调戏、猥亵（妇女）。（《现代汉语词典》2012 年版）

大众传媒的普及与多样化还推动了外来概念词的引入。外来概念词是指通过借意吸收过来的外语词，与借用语音或词形引进的外语词相对，其构成方式主要有两种："其一，意译词，即从外民族语言中引进有关的概念以及反映的事物，但使用的构词材料和方法都是汉语自身的，如：电脑（computer）、安乐死（euthanasia）；其二，直译词，即依照外语词的次序及字面意思直接对译过来的，如：快餐（fast food）、热点（hot spot）。"① 外来概念词在改革开放之后随

---

① 张小平：《当代外来概念词对汉语词义的渗透》，《世界汉语教学》2003 年第 2 期。

着大众媒体的广泛传播进入到汉语，而汉语词会通过移植外来词义而获得新义。例如，汉语中的"强人"在早期白话中表示"强盗"，后来受英语对应词"strong man"的影响，就增加了"强有力的人；坚强能干的人"这一意义，如今，这一意义已发展成为"强人"的中心意义。

综上所述，我们可以得出如下结论：大众传播媒体超强的渗透力和广泛的覆盖面在一定程度上对旧词产生新义起到了有力的助推作用。

第二节　词义系统内部的调整

现代语言学中的语义场理论有助于我们理解词义演变中词与词之间相互影响、相互制约的性质。语义场是指"通过不同词之间的对比，根据它们词义的共同特点或关系划分出来的类"①。对于同属于一个语义场的若干成员来说，因为它们之间相互影响、相互制约，总在一定程度上维持着语义的平衡，所以其中一个成员的意义如果发生了变化，为达到语义场中各成员之间一种新的语义平衡状态，就有可能会牵动其他成员的意义也发生相应的变化。

近些年来，有不少学者已经注意到了词义发展演变过程中词与词之间的相互影响、相互制约的性质。语义场中具有聚合关系特别是存在同义、反义关系的词，其意义演变有很强的系统性，张博（1999）把这种聚合关系内的词语间意义发展演变的相互影响、相互制约统称为"聚合同化"。除此之外，比较有代表性的还有孙雍长（1985）的"词义渗透说"，许嘉璐（1987）的"同步引申说"，江蓝生（2000）的"类同引申说"。孙雍长认为，"词义渗透是两个

---

① 黄伯荣、廖序东：《现代汉语》（第二版），高等教育出版社1997年版，第276页。

（甚至两个以上）语词之间所发生的意义的流转变化"①。许嘉璐认为"同步引申"是指"一个词意义延伸的过程常常'扩散'到与之相关的词的身上，带动后者也沿着相类似的路线引申，是一种词义的伴随性演变"②。江蓝生所谓的"类同引申"是指"两个或两个以上的同义（包括近义）词或反义（包括意义相对）词相互影响，在各自原有意义的基础上进行类同方向的引申，产生出相同或相反的引申义"③。基于此，我们有理由认为，词义系统内部各个成员之间的相互制约力会成为促进其意义演变的一种内在动力。

汉语中反义词与同义词的关系和特点，体现了词义之间的对立统一，是词义系统性的表现。语义场对词义的发展演变具有制约作用，这主要表现为：在一个同义义场内，一个词衍生新义可能是受到了其他词的影响；在一个反义义场内，一组反义词在各自原有意义基础上引申出的新义还处于共同的反义义场中。我们认为这样的变化除了受相同引申方式的影响之外，其原有意义所处的语义场也起到了一定的制约作用，这种现象我们称为词语的语义联动。改革开放以来，某些旧词意义的变化也与词义的这种系统性密切相关，下面进行具体的论述。

一　同义义场的语义联动

意义相近的词组成了一个同义义场，其中某个词意义的变化，通常会影响另一个词的意义也发生相应的变化。例如"朋友"一词的意义变化就属于这种情况。"爱人""情人""对象""朋友"等词同属于一个语义场。"爱人"本来是指"恋爱中的男女一方"，后来意义发生变化，用来指"婚姻关系中男女的一方"。因为"爱人"

---

① 孙雍长：《古汉语的词义渗透》，《中国语文》1985 年第 3 期。
② 许嘉璐：《论同步引申》，《中国语文》1987 年第 1 期。
③ 江蓝生：《相关语词的类同引申》，《近代汉语探源》，商务印书馆 2000 年版，第 310 页。

一词已让出了原有的语义场地，所以人们就不得不寻找一个新的词汇形式来承担"恋爱中的男女一方"这一意义内容，于是就选择了"情人"。当步入谈"情"色变的时代之后，人们在言语表达中就尽量回避使用"情人"这个词，但表达的需求又促使人们必须重新寻找新的形式来承担"恋爱中的男女一方"这一意义内容，于是就选用了"对象""朋友"等这样一些比较中性的词语来表达。但在后来的使用当中，人们发现用冷冰冰的"对象"指称恋爱中的一方实在是不够浪漫、不够温情，因此导致其使用范围在逐渐缩小。但如果使用"朋友"一词来表达"恋爱中的对象"，就会使难以启齿的恋人关系淹没于一般意义上的朋友关系而更符合委婉表达的需求，所以其使用频率呈不断扩大的趋势。显然，"朋友"的词义变化主要是同一语义场中"爱人"的意义变动引起的。

"失业"与"待业"是同义义场中的两个成员，"失业"是指"有劳动能力的人找不到工作"（《现代汉语词典》1978 年版），很显然，它其中暗含了"重新找工作、等待就业"这层意思。曾经有一段时间，由于某种政治因素，它被后来产生的新词"待业"所取代而一度退出了语言交际。但随着人们认识的改变，"失业"又回到了语言生活中，这样一来，"失业"消隐重现后的意义就受到了"待业"一词的影响，只是表示"失去工作"，而"等待就业"这个意义自然而然就由"待业"来承担了。不难看出，"失业"一词的意义变化也与"待业"有密切关系。

"相当"，《现代汉语词典》（1978 年版）的释义是："表示程度高，但不到'很'的程度"。例如"这个任务是相当艰巨的"，"这出戏演得相当成功"。但笔者通过调查发现，多数人都认为，例句中的"相当"所表示的程度要高于"很"。是什么原因使人们对"相当"的词义理解发生了改变呢？其实这也与同一语义场内其他义位的变动有直接关系。现代汉语口语中"很"因为使用频率特别高，所以不免出现了泛化的倾向。一方面，口语表达中使用"很"，这是出于语法的考虑，因为汉语里性质形容词单独使用多半有对比的意义，所以直接介绍性状时，不加"很"或"比较"就显得别扭。在这样一个语言背景下，当我们说"很胖"时，有许多时候仿佛并不怎么认真，可能只是有一个"胖"的印象在那儿，但因为语法方面的要求，不便只说"胖"而需要加上程度副词（对比的说法除外）。另一方面，语言表达的"强调"需求，一般来说总胜过"委婉"需求。只要留意口语中有那么多"极而言之"的新鲜说法，我们便能感受到人们在强调方面表现出来的激情。当人们要表达"强调"的意思时，总是情不自禁地选择"很"，这是造成"很"使用频率偏高的又一原因。现实中真正能够称"最"、称"很"的事物总是少数。"很"作为一个表示程度比较高的副词，用得这么多，这么滥，这就难免降低了它的"可信度"，因此，到了真正需要着重强调的时候，它却无法满足"强调意愿"，于是就需要选用别的词来担此重任。正是以上两种因素促成了程度副词语义场的重新调整："相当"充当状语表示程度的时候已经超过了"很"，但是需要说明的是，"相当"一词在作定语的时候就不表示此种意义，如"给予相当的支持""具有相当的水平"。

二　反义义场的语义联动

意义相近的词组成了一个反义义场，其中某个词意义的变化，通常会影响另一个词的意义也发生改变。在一组反义词中，当其中的一个成员获得新的意义时，在该新义的反面位置上就形成了一个语义空位，而这个空位需要新的义位来填充，这就会影响该组反义词中的另一个成员也获得新义。例如"夕阳"一词，在改革开放之前词典中收录了两个义项：①傍晚的太阳；②比喻晚年，特指老年人。改革开放以后又产生了新的意义——"比喻因缺乏竞争力而日渐衰落的、没有发展前途的"，如"夕阳产业、夕阳企业、夕阳设备"等。这个新义的出现，影响"夕阳"的反义词"朝阳"的意义也发生变化，出现了"朝阳产业、朝阳企业"等说法，因此，"朝阳"就在原有意义基础上产生了新义，表示"比喻新兴的，有发展前途的"的意思。其他的例子如：

1. 【硬】和【软】

【硬】〈旧义〉①物体内部的组织紧密，受外力作用下不容易改变形状（跟"软"相对）。②（性格）刚强；（意志）坚定；（态度）坚决或执拗。③勉强。④能力强，质量好。（《现代汉语词典》1978 年版）

〈新义〉硬性的：～指标｜～任务（《现代汉语词典》2012 年版）

【软】〈旧义〉①物体内部的组织疏松，受外力作用后，容易改变形状（跟"硬"相对）。②柔和。③身体无力。④软弱。⑤能力弱，质量差。⑥容易被感动或动摇。（《现代汉语词典》1978 年版）

〈新义〉没有硬性规定的；有伸缩余地的：～指标｜～任务（《现代汉语词典》2012 年版）

2. 【硬着陆】和【软着陆】

【硬着陆】〈旧义〉人造卫星、宇宙飞船等不经减速控制而以高速度降落到地面或其他星体表面上。（《现代汉语词典》1978 年版）

〈新义〉比喻采取过急、过猛的措施较生硬地解决某些重大问题。（《现代汉语词典》2012 年版）

【软着陆】〈旧义〉人造卫星、宇宙飞船等利用一定的装置，改变运行轨道，逐渐降低降落速度，最后不受损坏地降落到地面或其他星体表面。（《现代汉语词典》1978 年版）

〈新义〉泛指采取稳妥的措施使某些重大问题和缓地得到解决。（《现代汉语词典》2012 年版）

3.【硬件】和【软件】

【硬件】〈旧义〉计算机系统的组成部分，是构成计算机的各个
　　　　元件、部件和装置的统称。（《现代汉语词典》1978
　　　　年版）

　　　　〈新义〉借指生产、科研、经营等过程中的机器设备、
　　　　物质材料等。（《现代汉语词典》2012 年版）

【软件】〈旧义〉计算机系统的组成部分，是指挥计算机进行计
　　　　算、判断、处理信息的程序系统。通常分为系统软件和
　　　　应用软件两类。（《现代汉语词典》1978 年版）

　　　　〈新义〉借指生产、科研、经营等过程中的人员素质、
　　　　管理水平、服务质量等。（《现代汉语词典》2012 年版）

4.【长线】和【短线】

【长线】〈旧义〉（产品、专业等）供应量超过需求量的（跟
　　　　"短线"相对）。（《现代汉语词典》1978 年版）

　　　　〈新义〉较长时间才能产生效益的。（《现代汉语词典》
　　　　2012 年版）

【短线】〈旧义〉（产品、专业等）需求量超过供应量的（跟
　　　　"长线"相对）。（《现代汉语词典》1978 年版）

　　　　〈新义〉较短时间就可产生效益的。（《现代汉语词典》
　　　　2012 年版）

5.【淡入】和【淡出】

【淡入】〈旧义〉影视片中的画面由模糊暗淡逐渐变得清晰明
　　　　亮，以至完全显露，是摄影方法造成的一种效果，表示
　　　　剧情发展中一个段落的开始。（《现代汉语词典》1978
　　　　年版）

　　　　〈新义〉比喻逐渐进入（某一领域、范围）。（《现代汉
　　　　语词典》2012 年版）

【淡出】〈旧义〉影视片的画面由清新明亮逐渐变得模糊暗淡，

以至完全消失，是摄影方法造成的一种效果，表示剧情发展中一个段落的结束。（《现代汉语词典》1978年版）

〈新义〉比喻逐渐退出（某一领域、范围）。（《现代汉语词典》2012年版）

第三节　语言表达需求的推动

为了表达新事物，利用原有词语，扩大词义指称范围，结果可能使其裂化出新义，这属于外部世界直接促成的词义变化。但有时为了取得生动活泼鲜明的表达效果，人们会将原有的词语移用到新的意义领域，这属于积极表达造成的词义引申。例如"告别"在表示"和死者最后诀别，表示哀悼"这一意义时，就是把分手或辞行时的语言行为，移用到同死者见最后一面的哀悼仪式上，人虽死而犹生，这一用法既委婉又富于人情味，反映了人们使用语言的创造性。

一切语言成分的存在价值就是被使用，因为一切语言成分的变化基本上都是在语言的使用中发生的。没有语用目的提供永不枯竭的动力，没有语用环境提供变化的契机、提供丰富生动的意义素材，词义就难以发生"变异"，而语用"变异"正是大多数词义发展变化的发端，因此从这个意义上说，有关词义变化的原因也需要从语言运用当中去寻找。自然，某些旧词产生新义，也与语言表达需求的推动直接相关。

一　语言表达中"求便"需求的推动

人们在说话的过程中，首先要做的第一件事就是为他所表达的意思选择合适的词。假如每一次人们都依照通常的理解和用法，在惯常的语境中重复使用某一个词，那么这个词的意义发生变异的可能性一定相当小，但事实并不是如此。有时候，生活中出现了新事物，如果人们还沿用旧词去指称它，如把"用于教学的白色塑料板"还叫"黑板"，把"一种发热发光的用于理疗保健的器具"也叫"灯"，把"无须制版的音像文化制品问世"仍称为"出版"等，把"对过去的事物反复地追忆、回味"也叫"反刍"等，那么旧词就要产生如下变化：或者对原有义位进行调整，导致旧词改变原义；或者在原有义位基础上衍生出新的义位，导致旧词增添新义。很显然，语言表达的"求便"原则，在为满足语言使用的基本要求，尽力扩大词语意义、用法容量的同时，也在为词义的扩展、义位的增加积蓄着丰富的素材。

二　语言表达中"求新"需求的推动

出于语言表达生动性、鲜明性的考虑，说话者总是会主动赋予某个词以一种"异乎寻常"的临时新义，这是语言表达"求新"原则的体现。比如，人们为追求表达效果的轻松、幽默、别具一格、不落俗套，在特定语境中会偏离常规地运用某个词语，使它出现新义点，而这个新的义点是人们对某一旧词原有意义的创新使用，刚开始的时候还与语境因素联系紧密，但随着超常规用例的日渐增多，也就是说，符合交际需要的"变异词义"反复出现，被广泛接受并被大量仿效之后，人们的理解系统就将它评价为一种"正规"的词义，而不再将它视为是"临时"的应变用法。例如"拜拜"一词，作为音译外来词，被汉语吸收进来之后最初表示"再见"的意思，后来发展出了"断绝关系或不再往来"这一新义。

（1）如果成绩一般，就参加自主招生享受优惠政策；如果成绩很好，就与自主招生拜拜，填报更好的学校。（《中国青年报》2003年7月28日）

（2）拜拜啦，准生证——我国将实行生育登记服务制度，

生育两孩不用审批。(《东江时报》2016 年 1 月 6 日)

(3) 一家公司的年会如何成功出位? 万达是以王健林唱 K 以及甩出一份疑似跟楼市"拜拜"的年度计划。(《城市商报》2016 年 1 月 28 日)

(4) 从 1 月 1 日到目前,全市已经有 405 对夫妻办理了离婚手续。过年为了团圆装恩爱,过完年就"拜拜"的人还真不少。(《呼和浩特晚报》2016 年 2 月 18 日)

(5) 法律在阻止家庭暴力方面,给出了三件"护身法宝",这三件法宝是什么? 如何用好这三件法宝,才能和家庭暴力说拜拜?(《四川日报》2016 年 3 月 2 日)

不难看出,"拜拜"在上述语境中使用新义,可以使表达幽默诙谐、时尚新颖,一定程度上满足了人们求新求异的语用心理,较"分手""再见""离别""离开""放弃"等同义形式更有表现力。

三　语言表达中"求简"需求的推动

语言表达的"求简"原则有时也会影响词义的改变。"求简"促使人们在选词造句时,尽量以较少的词去表达完整的语义,或者以某种简省不全的形式代替一般的全称说法。语言形式简省了,这就使得语言形式与内容之间有重新调整关系的必要,所以会给词义变化提供条件。但并不是所有的简省说法都会带来词义的变化,一般来说,与词义变化有关的简省大致分"句内成分简省"和"词语形式简缩"两类。并不是所有的"句内简省"必然导致词义改变,总的来说,交际性的临时简省,诸如"承前省""蒙后省"之类,给词义带来的影响就很小。

从语言理解的角度说,句内隐含的语义如果完全能被受话者接收到,那么在言语交际时就不会发生问题。但是受话者对言语意义有正确的理解,并不等于说他对言语结构每一成分的意义也有清晰的理解。经常性的语义简省，或许会让受话者（最终也包括发话者）将隐而未言的语义，看成是由句中的某个词来承担的，这样一来，该词语就负担了本不属于它的语义内容，甚至完全迁移到了新的意义领域上来。例如，现代汉语的连词"要"有两种用法：一种是表假设，是"如果"的意思，如"明天要下雨了，我就不去了"。另一种是表选择，是"要么"的意思，例如"要么就去打球，要么就去溜冰，别再犹豫了"。例子中的"要"作为选择连词的用法其实就与成分简省有关。按照正常的说法，"要"应出现在这样的对称格式中，如"要参加工作么是可以的；要继续学习深造么也是可以的"。第一步先是简化为"要么参加工作，要么继续上学"，因为"是可以的"在不言之中，导致表示语气的"么"前移，直接与"要"结合，这对"要"的连词转变起到了支持作用。此时，"两可"的意思附着到"要"的上面，使得"要"虚化为表"两可"义的选择连词。第二步再是"要么"形成以后，使用时后面自然出现了"就"，由于"就"具有鲜明的顺接作用，使得"么"就显得多余，于是再简省："要就参加工作，要就继续上学"。因此，"要"就成为了一个选择连词。

　　"句子的简省"是该说的不明说，而"词语的简缩"则是原有形式不按规矩说。词语在形式上简缩后，原来的意义会交由剩余的那部分语素来承担，于是导致剩余语素出现理解上的变化。例如：

　　"照旧""照样""照常"等词出现在缩略格式中时，经常把"照"后边的作宾语的语素"旧""样""常"给省略掉，如在"照……不误"这一格式中，可以说"照吃不误""照睡不误""照玩不误"，有时候"不误"一类的字眼也可以不出现，如"马照跑，舞照跳"。这些例子中的"照"，仿佛是接替了"照样""照旧""照样"等词，于是就产生了"跟原来一样""按照原样""跟平常一样"等意义（这个意义《现代汉语词典》至今还没有收录）。

　　还有一些简缩发生在词语的内部，所造成的是语素意义的转移。

具体来说，是指字组 AB（或 BA）与另一个字（代表语素）组合时简化为 B，这样，AB（或 BA）的意义就浓缩、移位到 B 上。如"火轮船"缩减为"轮船"，是因为"轮"取代了"火轮"，而后又造出"货轮""渔轮""油轮"等词，很显然，这是"轮"又代替了"轮船"的缘故。再如"点心"，本是动词，意思是正餐之前，略微"点"一下肚腹，以慰欲食之心，后来产生名词用法，常用来点心的糕饼之类也叫"点心"，在此基础上，"点"被直接当成"点心"来用，构成了"早点""茶点""糕点"等词，俨然已变成了名词性语素。

改革开放以后，比较常见的是双音节外来词减缩现象。双音节外来词 AB 与另一个语素组合成新的复合词时简化为了 A 或 B，这样音节 A 或 B 就承载了整个外来词 AB 的概念意义，有些学者把这称为是外来词音节语素化现象。例如：

的士 ——→ "的" ——→ 的哥、的姐、的票、打的、摩的、面的

巴士 ——→ "巴" ——→ 大巴、中巴、小巴

模特 ——→ "模" ——→ 男模、名模、手模、脚模、发模

啤酒 ——→ "啤" ——→ 瓶啤、扎啤、冰啤、果啤、干啤、生啤

酒吧 ——→ "吧" ——→ 吧台、吧弟、吧女

研究发现，一个词在原有意义的基础上发展出新义的过程大致要经历四个阶段，即"发起（initiation）""认同（agreement）""传播（spread）""规约化（conventionalization）"。具体来说，首先是某个词由于说话者的原因在某种特定情况下衍生出了不同于原有意义的新义；接着，听话者接受了衍生出的这个新义，这样说话者和听话者之间便达成了共识；然后，这种共识很快在语言社团内传播，越来越多的社团成员接受了这个新义；最后，新义逐渐在语言社团内固化下来。在这个过程中，发起阶段至关重要，因为没有它，后面的几个阶段就无从谈起。在这个阶段里，说话者的创造性不容忽视。这就是说，静态的词义虽然承载着公设的意义，但它却无力推

动自身意义的变化。只有言语主体将之运用于一定的语用环境中，它才具备了产生变异、发掘词义潜在价值的有效空间。词义具有多向的解读性，出现的语用环境不同，其意义可以千变万化，这实际上仍归因于言语主体的每一次个体化、个性化地发散着词义的潜质，因此我们可以这样说，言语主体是促使语言发展变化的必备条件之一，没有个人的创造性，语言就不可能会发展。词义的每一步变化都源自个体的创造，因而动态的词义形式就体现出非群体特征的不同凡响的特色。但是这些不一定立即被社会大众所理解、接受，而一旦被理解接受，它便被传承仿用，失去了独创性的一面，词义的创生与运用、逐步泛化就是这样一种过程。个体独创的一面是它的起始源头，因为词义的每一次变化都是和个人具体的语用相联系。这正如索绪尔（1982）所说，"任何变化，在普遍使用之前，无不由若干个人最先发出"[①]。而且"一切的演化现象都可以在个人的范围内找到它们的根子"[②]。

第四节　语言接触中外来词义的影响

改革开放以来，中国的对外交流日益频繁，汉语在与外族语言接触的过程中，有时会将外族语言中与汉语对应词的意义移植过来，从而导致汉语中某些词的意义发生变化。一般来说，词义移植总是发生在汉外（以英语和日语较为常见）对应词之间。如前所述，汉外对应词主要是指汉语和其他语言里概念意义大致相当、但词义架构又不完全对等的一组词，例如"绿色"和"green"，"病毒"和"virus"，"软"和"soft"等。正是因为汉外对应词词义的不完全对等性，所以才导致汉语词产生了一定的词义空位，而词义空位正是

[①]　［瑞士］索绪尔：《普通语言学教程》，商务印书馆 1982 年版，第 141 页。
[②]　同上书，第 237 页。

汉语词移植外来词义的一个前提条件。

改革开放以来，汉语中受外族语言对应词意义的影响而产生新义的例子有不少。例如"口袋"一词，除了《现代汉语词典》（2012年版）收录的两个意义"用布、皮等做成的装东西的用具"和"衣兜"之外，近些年来又产生了一个新义——"袖珍的、小型的"，如"口袋图书馆""口袋书"等。很显然，这个意义与它原有的两个意义之间没有派生关系，这个新义从何而来？对比英语中的对应词"pocket"，我们很容易会找到答案。英语中的"pocket"有两个词性，作为名词，有两个义项，即"口袋、衣袋"和"钱、收入、财力"；作为形容词，也有两个义项，即"袖珍的、可放入口袋里的"和"小型的"。英语中 pocket 形成的固定组合常见的有"pocketbook""a pocket dictionary""a pocket library"等。这就是说，汉语中的"口袋"的新义是受到了英语对应词"pocket"的影响，将其意义移植过来的结果。"广场"一词在《现代汉语词典》（1978年版）中只有一个释义，即"面积广阔的场地，特指城市中的广阔场地"，可在《现代汉语词典》（2012年版）中除了这个意义之外，又收录的一个新义——"指大型商场，商务中心"，如"购物广场、美食广场、数码广场、商贸广场、服饰广场、世纪广场、时代广场、东方广场"等。"广场"一词之所以会产生这个新义，也是受到了英语对应词"plaza"的影响。"plaza"一词源自西班牙语，有"广阔的场地"和"集市场所"两个意义。"集市场所"义大概是指在一些空旷的广场上，特别是每逢周末或节假日，商贩们常常会在这里摆摊儿，以吸引人们出来闲逛或购物，有点儿类似于我们这里的集贸市场或马路菜场。后来"plaza"被英语借用过来，意义扩大，不仅仅指"集市场所"，也可用来指"商业中心、购物中心或用于商业用途的大楼"。很显然，汉语里的"广场"产生的新义，也是将英语中对应词"plaza"的意义移植过来的结果。

汉语中的意义移植不仅表现在对外语对应词上，而且还表现在对社区方言词和地域方言词上。改革开放使得香港与内地、台湾与大陆的交流日益频繁，因此大陆普通话中某些词有时会受港台社区方言词的影响而产生新义。例如，"品位"一词在《现代汉语词典》（1978 年版）中的释义是"矿石中有用元素或它的化合物含量的百分数，含量的百分数愈大，品位愈高"。该词作为港台社区方言词，还可以表示"品质、水平"之义，后来大陆普通话就移植了该意义，因此《现代汉语词典》（1996 年修订本）将"品位"的释义中另外新增了一个义项"②人或事物的品质、水平"。改革开放以来，粤方言区的经济发展最为迅速，致使其语言价值有所提升，因此它对普通话词义系统也产生了一定的影响。例如，普通话中"炒"的"解雇"义、"酒店"的"较大而设备较好的旅馆"义都是来自于粤方言。另外，普通话也从北京方言中移植过来一些词义，例如，像"宰"的"向买东西或接受服务的人索取高价"义、"撮"的"大吃"义等。

　　需要说明的是，对于一些旧词而言，它产生新义可能是以上四个方面因素综合作用的结果，但我们认为，其中必定有一个或两个在起主导作用，而本书所给出的例子，正是基于这样一种看法。以上所谈到的关于旧词产生新义的原因，在实际的词义发展中或许很难截然分开。词义系统内部的调整，语言运用上的需求，不同语言或方言间的接触，都是社会的发展给它们提供了一个大的背景，因此可以说改革开放这一重大历史变革是词义发展变化的外部诱因。但无论如何，这一切都会最终落实到词义具体的运用当中去。但对不同的词而言，以上几方面的原因所起的主导作用可能是不一样的，因为本章的重点在于从原因的类型方面论述旧词产生新义这一词汇现象，所以就将它们分开来论述了。

第六章　网络语言中的旧词新义

第一节　网络语言中旧词新义的内涵及特征

一　网络语言中旧词新义的内涵

网络语言随着计算机和网络技术的发展而兴起，它是现代汉民族共同语在网络这一特殊语境中的功能变体。对于它的理解，有广义和狭义之分。广义的网络语言泛指在网络传播中所应用或触及的一切语言，狭义的网络语言则专指人们在网络上进行信息发布或交换时所使用的自然语言，其成品主要包括电子邮件、BBS文章、手机短信、博客以及QQ即时聊天语等。而本文提及的网络语言，是在狭义的层面上展开讨论的。

网络词汇构成了网络语言的主体，从语义上看，它主要包括了两类：一是与计算机及网络有关的专业术语，如"桌面、病毒、访客、保存、主页、下载"等；二是网民在线交流时所使用的词或特殊符号，如"美眉、恐龙、大虾、东东、886、DD、^-^"等。从网络语言的承载形式上看，网络词汇主要有汉字、字母、数字、键盘符号等记录形式。从产生方式上看，网络词汇有创新和用旧两种。所谓"创新"，是指利用现代汉语固有的语言材料和构造方式创造新词形以表达新意义，如"菜鸟、网蝶、泡网、美眉、黑客"等，而"用旧"则是指借用全民语言中的固有词形来表示新义，如"灌水"，全民语言中是指"向容器中注水"，网络语言中则表示"在论坛里发布没有意义、质量不高的帖子"。网络语言中这种利用全民语言里已经存在的词来承载新意义的现象，我们简称为"旧词新义"，很显然，它同全民语言中的旧词新义一样，也是遵循旧瓶装新酒的方式，不创造新词形，而是依附于全民语言中的既有词语，采用变化其词义的办法来实现的。

二　网络语言中旧词新义的特征

全民语言（这里是指在现实生活中流通的、全民使用的自然语言）里也存在"旧词新义"现象，与网络语言中的相比，两者之间存在共同之处，即都是利用旧词形来表示新意义，但也有一些不同，这主要表现为：

第一，前者强调新义的社会性，即新义已经得到了社会大众的普遍认同。如"蒸发"一词，作为物理学术语，是指"液体表面缓慢地转化成气体"，后来在使用中语义发生泛化，产生了新义——比喻人或事物不明原因地突然消失。"蒸发"一词的这个新义目前在社会上已流行开来，其有力的佐证就是它被规范型辞书当作一个新义项收录了。而网络语言中的旧词新义大都不具备社会性，其使用范围基本上局限于网络空间，使用者也仅仅局限于网民这个特殊的群体。这就是说，一部分旧词在网络语境中发生了词义变异，而这种词义的变异还没有上升到语言层面，仍属于言语层面。如"大虾"，作为现代汉语词汇中的成员之一，它在网络语言中被赋予"网络高手"这一新义，但这个新义目前并没有在社会上普遍通行，还只是在网络语境中使用。

第二，前者强调旧义和新义之间严格的源生关系，即新义是从旧义派生出来的，两者存在共同的语义因子。例如"把脉"，原来是指"通过诊脉、按脉来了解病情，并对症下药"。后来人们将"了解病情"与"发现问题"进行类比，在"调查、发现"这个意义上把"把脉"移用到非医学领域，使它在专业语义的基础上又衍生出新的意义——"调查研究情况，找出问题所在，并提出相应的解决办法或做出判断"，很明显，它的新旧意义中都包含了"发现问题"这一共同的语义成分。相比之下，网络语言中的新旧意义之间，其源生关系并不严格，也就是说，有的是源生关系，如"坛子"，在网络语言里表示"论坛"之义，因为在论坛里网民可以各抒己见，就像可以随意往"坛子"这种容器中注水一样，因此"坛子"一词的网络新义和旧义之间存在一定的联系。又如"踩"，《现代汉语词典》的释义是"用脚底接触地面或物体"，踩这一动作的结果是脚会留下一些印记。网络语境里"踩"的意义有了变化，表示"到别人的空间或博客里看看并留言"，照理说，"留言"是一个手部动作，"踩"是一个脚部动作，看似并不相同，但它们之间却存在相似性，即"留下印记"。网民借助隐喻这一思维方式，将两者联系在一起，将网络留言行为称作"踩"，所以网络语境中就赋予了"踩"以"访问、留言"义，因此网络交际中就出现了诸如"欢迎大家来踩""踩一脚""踩楼"等表达形式。有的却是非源生关系，如"童鞋"在网络语境中表示"同学"，"铁托"表示"铁了心要考托福的人"等。

　　第三，后者大多会发生词义的升格与降格，但前者并不都是如此。词义的升格与降格是指"词的感情色彩义产生变化，……词义升格指词的感情色彩从贬义或中性转为表示褒义，……词义降格则是词的感情色彩从原来表示中性或褒义转为贬义"[1]。一些旧词在网络语境中除了理性意义发生改变之外，感情色彩义也会有变化。词义升格的例子有："葱白"在网络语境中谐音表达"崇拜"义，"骨灰"表示"经验丰富的、级别很高的"，"嗨"用来音译"high"，表"兴奋、高兴"之义，这些词在全民语言中是中性词，但在网络语言中却升格为褒义词；"腐败"在网络语境中表示"消费"义，

---

　　① 张颖炜：《网络语言的词义变异》，《语言文字应用》2014 年第 4 期。

"黑皮"表示"高兴"义,这些词在全民语言中是贬义词,但在网络语言中却升格为褒义词。词义降格的例子有:"爱心"在网络语境中表示"爱钱又没良心","善良"表示"善变没有良心的人","神童"表示"精神病儿童",这些词在全民语言中是褒义词,但在网络语言中却成了贬义词;"兰州烧饼"在网络语境中是汉语拼音"LZSB"的谐音转写,而"LZSB"作为"楼主傻逼"这一表达形式首字母的缩写形式,是网络用语中的詈词;"唐僧"指代"啰里啰唆、废话连篇的人"。这些词在全民语言中是中性词,但在网络语言中却成了贬义词。相比之下,全民语言中旧词产生新义后,词的感情色彩大部分都不会发生明显的变化。

第二节　网络语言中旧词产生新义的方式

敢于反叛传统、勇于标新立异的年轻网民,在开放、自由的网络文化氛围中,总是力求语言表达简洁新颖、形象生动,而通过赋予全民语言中一些旧词以新的意义则是满足这一目的的有效途径之一。网络语境中旧词是通过哪些途径获得了新义,它与全民语言中旧词产生新义的途径有何不同,这是值得我们关注的一个问题。概括起来,旧词在网络语境中获得新义主要是通过隐喻、转喻、谐音、别解、翻新使用古汉字等方式,下面就来具体地分析。

一　隐喻

如前所述,隐喻是从一个认知域投射到另一个认知域,这个投射的过程是以事物间的相似联想为心理基础的。与全民语言一样,网络语言中有不少旧词也通过隐喻产生了新义。通过该方式获得的新义与原来的意义之间总是存在一定的联系,因此从词义变化的层面上看,这属于相似引申。如前所述,语言中词义的相似引申源于人类的相似联想,相似联想作为人类认知方式的重要方面之一,它使人们在认识事物时总着眼于不同事物间的相似点，而这一方式反映在语言上则表现为人们倾向于用同一个词语来指称与之有相似点的不同的事物或现象，从而促发旧词在原来意义的基础上产生新义。从语言的本质来看，通过相似联想促成的词义变化符合语言以简洁为贵的经济原则，符合语言使用过程中的恒久的创新性原则，因为它直接导致语言新颖性的出现，间接导致一词多义现象的产生。

　　根据网络新义与旧义之间的相似点所侧重的不同方向，我们可以做出如下分类。

　　1. 作用相似

【防火墙】（网络新义）指在互联网子网与用户设备之间设立的安全设施，具有识别和筛选能力，可以防止某些未经授权的或具有潜在破坏性的访问，保证硬件和软件的安全。

　　　　　　（旧义）原指用阻燃材料砌筑的墙，用来防止火灾蔓延，也叫"风火墙"。

　　相似点：确保安全。

【桌面】（网络新义）指计算机 Windows 操作系统的整个屏幕，图标分别代表某个应用程序的名称或某个文件夹等。

　　　　（旧义）桌子的表面。

　　相似点：可以放置东西。

　　2. 形状相似

【笔记本】（网络新义）笔记本电脑的简称，是相对于台式电脑而言的一种小型电脑。

　　　　　（旧义）用来记笔记的本子。

　　相似点：扁长方形。

　　3. 特征相似

【冲浪】（网络新义）在网上进行查询、娱乐等各种活动。

　　　　（旧义）一种水上运动，运动员脚踏特制的冲浪板随海浪快速滑行，用全身的协调作用保持身体的平衡。

相似点：刺激、愉悦身心。

【土豪】（网络新义）在网络游戏中等级很高、装备很好的富裕玩家。

（旧义）旧指地方上有钱有势的家族或个人，后指农村有钱有势的恶霸。

相似点：财富多

4. 结果相似

【自杀】（网络新义）在 BBS 上永远地消除自己的 ID。

（旧义）自己杀死自己。

相似点：不复存在。

【晒】（网络新义）主动公开，让大家都知道或看到。

（旧义）在阳光下吸收光和热。

相似点：公开，见光。

5. 状态相似

【裸奔】（网络新义）电脑在没有安装任何杀毒软件的情况下就连接网络。

（旧义）光着身子在外面跑。

相似点：没有防护。

【造砖】（网络新义）指网民潜心创作，在 BBS 或聊天室里认真写文章。

（旧义）制造砖。

相似点：认真、投入。

6. 位置相似

【顶楼】（网络新义）出现在 BBS 文章中的第一个跟帖。

（旧义）楼房的最上面或最高一层。

相似点：最靠前。

【楼上/楼下】（网络新义）上面的帖子/下面的帖子。

　　　　　　（旧义）两个相邻的楼层，位置在上的为楼上，
　　　　　　在下的为楼下。

　　相似点：位置在上/位置在下。

　　根据笔者的调查，发现网络语言中通过隐喻产生新义的旧词，从语义上看主要有两种情况：一种是全民语言中的普通词语，在网络语境中因为获得了新义而实现了术语化，即：由一般词语变成了与计算机和网络技术有关的专用词语。如"登录、浏览、复制、保存、插入、删除、邮箱、邮件、升级、更新、首页、文件、附件、传送、搜索、收藏、粘贴、补丁、聊天"等。这类词的网络新义大都具有一定的稳定性，其突出表现就是延伸到了现实语言中，并且部分已被规范型辞书收录，如《现代汉语词典》（第五版）就收录"备份、菜单、程序、访问、界面、网络、卸载、主机、注册、病毒、窗口、平台、杀毒、笔记本、防火墙、桌面"等旧词的网络新义。

　　另一种是全民语言中的普通词语，因为网民在网际交流中的创新使用而获得了新义，这些新义多与网络文化有关。例如：

　　【水母】（网络新义）在BBS上特别喜欢灌水的女性网民。

　　【潜水】（网络新义）在论坛里只看帖不发帖。

　　【冒泡】（网络新义）经常潜水的人突然发言。

　　【飞鸟】（网络新义）经验丰富的网民。

　　【菜鸟】（网络新义）指初级水平的新手。

　　【打铁】（网络新义）在论坛里发有分量的帖子。

　　【盖楼】（网络新义）网友纷纷回复同一个主题帖。

　　【刷墙】（网络新义）整个版面都是用同一篇回帖。

　　【楼主】（网络新义）发表主题帖的人。

　　【包子】（网络新义）长得难看的人。

　　【纯净水】（网络新义）无实质性内容的帖子。

　　【潜水员】（网络新义）那些喜欢看别人灌水自己却不灌水的

家伙。

相对于第一类而言，这类词的网络新义缺乏稳定性，其突出表现是几乎很少向全民语言渗透发展，这大概是因为它们与网络在线交流密切相关，在言语活动中发生变异的程度比较高，所以其使用范围就受到了严格限制的缘故。

二　转喻

如前所述，转喻是一种认知方式即利用事件间的关系通过一个事件对另一个事件进行概念化，其本质是在同一认知域内用凸显、易感知、易记忆、易辨认的部分代替整体或整体的其他部分，它是以相关联想为心理基础的。与全民语言一样，网络语言中有一些旧词也通过转喻产生了新义，其具体表现是旧词通过转类和借代被赋予了新的意义。

转类是指在特定条件下，出于表达上的需要，把甲类词临时活用为乙类词。从语言符号的层面来看，它是在不产生新词形的情况下，让甲类词临时具备乙类词的语法功能而使其产生新义，这显然也属于旧词新义的范畴。有很多旧词在网络语境下通过转类而获得了新义。例如"扁"，它在全民语言里是一个形容词，表示"图形或字体上下的距离比左右的距离小"或"物体的厚度比长度、宽度小"的意思。而在网络语境中却活用为动词，表示"揍扁"之义。名词、动词、形容词是现代汉语中词类系统中的重要成员，因此，转类现象在这三类词当中较为常见。归纳起来主要有下面三种情况：第一是形容词用作动词。例如"黑"，在全民语言中作为形容词，表示"像煤或墨的颜色，跟'白'相对"的意思。在网络语境中则是指"对网络进行攻击和破坏"，如"某网站近期不断被黑"。另外，网络流行语中的"黑"还出现了另外一种新义，即"攻击某人的人"，如：攻击姚明的人被称为"姚黑"，同理还有"麦迪黑""大连黑"等，与之相反，"拥护或喜欢某人的人"则被称为"蜜"，如

"科比蜜""鲁蜜"等。第二是名词用作形容词。例如"水"，在全民语言中作为一个名词，表示"最简单的氢氧化合物，无色、无味、无臭的液体"，后来在网络语境中出现了形容词的用法，如"你也太水了吧，这么简单的事都搞不定""这些地摊货很水，根本不经穿"等。作为网络语言中的一个常用词，它表示"水平差""不真实、掺假"等意义。第三是名词用作动词。如前所述，在一定条件下，与动作行为的有关的语义成分（如受事、工具、方式等）可以通过转喻来指称动作行为本身。例如，网络语言中经常出现"百度一下""百度百度"等说法。很显然，例子中的"百度"已经从一个表示搜索引擎的名词转化为表示行为的动词，这是通过转喻让用工具来指代了动作行为本身。一般情况下，全民语言中如果要表达通过某种工具实现某种行为的话，经常采用的是"用 + NP（工具） + VP"这一形式，如"用绳子捆书""靠笔杆子吃饭""用卡车拉货"等。同样，当我们需要通过百度来查找材料的时候，应该说"用百度搜索一下"或"用百度搜搜"，这与网络语言中"百度一下""百度百度"等不出现介词、动词的形式相比，后者显然更简单经济。又如"雷"，在全民语言中有"云层放电时发出的响声"和"军事上用的爆炸式武器"两个意义，从词性上看，它是个名词。但在网络语境中却用作动词，表示"惊吓、使人震惊"之义，如"公司的处罚条例雷了谁""这真是雷死人不偿命"。"雷"动词意义的产生与日本漫画有关，因为漫画中的人物经常以电波为武器，如果被击中，人们就会战栗不已甚至满脸焦黑，因此"雷"就被赋予了"人们看到或是听到某种始料未及或难以接受的行为、话语时特别震撼、（像是被雷打到了一样地）吃惊"这一意义。

全民语言中的某些词在网络语境中也可以通过借代用法产生新义。例如，网络交际中各种论坛、博客、空间几乎是开放式的，网民可以通过浏览网页来访问自己感兴趣的网站、论坛等。网络世界为实现信息互动，信息发布后大多会设置留言栏以便网民交流，这样的信息交流方式就像现实交际中的沙龙，主题页面就像是沙龙空间，在主题页面上第一个留言发表观点的人就好比第一个进入沙龙坐上沙发侃侃而谈的人，于是网民就把第一个发表观点的人称作"沙发"，后面的人便用"椅子"来指称，依次排序成"沙发→椅子→板凳→地板→地下室"，网民在留言中便用这些词来自称或指称他人，形成借代指人的用法。另外，"东方不败""李莫愁""灭绝师太""唐僧"这些表示小说中人物名字的专有名词，在网络语言里分别被用来指代具有某种特征的人。如"东方不败"用来指代"男同性恋者"，"李莫愁""灭绝师太"指代"女强人"，"唐僧"指代"啰啰唆唆、废话连篇的人"。

三　谐音

网络语言中经常利用谐音赋予一些旧词新的意义。具体来说，网民通过利用同音字或近音字来表示本字的方式找了一个全民语言中的固有词形去代表网络语境中的某个词，这样，该词形实际上代表了两个不同的词，一个存在于现实的全民语言中，另一个存在于虚拟的网络交际中。从时间上考虑，因为前者先于后者存在，所以前者表示的是旧义，后者表示的则是新义。但需要指出的是，这个旧词形在网络语境中所代表的新义与其原来所表示的意义之间没有源生关系。例如"餐具"，作为全民语言中的一个常用词，它表示"吃饭的用具"，但在网络语境中，网民们创造性地用该词形代表了"惨剧"一词，即"餐具"成为了"惨剧"的谐音词，这样一来，"餐具"一词就表示了"吃饭用具"（旧义）和"惨痛的事情"（新义）两个意义。

网络语言中之所以可以通过谐音赋予旧词新的意义，一方面，这与网络交际"惜时如金"的经济原则有关。由于网上交际的即时性和交互性，决定了网民必须以最快的方式将自己的思想诉诸于文字，因此他们就没有耐性保证打字的准确性，于是就经常选用同音词或近音词来取代原有的词进行交际，结果积非成是，在网络交际中形成了新的约定俗成。如：以"野猪"代"业主"，"竹叶"代"主页"，"斑竹"代"版主"，"河蟹"代"和谐"，"鸭梨"代"压力"，"馨香"代"信箱"，"果酱"代"过奖"等就属于这种情况。另一方面，这是受网民求新求异语用心理驱动的结果。谐音词具有幽默诙谐、生动形象等特殊的表达效果，所以网民们在交际中就有意识创造一些谐音词。如全民语言中的"下崽"一词，在网络语境中是"下载"的谐音形式，如果把互联网比作母体，从互联网上下载资料比作子体的话，那么"下崽"这个谐音词就生动有趣地描述了下载这一网络行为过程。又如"大虾"，在全民语言中表示"个头大的虾"，但在网络语境中它却是"大侠"（指有武艺、讲义气，愿意舍己助人的人）一词的谐音形式，表示"网络高手"。要想成为网络高手，网民们须整日坐在电脑前，久而久之，必然弓腰驼背，像只"大虾"了，此外，网络高手在网络空间里就如同大虾在水里畅快地游，这样既形似又神似。同样的例子还有"海龟（海归）""餐具（惨剧）""茶具（差距）""童鞋（同学）""神马（什么）""稀饭（喜欢）""围脖（微博）""蛇精（神经）""猪脚（主角）""米油（没有）"等。

除此之外，网民还利用语音变化这一方式创造出了合成谐音词。合成谐音词原本也是全民语言中的一个旧词，后来在网络语境中使用并产生了新的意义。例如"造"，在全民语言中表示"制造"之义，而在网络语境中却是"知道"的合成谐音形式，此词一出，便迅速风靡网络，一时间满屏都是"你造吗?"。"宣"是"喜欢"的合成谐音形式，网络上男女朋友之间的表白不再是全民语言中惯用的"我喜欢你"，而是换成了"我宣你"。"表"是"不要"的合成谐音形式，"酱紫"是"这样子"的合成谐音形式、"酿紫"是"那样子"的合成谐音形式等。不难发现，合成谐音词的读音或者是由第一个词的声母和第二个词的韵母组合而成（与古代的反切相同），或是把两个词快速连读直接生成，所以对大多数网民来说，这些合成谐音词同其他"千奇百怪"的网络新词一样，没有任何的违和感，因此易于在网络中传播使用。

四　别解

别解是指"有意对词语意义作歪曲的解释，或者临时赋予一个词语以原来不曾有的新义的辞格，作为一种修辞手段，主要是通过借音或谐音有意将本义模糊，把它隐藏于字面之下，在特定的上下文中与所要表达的意思形成勾连，这种辞格用法是临时的、不确定的和个别的。……其效果只在此处的语境中才生效"[①]。

在网络语境中，受网民求新求变语用心理的驱动，他们经常会对一些旧词进行重新解读而使其产生新义。例如"耐看"一词，全民语言中是指"景物、艺术作品等禁得起反复观看、欣赏"，但在网络语境中却通过别解获得了新义，指"耐着性子看"。显然，通过这种方式获得的新义与该词原有的意义之间毫无关联，相去甚远，不仅如此，在感情色彩和语体风格上也呈逆向偏离。但正是因为如此，网络交际中常常通过别解造成强烈的语义反差凸显出诙谐幽默这一表达效果。

一些旧词在网络语境中通过别解获得新义，基本上都是通过谐音偷换概念、对词的内部结构进行重新分析这一方式进行的，具体来说，有以下几种情况。

1. 用一个同音异形语素暗自偷换旧词中的某个语素，让该语素与旧词中的另一个语素重新组合，然后对旧词结构重新分析而产生新义。例如：

【健谈】（网络新义）贱到什么都谈。

　　　　（旧义）善于说话，经久不倦。

【强暴】（网络新义）强有力的拥抱。

---

① 沈娉：《网络词语语义别解类型初探》，《修辞学习》2004 年第 2 期。

（旧义）强横凶暴。

【早恋】（网络新义）早晨锻炼。

（旧义）指未成年男女建立恋爱关系或对异性感兴趣、痴情或暗恋。

【情圣】（网络新义）情场上剩下来的。

（旧义）对感情特别在行或专一的人，一般多为男性。

上述例子中，每个词语都是利用谐音暗自偷换了其中的一个构词语素，例如：用"贱"换"健"、用"抱"换"暴"、用"炼"换"恋"、用"剩"换"圣"等。有时候，网民们会将某一旧词中的语素全部偷换。例如：

【偶像】（网络新义）呕吐的对象。

（旧义）用泥木等雕塑成的供迷信的人敬奉的人像，也比喻盲目崇拜的对象。

【贤惠】（网络新义）闲闲的、什么都不会。

（旧义）妇女心地善良，通情达理、对人和蔼。

2. 用同音同形语素暗自替换旧词中的某个或全部语素，然后对旧词的结构重新分析而产生新义。例如：

【老板】（网络新义）老是板着脸。

（旧义）私营工商业的财产所有者；掌柜的。

【讨厌】（网络新义）讨人喜欢、百看不厌。

（旧义）惹人厌烦，厌恶、不喜欢。

【可爱】（网络新义）可怜、没人爱。

（旧义）令人喜爱。

3. 旧词中的某个语素为多义语素，在网络语境中对该多义语素的意义进行不同以往的重新选择而使其产生新义。例如"特色"一词，原义是"事物所表现出来的独特的色彩、风格等"，网络新义是"特别好色"，很显然，这是对"色"这一多义语素的意义重新解读的结果，意义由表示"物品的质量"变为表示"情欲"。其他的例子如：

【老样子】（网络新义）老了的样子。

（原义）原来的样子，即没有发生什么变化。

【留学生】（网络新义）留过级的学生。

（原义）在外国学习的学生。

【神童】（网络新义）患精神病的儿童。

（原义）特别聪明、智力上超群的孩子。

【特困生】（网络新义）上课时特别爱犯困的学生。

（原义）经济上比较困难，需要资助的学生。

【博导】（网络新义）网络中指导他人写博客的人。

（旧义）博士生导师的简称。

除此之外，还有一种特殊现象，那就是在网络语境中对全民语言的某一固定短语形式进行缩略，即从几个组成成分（词）中分别抽取一个语素，共同构成一个与全民语言中固有词语（或短语）同形的结构。例如：

笨蛋、白痴、神经质——→蛋白质

无党派、知识分子、少数民族、女性——→无知少女

以"蛋白质"为例，其中"蛋"代表"笨蛋"，"白"代表"白痴"，"质"代表"神经质"，前者是后者的组成成分之一。由"笨蛋""白痴""神经质"缩减而成的"蛋白质"和专有名词"蛋白质"之间是同形关系，这样一来，"蛋白质"这一词形在全民语言和网络语言中分别表示了不同的意义。这种情况下旧词产生的新义，李德龙（2004）认为与借形缩略有关，即借用全民语言中的某一固有词形去表示网络语言中某一表达形式的缩略形式而使这个固有词形产生新的意义。具体来说，网络语言中对某一表达形式进行缩略产生了一个词形，而这个词形与全民语言中的某个旧词形完全相同，也就是说，同一词形分别代表了两个不同的词，它们之间是一种同音同形关系。又如"白骨精"，作为全民语言中早已存在的一

个旧词，它是指神话小说《西游记》中一个阴险狡诈、善于伪装变化的、美丽的女妖精，常用来比喻极为阴险毒辣的女人，我们记为"白骨精$_1$"；对网络语言中"白领、骨干、精英"这一表达形式，我们分别提取构成成分中的第一个语素，可以缩略为"白骨精"，记为"白骨精$_2$"。很显然，这两个不同的词在书面语中使用了同一个词形"白骨精"来表示，因为"白骨精$_1$"出现在先，所以我们认为缩略词"白骨精$_2$"是借用了旧词"白骨精$_1$"的词形。因此，从语言符号的角度来看，我们认为是"白骨精"这一旧词形表示原有意义的同时，在网络语境中又获得了一个新的意义。一般来说，同形结构在言语交际中容易造成误解，不利于语言的精确表达，应尽量避免。但在此处，语言使用者却故意创造出与全民语言中的旧词相同的形式，其目的正是要利用两者语义的强烈反差来达到新奇独特的语用效果。

　　网络语境中之所以可以利用别解使旧词产生新义，有其内因和外因。先看内因。王希杰（2000）曾指出："交际活动既然是一种社会心理行为，那么为了提高话语的表达效果，就要求话语同交际双方的心理世界保持着某种一致。"[①]很显然，这种"一致"主要包括了两个方面：一是话语的生成和运用应当符合人类的心理活动规则；二是话语应当同具体的特定的交际对象的心理状态相适应。其实不仅如此，在我们看来，以话语为桥梁而联系起来的交际双方的心理活动规则也应该具有一致性。因为只有这样，语言交际才能顺利进行。王先生还指出，人们的心理联想总是自觉不自觉地在影响和制约着编码和解码活动，心理联想一旦形成就具有相对的稳固性，即思维的惰性惯性，这实际上就是一种心理活动规则。常规条件下，人们在思维惯性的影响下进行语言交际。如果打破这种惯性，则会出现两种情况：一是破坏语言交际，造成词不达意或理解偏差；二

---

① 何伟棠：《王希杰修辞学论集》，广东高等教育出版社 2000 年版，第 326 页。

是有意识地打破惯性，目的是造成特别的表达效果。词语别解就是这种情况的典型代表。通常情况下，词语的固定释义已在人们思维中形成了惯性。在此基础上，巧妙地打破惯性，放弃词语的固解而使用别解，在语言交际上就会造成新奇、诙谐的效果，语言就从惯性下的"古板"变得生动、形象、活泼。这无疑就很好地契合了网民求新、求奇、脱俗的心理需求。再看外因。从认知语言学的角度来看，话语建构与话语认知都需要一个语境知觉过程，两者都包括文化背景知觉、自我知觉和交际对象知觉，其中涉及了从宏观的文化背景、政治背景到具体的人际关系场以及交际事件、时间、地点，还有话语认知者自身及交际对象的各种社会和心理等因素。别解词语的原解有其适用的语境，并且在该语境下的词义理解已被广泛认可，背离原有的语境，或在原有语境下作新的解释，都是对语境知觉过程的破坏与歧解，这就是词语的别解，积极的词语别解正是对这一点的巧妙利用。当今处在这样一个网络社会中，日新月异的网络文化促使人们的社会观念、文化心态、审美取向不断发展变化。人们不仅习惯于追求新意，而且也越来越讲求个性，求新求异的心理成为词语别解内在的根本原因。而时代变化迅速，每时每刻涌现的新事物，一时间无法找到合适的词语来表示，于是人们就会选用旧词来表达新义，因此也会促成旧词的别解。

五　翻新使用古汉字

除此之外，网络语境中还出现了一种使旧词获得新义的特殊方式，即翻新使用古汉字。汉字作为表意文字，字形和字义之间是有理据的，即两者之间存在映照性相似关系。这种关系尽管随着汉字形体的发展演变而慢慢减弱甚至消失，但在某些象形汉字身上却依然有所表现。于是网民就别出心裁地把这些汉字运用到网络语境中，利用其字形上的象形特征，见形推义而赋予了它们新的意义。这些被翻新使用的汉字，与其说是汉字，不如说是表意的图画更为合适，因为它们所指陈的对象与其字形在外观上更为相像。下面我们就以"囧""槑"两字为例进行讨论。

"囧"字在甲骨文中就已经存在了，本义是"圆形的窗户"，后引申为"光亮、明亮"。随着汉语词汇的发展变化，"囧"的这些意义在现代汉语中因为已经被常见的双音节词代替了，所以它就慢慢退出了语言交际的舞台而成一个生僻字。可在 2008 年，这个古老而陌生的汉字却因互联网而重生了，究其原因，是因为"囧"极具直观形象色彩而被网民借用到了网络语境中。从字形上看，"囧"就像是一个愁眉倒竖、瞠目结舌的人的头像：外面的大"口"就如同是人的一张脸，里面的"八"就像是两道因悲伤或沮丧而低垂的眉眼，小"口"则代表张口结舌，一张苦瓜脸跃然纸上，这与人在无可奈何时愁眉苦脸的表情极为相似。另外，"囧"的读音也会让人们产生与同音字"窘"相关的意义联想。因此，"囧"在网络语境中被当作一个象形表情符号，产生了"郁闷""沮丧""无奈""尴尬"等意义。"槑"也是古代汉语中的一个词，其读音和意义都同"梅"，是"梅"字的异体形式。后来随着语言的发展，"槑"在现代汉语中已作为不规范汉字被废弃停用了，而"梅"则相应成了一个社会常用字。但网民却对此毫不理会，重新启用了"槑"并把它运用了网络语境中。网络语言中的"槑"已与古代汉语中的"槑"在意义没有了丝毫的联系，因为该字在字形上很容易让人联想到两个呆头呆脑的大头娃娃并肩牵手的情形，所以在"呆"字的比照下，两个"呆"字就产生了形象化的延展，从形似到神似，从而赋予了"槑"字"比呆更呆"这一意义，即"很傻、很天真"的意思。

从以上的分析中我们不难看出，网友们之所以挖掘古汉字为今所用，其原因是要借助于这些汉字的象形特征，在"所像之物"的基础上衍生出新义。这种"借旧字形来表新意义"的做法在本质上是一种用字之法，即汉字使用过程中，由于接受者的重新理解而赋予了它们新的意义。

第三节　网络语言中旧词产生新义的原因

　　全民语言中的旧词之所以会在网络语境中产生新的意义，这与网络交流形式和网络交际主体的特殊性密切相关，下面就从这两方面进行具体的分析。

一　网络交流形式的特殊性

　　与现实世界面对面的交流不同，网络交流是网民之间通过屏幕和键盘进行的"只见其文，不闻其声，更不见其人"的在线交流。因为这种特殊的交流方式，使得网络交际必然呈现出不同于现实交际的明显特点，主要表现为：

　　一方面，网络交际中非语言交际手段缺失。在现实世界里，人们除了主要利用有声语言之外，也经常采用非语言手段来辅助交际。非语言交际手段又叫"副语言"，体态语就是其中的一种，它主要是通过表情、眼神、肢体动作等来传递信息。但在网络世界里，就交际双方而言，网络既是纽带，也是屏障，它使交际双方的语音形象和辅助交际的非语言手段彼此隔离，而只能通过可视性的符号来表情达意。正是因为网络交际中非语言交际手段的缺失，所以网民无法直接看到对方的表情，也无法间接地表达自己的情绪，因此，他们便通过翻新使用古汉字——一种生动形象、风趣幽默的表情符号——来弥补这个不足，从而也使网络语言有了形象直观的典型特征。

　　另一方面，网络交际中信息输出低效。与现实世界面对面的有声交流相比，网络信息输出的效率是比较低的，这主要是因为：一方面，信息输出渠道的单一化。面对面的口头交际中，人们可以同时利用有声语言和副语言来传递信息，但在网络交际中，有声语言和副语言却都必须转换成无声的视觉符号，所以，单位时间内网络传输的信息量就必然小于面对面的口头交际；另一方面，信息传递中语码输出的速度慢。与现实世界中面对面的口头交际相比，网络交际中通过键盘输入视觉符号的速度更慢。韩志刚（2008）研究发现，一般情况下，新闻播音员平均语速为 289 字/分钟，普通人语速大约为 170 字/分钟，"而打字速度因为受到操作者的熟练程度、输入法的科学性、字库选字的准确率等因素的影响，所以普通人输入汉字的速度只有每分钟 30—50 字"①。由此可见，通过声音进行语码输出的速度比用键盘要快得多。

网络交流是一种虚拟的"面对面"即时交际，交际双方都期待对方能像自然交谈一样对自己的话语做出快速回应。但因为受到某些因素的限制，所以语码输出速度往往不能满足交际双方的需求。为缓解语码低效输出与即时需求之间的矛盾，交际者必然要竭力提高输出效率。客观上，提高输出效率有三种可供选择的途径：改进输入法、提高打字速度、简化语言符号。但对于网民而言，改进输入法是不大可能的，打字速度尽管可以提高，但速度的提高总是有限度的，因此，相比之下，选用音同或音近的谐音词以简化语言符号、提高信息输出效率就成为网民最容易做到的一种方法，所以网络语言中就出现了大量的谐音词而呈现出简约经济、生动幽默的特点。

二　网络交流主体的特殊性

网民作为网络交际的主体，他们具有不同于日常交际主体的显著特点，这主要表现为：

一方面是交际主体身份模糊化、地位平等化。网络交际在虚拟的空间里进行，网络匿名制过滤掉了现实语境的诸多要素，它使交

---

① 韩志刚：《网络语境与网络语言的特点》，《济南大学学报》（社会科学版）2009 年第 1 期。

际者身份模糊化、地位平等化，言语行为和言语责任分离，这在一定程度上削弱了语境对网民言语行为的约束力，所以交际者在这种语境里可以充分发挥个人的聪明才智，肆无忌惮地对全民语言进行"创新"和"变异"，力争使自己的言语表达新奇独特，富有个性，因此网络语言中才会出现大量的旧词新义。

另一方面是交际主体具有特殊的语用心理。《中国互联网络发展状况报告》中有一组关于网民年龄层次的统计数据：18 岁到 24 岁的所占比例最高，达到 36.8%，18 岁以下的占 17.3%，25 岁到 30 岁的占 16.4%，31 岁到 35 岁的占 11.5%，36 岁到 40 岁的占 7.3%，41 岁到 50 岁的占 6.7%，50 岁以上的只占 3.3%。这表明网民这个特殊的群体是以年轻人为主。他们上网聊天，是想感受网聊的趣味性，享受放松带来的愉悦。作为网络语言的创造者和使用者，他们特殊的语用心理对网络语言中旧词产生新义不无关系。网民特殊的语用心理主要体现为：一是求新求异。年轻网民敢于反叛传统、勇于标新立异、乐于追求个性，而这一性格特点反映在语言运用上就是力求表达方式新颖别致，因此在虚拟的网络空间里，他们就想方设法使全民语言发生种种变异，以期推陈出新，达到陌生化的效果。于是网络语言中便出现了一些不同于全民语言的新用法。例如，"水母""灌水"等通过隐喻、"蛋白质""早恋"等通过别解在网络语境中获得新义；利用谐音，"帅哥"成了"帅锅"，"同学"成了"童鞋"；语法上的中西合璧，高频率的词类活用等，这些创新之处无不是网民趋新求异语用心理发挥作用的结果。二是从众模仿。年轻的网民思想开放活跃，不仅主动创新，而且也能以积极开放的心态接纳新变化。这就意味着，只要网络上一旦出现了新异的表达形式，他们就会竞相模仿，不断复制，使其在网络语境中迅速流行开来。很明显，网民的从众心理在其中的作用不可小觑。但也正是因为这种心理，才使网络词汇的种种变异不至于"昙花一现"，它们因逐渐普及流行而获得了极强的生命力，并最终形成了网络语言的特质。

这些在网络语境中获得新义的旧词，原本已有了固定的意义，但如今在网络这一新兴的媒介中又重新经历了一次语言符号创制之初的"任意结合"，完成了第二次的"约定俗成"，即再度符号化。分析起来，这一方面是语言的经济原则在起作用，因为借用旧词形来承载更多样化的意义，比起创造新词形来表示新义要简单得多。另一方面与网民的"山寨"心理密切相关。当今的"山寨文化"已经渗透社会生活的方方面面，它的实质是"拿来主义"，所以从某种意义上说，网络语言中的旧词新义现象实际上就是这一心理的体现。另外，网民在网络交际中力争新奇这一审美诉求也起了推波助澜的作用。

这些旧词在网络语境中所产生的新义，虽然在一定程度上是对全民语言的颠覆，但同时也应看到，由于语境条件的限制，这些新义要全部进入规范语言还是很困难的。因此，对于它们给全民语言可能造成的负面影响，我们不必太过忧虑。相反，对于其中一些生动活泼、幽默风趣的意义，我们要以宽容的态度来看待它们向全民语言的渗透和发展，因为这是对现代汉语词汇系统的一种有益补充。"与其失之于严，毋宁失之于宽"，只有如此，我们的网络语言才会更健康，我们的全民语言才会更丰富。

附　　录

（2012 年版《现代汉语词典》所收录的新义）

说明：我们将 2012 年版《现代汉语词典》与 1978 年版《现代汉语词典》进行了对比，凡是相同的义项，我们只列出了序号，凡是 2012 年版中新增的义项，我们不仅列出了序号，而且还给出了具体内容。

A

【腌臜】①②③糟践；使难堪。

【爱慕】②因喜爱而向往。

【安静】①②③沉静、稳重。

【安眠】①②对死者表示悼念的用语。

【安全系数】①②指做某事的安全程度。

【安然】①②平静、安定。

【安稳】①②③（举止）沉静；稳重。

【谙练】①②熟悉。

【按压】①②向内或向下按。

【案头】①②指案头工作。

【案子】①②案件。

【暗箭】①②暗中射出的箭。

【暗室】①②指幽暗隐蔽的地方；没有人的地方。

【昂扬】①②（声音）高昂。

【傲气】①②自高自大。

B

【八卦】①②没有根据的；荒诞低俗的。

【巴巴结结】①②勤奋、艰辛。

【拔取】①②③获取，得到。

【把柄】①②比喻可以被人用来进行要挟或攻击的过失或错误。

【把牢】①扶住，握紧；②坚守、管好。③

【把脉】①②比喻对事物进行调查研究，并做出分析判断。

【白菜】①②专指大白菜。

【白话】①闲谈，聊天儿；②说大话，夸夸其谈。

【败笔】①②泛指事情中做得不好的部分。

【败坏】①②（道德、纪律等）极坏。

【败兴】①②〈方〉晦气、倒霉。

【板障】①②板壁。

【板正】①②（态度、神情等）庄重严肃。

【板结】①②呆板；不灵活；不会变通。

【板实】①②③（身体）硬朗结实。

【半票】①②指选举中的半数选票。

【伴宿】①②陪伴过夜。

【扮相】①②泛指打扮成的模样。

【帮工】①②帮工的人。

【帮子】①②③量词，用于人，是"群、伙"的意思。

【棒槌】①②指外行（多用于戏剧界）。

【包饭】①②按月支付固定费用的饭食。

【包厢】①②火车软卧车厢中独立的单间。

【包装】①②③比喻对人或事物从形象上装扮、美化、使具有吸引力或商业价值。

【包租】①②在一段时间被专由某方租用。

【饱和】①②泛指事物在某个范围内达到最高限度。

【保安】①②指保安员，在机关、企业、商店、宾馆、住宅区等做保卫治安工作的人。

【保单】①②③指保险单。

【保险】①②③④〈方〉一定。

【暴烈】①②凶暴猛烈。

【爆炸】①②比喻数量急剧增加，突破极限。

【背景】①②③④指背后倚仗的力量。

【备考】①供参考。②③准备考试。

【备料】①②为供应生产所需准备的材料。

【被覆】②③军事上指用竹、木、砖、石等建筑材料对建筑物的内壁和外表进行加固。

【本能】①②机体对外界刺激不知不觉地、无意识地（做出反应）。

【本土】①②指一个国家的固有领土。③

【本位】①②③某种理论观点或做法的出发点。

【本子】①②③演出的底本。某些成本儿的证件。

【比画】①②手脚身体模仿一定的动作、姿势。

【比价】①②不同商品的价格比率或不同货币兑换的比率。

【比肩】①②并肩。③指相当；比美。

【比喻】①②比方，用容易明白的甲事物来说明不容易明白的乙事物。

【狴犴】①②借指监狱。

【裨益】①②使收益。

【编次】①②编排的次序。

【编辑】①②③新闻出版机构中编辑人员的中级专业职称。

【贬值】①②泛指价值降低。

【变调】①②③说话改变原来的腔调。

【变化】①事物在形态上或本质上产生新状况。②

【变价】①②改变价格。

【变脸】①②戏曲表演特技，表演以快速的动作改变角色的脸面或面容，多用来表现人物的极度恐惧、愤怒。

【变乱】①②变更并使紊乱。

【变数】①②可变的因素。

【变态】①②③指人的心理、生理出现不正常的状态（跟"常态"相对）。

【变性】①②③改变性别。

【变异】①②泛指跟以前的情况相比发生变化。

【标本】①②③指在同一类事物中可以作为代表的事物。④

【标尺】①②比喻衡量、判断事物的标准。③

【标记】①标注上记号；做出标志。②

【表层】①②表面的、外在的、非本质的。

【憋闷】①②心情不舒畅；郁闷。

【别针】①②别在胸前或领口的装饰品，多用金银、玉石等制成。

【冰冷】①②非常冷淡。

【并联】①并排地相连接。②

【病毒】①②指计算机病毒。

【病态】①②泛指不正常的状态。

【拨款】①②政府或上级拨给的款项。

【泊位】①②〈方〉车位。

【博士】①②古时指专精于某种技艺的人。③古代教授经学的一种官职，一般由博学或具有某种专门知识的人充任。

【补白】①②补充说明。

【补丁】①②指补丁程序，用来修补计算机程序漏洞或升级软件。

【补苴】①缝补；补缀。②

【补缺】①②弥补缺漏的部分。③

【补助】①②补助的钱、物等。

【不便】①②不适宜（做某事）。③

【不测】①②指意外的不幸的事件。

【不错】①对、正确。②

【不倒翁】①②比喻处事圆滑、官位不动摇的人。

【不得了】①②③了不得。

【不定】①不稳定；不安定。②

【不对】①不正确、错误。②③

【不胜】①②③④〈方〉不如。

【不遂】①②不成功。

【不谓】①不能说（用于表示否的那个的语词前面）。②

【不一】①②书信用语，表示不一一详说。

【不足】①不满（某个数目）。②③④⑤不够完善的地方；缺欠。

【布告】①②用张贴布告的方式告知（事项）。

【布局】①②分布的格局。

【步兵】①②这一兵种士兵。

【步伐】①②行走的步子。③比喻事物进行的速度。

【步履】①②指脚步。

【部件】①②汉字的组成部分，由若干笔画构成。

C

【裁定】①裁决。②

【采访】①调查访问。②

【采风】①②指演员、作家等到基层体验生活，了解民情民风。

【采购】①②担任采购工作的人。

【采录】①②采访并录制。

【采取】①②取。

【采制】①②采访并录制。

【彩绘】①②用彩色绘画。

【彩头】①②指中奖、赌博或赏赐得来的财物。

【菜薹】①②二年生草木植物，叶子宽卵形或椭圆形，花柔嫩，是常
　　见蔬菜。也叫菜心。

【惨案】①②指造成人员大量死伤的事件。

【惨烈】①②极其壮烈。③猛烈；厉害。

【苍苍】①②深绿色。③

【藏书】①收藏图书。②

【参差】①②大约；几乎。③错过；蹉跎。

【层次】①②③同一事物由于大小高低不同形成的差别。④语言中指
　　语言单位先后组合的顺序。

【产业】①②构成国家经济的行业和部门。③

【长期】①②时间长的；期限长的。

【场记】①②指担任场记工作的人。

【唱和】①②指唱歌时此唱彼和，互相呼应。

【超脱】①②③解脱，开脱。

【朝圣】①②到孔子诞生地（山东曲阜）去拜谒孔府、孔庙、孔林。

【潮汐】①②特指海潮。

【车道】①②公路或马路上供汽车单行行驶的道路，车道与车道之间
　　有标志线。

【扯皮】①②对该处理的事情互相推诿。

【沉淀】①②③凝聚、积累。

【沉积】①②③某些生物在生命活动中产生的物质堆积起来，如海洋
　　生物的遗体堆积等。④沉淀、积聚（多用于抽象事物）。

【沉陷】①②深深地陷入。

【陈酒】①②〈方〉黄酒。

【成功】①②指事情的结果令人满意。

【承接】①②承担；接受。

【程序】①②指计算机程序。

【吃紧】①②重要；紧要。

【吃力】①②〈方〉疲劳。

【吃水】①取用生活用水。②吸取水分。③〈方〉供食用的水（区别于洗东西用的水）④

【吃斋】①②③（非出家人）在寺院吃饭。

【吃重】①②费力。③

【吃嘴】①②贪吃；嘴馋。

【痴呆】①举止呆滞，不活泼。②

【痴想】①发呆地想。②

【痴心】①②形容沉迷于某人或某种事物。

【驰驱】①②〈书〉指为人奔走效力。

【迟滞】①②呆滞。③阻碍，使延迟或停滞。

【持平】①②（与相对比的数量）保持相等。

【齿录】①②指科举时代同登一榜的人，各具姓名、年龄、籍贯、三代，汇刻成册，叫作齿录。

【赤膊】①赤裸着胳膊，也指光着上身。②

【赤子】①②对故土怀有纯真感情的人。

【冲击】①②比喻干扰或打击。

【冲要】①②〈书〉重要的职位。

【充电】比喻通过学习补充知识、提高技能等。

【重叠】①②语言学上指接连反复某一构词成分或一个词的语法方式，用于构词和构形。"人人、看看、认认真真、条条"是构形重叠，用以表示不同的语法意义。

【抽头】①②泛指经手人从中获得好处。

【仇恨】①②因利害冲突而产生的强烈憎恨情感。

【酬应】①②〈书〉应答；应对。

【筹划】①②筹措。

【筹算】①②谋划。

【踌躇】①②〈书〉停留；徘徊不前。③

【丑陋】①②（思想、行为）丑恶；卑劣。

【出口】①②从建筑物或场地出去的门或口儿。③④

【出笼】①②③出台（即政策、措施等公布或予以实施）。

【出路】①②生存或向前发展的途径。③

【出身】①②指个人早期的经历或由家庭经济情况所决定的身份。

【出手】①②③动手；开始行动。④指袖子的长短。⑤开始做某件事
情时表现出来的本领。⑥打出手（即戏曲演武打时，以一个角色
为中心，互相投掷和传递武器）。

【出台】①②③（政策、措施等）公布或予以实施。

【出头】①②（物体）露出顶端。③④

【出土】①②（植物）从土里生长出来。

【出息】①②③〈方〉培养使有出息。

【出险】①②③保险保户业指保户出险应由保险公司赔付的事故。

【出现】①②产生出来。

【出账】①②〈方〉支出的款项；开支。

【出诊】①②医生在医院或诊所为病人看病。

【处理】①②处治；惩办。③④

【触电】①②指参加拍摄影视片等（多指第一次）。

【触礁】①②比喻事情进行中遇到障碍。

【穿插】①②③军事上指利用敌人部署的间隙或薄弱部位插入其纵深
或后方的作战行动。

【穿戴】①②指穿的和戴的衣帽、首饰等。

【穿甲弹】①②钢心的枪弹。

【穿孔】①②打孔。

【穿堂门】①②穿堂的前后门儿。

【传代】①②把物品、技艺等一代一代地传下去。

【传道】①布道。②

【传呼】指通过无线寻呼机传递信息。

【传唤】①招呼。②

【传染】①②比喻因接触而使情绪、感情、风气等受影响，发生类似
　　变化。

【传人】①②③（疾病）传染给别人。

【疮疤】①②比喻痛处、短处或隐私。

【窗口】①②③④比喻反映或展示精神上、物质上各种现象或状况的
　　事情或地方。⑤指计算机操作系统中的窗口应用程序，包括文档
　　窗口和对话框。

【吹打】①②（风、雨）袭击。

【垂危】①②（国家、民族）临近危亡。

【春风】①②比喻恩惠。③

【纯净】①②使纯净。

【粗放】①粗狂豪放。②粗疏；不细致。③

【催熟】①②指使人或事物过早地成熟。

【存单】①②商业部门给存货者作为凭证的单据。

【存心】①②有意；故意。

【挫伤】①②身体因碰撞或突然压挤而形成的伤，皮肤下面呈青紫
　　色，疼痛，但不流血。③

D

【搭班】①②临时参加作业班或临时合伙。

【搭配】①②配合；配搭。③相衬。

【搭桥】①②比喻撮合；介绍。③用病人自身的一段血管接在阻塞部位的两端，使血流通畅。

【打底子】①②垫底儿。③

【打横】①②〈口〉由直向转为横向。

【打印】①②③把计算机中的文字、图像等印到纸张、胶片等上面。

【大典】①②重要的典籍。③重要的典章、法令。

【带子】①②录音带、录像带的俗称。

【贷款】①②贷给的款项。

【待机】①②（计算机、手机等）处于等待工作的状态。

【丹青】①②指史册；史籍。

【丹田】①穴位，关元、阴交、气海、石门四个穴位位于腹部脐下，都叫作丹田。②人体的部位，两眉间叫上丹田，心窝处叫中丹田，脐下叫下丹田。③

【单传】①②旧时指一个师傅所传授，不杂有别的流派。

【单弱】①②（力量）单薄。

【当家】①②主要的；最拿手的。

【当先】①②〈方〉当初。

【刀口】①②③动手术或受刀伤时拉开的口子。

【倒灶】①垮台；败落。②

【灯彩】①②③泛指做装饰用的花灯和其他彩饰。

【灯头】①②指电灯盏数。③

【底牌】①②比喻内情。③比喻留着最后动用的力量。

【底下人】①②手下的人；下属。

【底薪】①②基本工资。

【底蕴】①②蕴含的才智、功力等。③文明的积淀。

【地方】①②军队方面指军队以外的部门、团体等。③

【颠倒】①②使颠倒。

【颠覆】①翻倒。②

【点滴】①②指零星的事物（多用于文章标题）。③

【点火】①引着火；使燃料开始燃烧。②

【电视】①②③指电视机。

【凋零】①②衰落。

【调拨】①②调遣。

【调号】①②音乐上指用以确定乐曲主要高度的符号。

【顶板】①②天花板。

【顶风】①②③比喻公然违犯正在大力推行的法令、法规、政策等。

【定案】①对案件、方案等做最后的决定。②

【定量】①②规定数量。

【定位】①②③把事物放在适当的地位并做出某种评价。

【定义】①②下定义。

【定准】①②确定；肯定。③

【定员】①规定人数。②

【冬菜】①②冬季贮存、食用的蔬菜，如大白菜、萝卜等。

【动脉】①②比喻重要的交通干线。

【动态】①②艺术形象表现出的活动神态。③④属性词，从运动变化
　状态考察的。

【冻结】①②③比喻暂不执行或发展。

【兜售】①②比喻极力怂恿人接受某种观点、主张等。

【兜圈子】①②比喻不照直说话。

【逗哏】①②指相声表演中的主角。

【毒化】①②③使气氛、关系、风尚等变得恶劣。

【独立】①②脱离原来所属单位，成为另一单位。③④⑤

【读本】①②帮助学习某一方面知识的书籍。

【读书】①②③指上学。

【端倪】①②指推测事物的始末。

【段子】①②指有某种特殊意味或内涵的一段话、一段短文等。

【断层】①②连续性的事业或人员的层次中断，不相衔接。

【断言】①②断语。

【锻炼】①指锻造或冶炼。②③

【对付】①②③〈方〉感情相投合（多用于否定式）。

【对号】①②与有关事物、情况对照，相互符合。

【对口】①②③（味道）合口。

【多头】①②属性词，不止一个方面的。

【夺标】①②承包人或买主所投的标在投标竞争中中标。

E

【恶心】①②③〈方〉揭人短处，使难堪。

【二百五】①②做事莽撞，有些傻气。③

【二线】①②比喻不负有直接领导责任的地位。③指非直接从事生
产、教学、科研活动等地方或岗位。

F

【发财】①②客套话，用于问人在哪里工作。

【发棵】①②植物逐渐长大。

【发面】①②经过发酵的面。

【发配】①②比喻把人安排到条件差的地方去工作。

【发源】①②开始发生。

【发展】①②③④为扩大组织而吸收新的成员。

【罚金】①②被判罚金后缴纳的钱。

【罚款】①②被罚款时缴纳的钱。

【法规】①②法律效力低于宪法和法律的规范性文件，包括国务院制
定的行政法规和地方国家权力机关制定的地方性法规。

【法理】①②〈书〉法则。③佛法的义理。④法律和情理。

【法庭】①②法院审理诉讼案件的地方。

【帆船】①②体育运动项目之一，利用风帆力量推动船只在规定距离内比赛航速，比赛项目分为多种级别。

【翻身】①②③④〈方〉转身；回身。

【反差】①②指人或事物优劣、美丑等方面对比的差异。

【反刍】①②比喻对过去的事物反复地追忆、回味。

【反复】①②③（不利的情况）重新出现。④

【反感】①②厌恶；不满。

【反顾】①②指犹豫并生悔意。

【反馈】①②③（信息、反映等）返回。

【反映】①物体的形象反着映射到另一个物体上。②③④通常指机体接受和回答客观事物影响的活动过程。人的心理（感觉、表象、观念、概念、情绪、愿望、意志等）是最高级的反映形式。

【反证】①②③诉讼中当事人为推翻对方主张的事实而提出的相反事实的证据（跟"本证"相对）。

【范范】①②普通；平平常常。

【泛滥】①②比喻坏的事物不受限制地流行。

【方面军】①②比喻在某项事业或任务中起重要作用的一个方面的力量。

【防守】①②在斗争或比赛中防备和抵御对方进攻。

【访客】①②指登录互联网查阅资料或浏览信息的人。

【放电】①②③比喻异性间用眼睛传情。

【飞扬】①②形容精神兴奋得意。

【非礼】①②〈方〉指调戏、猥亵（妇女）。

【肥实】①②③富足；有钱。

【肺腑】①②借指内心。

【分解】①②③④⑤分辩；解释。⑥

【分散】①②使分散。③

【丰腴】①②（土地）丰美肥沃。③丰盛。

【风尘】①②③指以出卖色相为生的处境。④

【风情】①②〈书〉人的仪表举止。③④⑤指风土人情。⑥景象；
　情况。

【风趣】①风味，情趣。②

【风向】①②比喻情势。

【风韵】①②指诗文书画的风格、韵味。

【浮荡】①②轻浮放荡。

【浮艳】①浮华艳丽。②

【抚育】①②照管动植物，使很好地生长。

【复种】①②再次接种（同一种疫苗）。

【覆没】①②③〈书〉沦陷，即（领土）被敌人占领，失陷。

G

【改版】①②③泛指对商品的款式、功能等做出调整、更新。

【改口】①②改变称呼。

【概略】①②简单扼要。

【感冒】①②③〈口〉感兴趣（多用于否定式）

【高层】①②③④指高级别的人物或部门。

【高度】①②③属性词，浓度高的。

【高端】①②价位等在同类中较高的。③指高层官员或负责人。

【高峰】①②③借指领导人中的最高层。

【高贵】①②③指地位高、生活优越的。

【高龄】①②属性词，年龄较大的（就一般标准来说）。

【高扬】①②高度发扬。

【高涨】①②（士气、情绪等）旺盛；饱满。

【告白】①②说明；表白。

【告退】①②从集体中退出。③

【个儿】①②③〈方〉够条件的人；有能力较量的对手。

【个子】①②〈方〉指某些捆在一起的条状农作物。

【各色】①②〈方〉性格特别，难以相处。

【根据】①②③介词，表示以某种事物作为结论的前提或语言行动的
　　基础。

【跟进】①②指跟随着做同样的事情。

【跟前】①②临近的时间。

【耕耘】①②比喻辛勤地从事研究、创作等工作。

【工程】①②泛指某项需要投入巨大人力和物力的工作。

【公告】①动词，通告。②

【公害】①②泛指对公众有害的事物。

【功课】①②泛指做某项事情之前所做的必要的准备工作。③

【功利】①②功名利禄。

【攻关】①②比喻努力突破科学、技术等方面的难点。

【攻坚】①②比喻努力解决某项任务中最困难的问题。

【勾引】①②引动；招引。

【苟合】①苟且迎合。②

【狗熊】①②称懦弱无用的人。

【构成】①②结构。

【构架】①②构建。

【构想】①②形成的想法。

【构造】①②建造。

【构筑】①②构建。

【够味儿】①〈口〉味道足，让人满意。②

【股市】①②指股票的行市。

【骨感】①②身材瘦削，棱角分明；有骨感。

【骨头】①②③〈方〉比喻话里暗含不满、讽刺等意思。

【鼓胀】①凸起，胀起。②

【固化】①②使固定；变固定（多用于抽象事物）。

【故意】①②法律上指行为人明知自己行为会造成侵害他人或危害社
会的后果，而仍然希望或放任结果发生的心理。

【顾虑】①②因担心对自己、对别人或对事情不利而产生的顾忌和
忧虑。

【顾惜】①②照顾怜惜。

【挂钩】①②③用来吊起重物或把车厢等连接起来的钩。

【挂牌】①②指某些单位正式成立或开始营业。③指股票等在证券市
场上市。④体育主管部门公布要求转换所属职业体育组织的人员
名单叫挂牌。⑤医生、售货员、服务员等工作时胸前佩戴印有姓
名、号码等的标牌。

【乖张】①②〈书〉不顺。

【拐点】①②经济学上指某种经济数值持续向高后转低或持续向低后
转高的转折点。

【怪味儿】①②不同于平常的味道。

【怪相】①②滑稽的面部表情。

【关防】①②③〈书〉有驻军防守的关口要塞。

【关机】①②指影视片拍摄工作结束。

【关门】①②③④属性词，最后的。

【关卡】①②比喻人为设置的困难或阻碍。

【观察员】①观察并报告情况的人员。②

【官倒】①②指从事倒买倒卖活动的党政机关或其工作人员。

【官商】①②现指有官僚作风的国有商业部门或这些部门的人员。

【管道】①②途径；渠道。

【管教】①②指负责管制、教育的人员。

【惯例】①②司法上指法律没有明文规定，但过去曾经实施、可以仿

照办理的做法或事实。

【光环】①②发光的环子。③特指神像或圣像头部周围的环形光辉；
灵光。④比喻荣誉。

【光亮】①②亮光。

【光辉】①②光辉照耀，多用于比喻。

【广场】①②指大型商场，商务中心。

【广袤】①②广阔；宽广。

【归纳】①归拢并使有条理（多用于抽象事物）。②

【归齐】①②拢共。

【归依】①②〈书〉投靠；依附。

【归总】①②总共。

【规范】①②③使合乎规范。

【规律】①②有规律。

【规约】①②限制，约束。

【规则】①②规律；法则。③

【规章】①②国家行政机关根据法律和行政法规在其职权范围内制定
的关于行政管理的规范性文件，分为部门规章和地方政府规章。

【轨迹】①②③比喻人生经历的或事物发展的道路。

【诡谲】①②③诡诈。

【鬼画符】①②③比喻胡乱涂写或胡扯。

【柜台】①②金融机构等服务部门对外办理业务的工作台。

【贵贱】①价钱的贵贱。②地位的高低。③

【贵气】①②气度高贵或富贵。

【滚动】①②逐步积累扩展；不断地周转。③一轮接一轮、连续不断
地进行。

【滚滚】①②形容连续不断。

【锅巴】①②米粟加作料等烘制成的一种食品。

【国境】①②指国家的边境。

【过敏】①②过于敏感。

【过失】①②刑法上指应预见却没有预见而发生的危害社会的结果；民法上指应注意却没有注意而造成的损害他人的结果。

H

【海归】①②指在海外留学或工作后归国的人员。

【海量】①②③属性词，数量极大的。

【海派】①②泛指上海的风格和特色。

【含金量】①②比喻事物所包含的实际价值。

【寒酸】①②形容简陋或过于俭朴而显得不体面。

【汉化】①②通过计算机软件把原来的外文信息转化为中文信息。

【汗漫】①②形容言论空泛。

【行货】①②指通过正常途径进出口和销售的货物。

【号令】①②下达的命令。

【浩荡】①②形容广阔或壮大。

【浩瀚】①水势盛大。②

【浩然】①形容广阔，盛大。②

【和谐】①②和睦协调。

【核实】①审核是否属实。②

【核销】①②核准后注销。

【黑道】①②指不正当的或非法的行径。③指流氓盗匪等结成的黑社会组织。

【黑店】①②指没有营业执照非法经营的商店、客店等。

【黑名单】①②指有关部门开列的不合格产品或违反规约的企业、个人等的名单，通过一定渠道向社会公布。

【黑色】①②属性词，隐秘的；非法的。

【黑枣】①②③〈方〉被枪毙叫吃黑枣（含诙谐意）。

【横扫】①②目光迅速地左右移动看着。

【烘托】①②写作时先从侧面描写，然后再引出主题，使要表现的事物更鲜明突出。③

【红牌】①②借指对有违法、违章行为的个人或单位给予的严重警告或处罚。

【红眼病】①②羡慕别人有名或有利而心怀忌妒的毛病。

【宏观】①②大范围的或涉及整体的。

【洪流】①②比喻不可阻挡的巨大力量或发展趋势。

【猴戏】①②指以孙悟空为主角的戏曲表演。

【呼唤】①②呼喊。

【呼吸】①②〈书〉一呼一吸，指极短的时间。

【呼之欲出】①②指某事即将揭晓或出现。

【胡噜】①②③应付；办理。

【糊涂】①②③〈方〉模糊。

【虎气】①②形容有气势。

【护持】①②爱护照料。

【护法】①②③卫护国法。

【护身符】①②比喻保护自己、借以避免困难或惩罚的人或事物。

【花卉】①②花卉展销大会。

【花瓶】比喻长得好看被当作摆设的女子。

【花期】①②植物开花持续的时间。

【花序】①②许多花按一定方式着生在枝上所形成的花丛。

【划拉】①②搂。③寻找；设法获取。④

【滑坡】①②比喻下降；走下坡路。

【化疗】①②用化学疗法治疗，特指治疗恶性肿瘤。

【化名】①②为了不使人知道真实姓名而用的假名字。

【话说】①②说；讲述。

【欢闹】①②喧闹。

【缓解】①②使缓解。

【换岗】①②转换岗位；从一个岗位换到另一个岗位工作。

【荒漠】①②③由于干旱、水土流失和人类活动等原因造成的不适于
  耕作、植被稀疏的广大地区。根据地表物质可分为沙漠、砾漠、
  岩漠、泥漠、盐漠等。

【黄金】①②属性词，像黄金一样宝贵的。

【黄牌】①②借指对有违法、违章行为的个人或单位给予的警告。

【晃荡】①②闲逛；无所事事。

【灰色】①②属性词，颓废和失望的。③属性词，不明朗的；不正
  规的。

【挥斥】①②散发。③指斥；斥责。

【辉煌】①②（成绩等）卓著；显著。

【回潮】①②比喻已经消失了的旧事物、旧习惯、旧思想等重新
  出现。

【回访】①②企业访问客户，征询对产品及服务的意见。

【回敬】①②用作反话，表示回击。

【回礼】①②③回赠的礼品。

【回炉】①②学校召回已毕业离校的学生重新补课。

【回马枪】①②比喻转变立场，对自己原属的一方进行揭发、攻击的
  举动。

【回收】①②把发放或发射出的东西收回。

【回头】①②回来；返回。③④⑤不然；否则（用在祈使句后的句
  子开头申诉理由）。

【回响】①②声音回旋震动。③响应。

【回执】①②③会议通知或邀请函所附的填写后寄回寄件人的部分，
  内容包括能否应邀出席等。

【汇编】①把文章、文件等汇编资料编排在一起。②

【汇款】①把款汇出。②

【晦气】①②指人倒霉或生病时难看的气色。

【昏沉】①②头脑迷糊，神志不清。

【浑厚】①②③（声音）低沉有力。

【浑然】①②完全；全然。

【活动】①②为某种目的而行动。③④⑤

【活泛】①②指经济宽裕（常与"手头"搭配使用）。

【活该】①②〈方〉应该；该当。

【活活】①②生硬地、强制地。③简直，表示完全如此或差不多
　　如此。

【活性】①②灵活而不僵化的特性。

【火炽】①②激烈。

【火红】①②形容旺盛或热烈。

【火辣辣】①②③④形容动作、性格泼辣；言辞尖锐。

【火力】①②③人体的抗寒能力。

【火气】①②指人体中的热量。③

【火险】①②失火的危险。

【或者】①②③表示等同关系。

J

【机制】①②③④泛指一个工作系统的组织或部分之间相互作用的过
　　程和方式。

【积分】①参加若干场比赛或其他有记分的活动累计分数。②

【基地】①②有特定用途的或开展某种活动的专用场所。

【基金】①②投资基金。

【基石】①②比喻事业的基础或中间力量。

【激奋】①②使激动振奋。

【激化】①②使激化。

【激活】①②泛指刺激某事物，使活跃起来。

【激烈】①②（性情、情怀）激奋刚烈。

【畸零】①②孤零零。

【畸形】①②泛指事物发展不正常，偏于某一方面。

【羁縻】①②羁留。

【极端】①②③绝对；偏激。

【极量】①②泛指作为极限的数量。

【急电】①紧急发电报（给某人）。②

【急性】①②性情急躁。③

【急诊】①②医院为急性病患者进行紧急治疗的门诊。

【集会】①②集合在一起开的会。

【集团】①②由若干同类企业联合起来而形成的经济实体。

【集约】①②泛指采用现代化管理方法和科学技术，加强分工、协
　作，提高资金、资源使用效率的（经营方式）。

【集中】①②专注；不分散。

【脊梁】①②③比喻在国家、民族或团体中起中坚作用的人。

【技巧】①②指技巧运动。

【技术性】①②指非原则性、非实质性的方面。

【忌讳】①②③因风俗习惯或个人原因而形成的禁忌。

【继嗣】①②继承者，特指王位继承者。

【寄寓】①②把理想、希望、感情等放在（某人身上或某种事物
　上）。

【寄语】①②所传的话语，有时也指寄托希望的话语。

【寂寞】①②清静；寂静。

【加餐】①②③加餐所吃的饭食。

【加码】①②指增加赌注。③

【加速】①②使速度加快。

【加温】①②比喻加强措施，促使发展。

【佳境】①风景优美的地方。②

【家用】①②属性词，家庭日常使用的。

【假设】①②虚构。③

【架构】①②③泛指事物的组织、结构、格局。

【尖利】①②敏锐而深刻。

【坚守】①②坚定遵守；不背离。

【坚挺】①②指行情上涨或货币汇率呈上升趋势。

【监护】①②仔细观察并护理。

【监理】①②做监理工作的人。

【监制】①②指担任监督影视片摄制工作的人。

【减弱】①②使变弱。

【减员】①②裁减人员。

【剪辑】①②③指经过选择、剪裁、重新编排的作品。

【剪影】①②③比喻对于事物轮廓的描写。

【简捷】①②简便快捷。

【简约】①②节俭。

【间壁】①②〈方〉把房间隔开的简易墙壁。

【间隔】①②隔开；隔绝。

【鉴定】①②评定人的优缺点的文字。③

【鉴于】①②用在表示因果关系的复句中前一分句句首，指出后一分
　　句行为的依据、原因或理由。

【讲论】①②论述。

【讲习】①②研习。

【奖售】①②作为奖励而售给。

【降尘】①②使空气中的灰尘降到地面。

【降温】①②③比喻热情下降或事物发展的势头减弱。

【降压】①②降低压力。

【交待】①②完结（指结局不如意的，含诙谐意）。

【交割】①②移交；把经手的事务移交给接替的人。

【交集】①②交叉；汇集。

【交流】①交错地流淌。②

【交验】①②支付证件等并接受验证核实。

【交易】①②生意。

【娇滴滴】①②形容过分娇气的样子。

【娇气】①②意志脆弱，不能吃苦。③指物品、花草等容易损坏。

【娇娃】①②〈方〉指娇生惯养的孩子。

【绞索】①②绞车上用于牵引的绳索。

【脚灯】①②贴近地面安设的灯，便于黑暗中行走。

【叫板】①②向对方挑战或挑衅。

【叫名】①②〈方〉在名义上叫作。

【叫停】①②有关部门或人员命令停止某种活动或行为。

【校阅】①②〈书〉检阅。

【教条】①②③僵化死板，不知变通。

【教习】①②〈书〉讲授（学业）；训练别人使掌握某种技术或动作
（如体育运动和驾驶汽车、飞机等）。

【教育】①②按一定要求培养。③

【教主】①②指某些宗教团体的领导人。

【接轨】①②比喻两种事物彼此衔接起来。

【接连】①连接。②

【接线】①用导线连接线路。②

【节略】①概要；摘要。②省略。③

【节律】①②诗词等的节奏和韵律。

【结构】①②③组织安排（文字、情节等）。

【结果】①②用在下半句，表示在某种条件或情况下产生某种结局。

【结尾】①结束事情的最后一段；收尾。②

【结余】①②结算后余下的钱、物等。

【解冻】①②使冰冻的食物融化。③解除对资金等的冻结。

【解码】①②语言学上指人们理解话语的过程。

【解剖】①②比喻分析；剖析。

【借光】①〈口〉分沾他人的利益、好处；沾光。②

【矜持】①庄重；严肃。②

【筋道】①②身体结实（多指老人）。

【锦绣】①②属性词，美丽的或美好的。

【进货】①②指投资者买进股票、期货等。

【进口】①进入建筑物或场地所经过的门或口儿。②③

【禁区】①②③④在某些球类比赛中，罚球区以内的地方。

【经典】①②③④事物具有典型性而影响较大的。

【经济】①②③属性词，对国民经济有价值或影响的。④⑤⑥

【经纶】①②整理蚕丝，比喻规划、管理国家大事。

【惊动】①②客套话，表示打扰、麻烦了他人。

【精粹】①②（事物）精美纯粹的部分。

【精神】①②③英俊；相貌、身材好。

【精微】①②精深微妙的地方。

【精细】①②精明细心。

【景观】①②泛指可供观赏的景物。

【景气】①②兴旺；繁荣（多用于否定式）。

【警醒】①②③使警戒醒悟。

【净土】①②泛指没有受污染的干净地方。

【敬奉】①②恭敬地献上。

【镜像】①②一种计算机备份，硬盘、网站等都可以做镜像，因像镜
　　子一样而得名。

【酒店】①②较大而设备较好的旅馆（多用于旅馆的名称）。

【就是】①②③表示假设的让步，下半句常用"也"呼应。

【拘泥】①②拘束；不自然。

【居中】①②居间；从中。

【举哀】①举行哀悼活动。②

【巨浪】①②比喻浩大的声势。

【巨星】①②比喻在某一方面有成就、影响大的人物。

【剧院】①②用作较大剧团的名称。

【聚会】①②指聚会的事。

【聚焦】①②比喻视线、注意力集中于一点。

【卷曲】①②使卷曲。

【决算】①②做决算。

【决心】①②拿定主意；坚定意志。

【角色】①②比喻生活中某种类型的人物。

【角逐】①②泛指竞争或竞赛。

【绝笔】①②指最好的诗文或字画。

【绝产】①②指没有合法继承人或继承人放弃继承权的遗产。

【绝唱】①②死前最后的歌唱。

【绝门】①②③④形容一般人想象不到或做不出来。

【绝情】①断绝情义。②

【绝学】①②高明而独到的学问。

K

【开发】①②发现或发掘人才、技术等供利用。

【开化】①②思想开通，不封建不守旧。

【开火】①②比喻进行抨击或开展斗争。

【开盘】①②指棋类比赛开始。③指楼盘开始发售。

【开辟】①②③开创；创立。

【开启】①②开创。

【开掘】①②文艺上对题材、人物思想、现实生活等深入探索并充分表达出来。

【空乘】①②指客机上的乘务员。

【空中】①②属性词，指通过无线电信号传播而形成的。

【恐怕】①害怕，担心。②③表示估计、推测。

【空场】①②演出过程中，舞台上出现的没有演员或主持人的情况。

【空缺】①②泛指事物中空着的或缺少的部分。

【空闲】①②③空着不用的；闲置的。

【控制】①②使处于自己的占有、管理或影响之下。

【口径】①②③比喻对问题的看法和处理问题的原则。

【口味】①②③指个人的情趣、爱好。

【枯竭】①②（体力、资材等）用尽；穷竭。

【枯涩】①枯燥，不流畅。②

【苦寒】①②贫寒；寒苦。

【苦力】①②干重活儿所付出的劳力。

【跨度】①②泛指距离。

【宽绰】①②（心胸）开阔。③

【宽大】①②对人宽容厚道。③

【宽广】①②范围大。③（心胸）开阔；（见识）广博。④

【宽厚】①②③（嗓音）浑厚。

【宽阔】①②（心胸、见识等）开阔，不狭隘。

【宽松】①②③宽敞；轻松。④宽裕。

【宽展】①②③宽裕。

【款识】①②书信、书画上面的落款。

【狂想】①②妄想。

【旷代】①②经历很长久的时间。

【旷荡】①②（思想、心胸）开朗。

【旷古】①②远古；往昔。

【旷世】①②经历很长久的时间。

【框架】①②比喻事物的基本组织、结构。

【扩容】①②泛指扩大规模、范围、数量等。

L

【垃圾】①②属性词，比喻失去价值的或有不良作用的。

【拉风】①②时尚；前卫。

【来电】①②③比喻内心激起对异性的好感。

【来往】①②交际往来。

【缆车】①②指索道上用来运输的设备。

【懒怠】①②没兴趣，不愿意（做某事）。

【郎当】①②疲软无力、萎靡不振的样子。③不成器；潦倒狼狈。

【劳累】①②敬辞，指让人受累（用于请人帮忙做事）。

【劳力】①②③〈书〉从事体力劳动。

【牢稳】①②稳妥可靠。

【老兵】①②泛指长期在某一领域工作的人。

【老大】①②③④某些帮会或黑社会团伙对首领的称呼。⑤

【老道】①②（功夫）精深。

【老化】①②生物体的组织或功能逐渐衰退。③指在一定范围内老年
　　人的比重增长。④知识等变得陈旧过时。

【老辣】①②圆熟泼辣。

【老牌】①②属性词，资格老，人所公认的。

【老派】①②指举止、气派陈旧的人。

【老爷】①②③④属性词，陈旧的、式样老的（车、船等）。

【老总】①②③尊称有总工程师、总经理、总编辑等头衔的人。

【烙花】①②用烙花工艺制成的工艺品。

【烙印】①②用火烧铁在牲畜或器物上烫成痕迹，比喻深刻地留下
　　印象。

【棱缝儿】①②比喻事物有毛病的地方。

【冷艳】①②冷傲而美艳（多形容女性等）。

【理会】①②③④辩论是非；争论；交涉。

【理智】①②有理智。

【力度】①②③功力的深度；内涵的深度。

【力量】①②③④能够发挥作用的人或集体。

【历代】①②过去的许多世代。

【立等】①站着等候，指等候时间很短；稍等一会儿。②

【立候】①站着等候。②

【立体】①②③属性词，上下多层次的；包括各方面的。④属性词，
　具有立体感的。

【连环】①②属性词，一个接着一个互相关联的。

【联程】①②指两个以上的异地电脑程序，通过互联网连接工作。

【联盟】①②指个人、集体或阶级的联合体。

【联姻】①②比喻双方或多方联合或合作。

【敛迹】①②隐退。

【脸色】①脸的颜色。②③

【脸子】①②③情面；面子。

【良性】①②不至于产生严重后果的。

【两翼】①②军事上指部署在正面部队两侧的部队，也泛指主体两侧
　的部分。

【亮点】①②比喻突出的优点。

【亮堂】①②③（声音）响亮。

【亮相】①②比喻公开露面或表演。③比喻公开表示态度，亮明
　观点。

【了不起】①②重大，严重。

【了解】①②打听；调查。

【料理】①②烹饪制作。③菜肴。

【裂璺】①器物现出将要裂开的痕迹。②

【灵通】①②〈方〉有效；顶用。③〈方〉灵活。

【灵性】①人的天赋的智慧，聪明才智。②

【零钱】①②③工资以外的零碎收入。

【领班】①②担任领班工作的人。

【领唱】①②担任领唱的人。

【领教】①②③体验；经受。

【领舞】①②担任领舞的人。

【领有】①②领取而具有。

【领奏】①②担任领奏的人。

【留存】①②事物持续存在，没有消失。

【留题】①②游览名胜时因有所感而题写的诗句。

【流播】①②流徙；播迁。

【流光】①②闪烁流动的光，特指月光。

【流落】①②（物品）流转散失。

【流气】①轻浮油滑，不正派。②

【流失】①②泛指有用的东西流散失去。③比喻人员离开本地或本
　单位。

【流水账】①②比喻不加分析地罗列现象的叙述或记载。

【流徙】①②〈书〉流放。

【流行病】①②比喻广泛流传的社会弊病。

【流转】①②③〈书〉指诗文等流畅而圆浑。

【龙头】①②③〈方〉江湖上称帮会的头领。

【楼市】①②指楼房的行情。

【露脸】①②〈方〉露面。

【录像】①②用录像机、摄像机记录下来的图像。

【录音】①②用录音机记录下来的声音。

【录用】①②采用。

【路程】①②泛指道路的远近。

【律条】①②指准则。

【绿色】①②属性词，指符合环保要求，无公害、无污染的。

【沦落】①②〈书〉没落；衰落。③沉落。

【沦亡】①②沦落；丧失。

【轮转】①②〈方〉轮流。

【论断】①②经过推论做出的判断。

【论理】①②按理说。

【论说】①②〈口〉按照情理说。

【论题】①②讨论的题目。

【落差】①②泛指对比中的差距或差异。

【落户】①②登记户籍；报户口。

【落马】①②比喻官员的劣迹败露而遭到惩处（多指免职）。

M

【麻痹】①②③使失去警惕性；使疏忽。

【麻烦】①②③烦琐难办的事情。

【麻木】①②形容思想不敏捷，反应迟钝。

【马道】①②为便于上下城墙而修建的坡道。

【马赛克】①②电视、电脑、手机等屏幕图像中出现的像马赛克的图案，有时是故意加上去的，用来掩盖画面的某些部分。

【马桶】①②指抽水马桶。

【埋藏】①②隐藏。③

【埋汰】①②用尖刻的话挖苦人。

【埋葬】①②比喻消灭；清除。

【买点】①②指买入证券、期货等的理想价位。

【卖命】①②下最大力气做工作。

【卖座儿】①②卖座儿的情况好。

【脉搏】①②比喻社会、生活等发展、变化的情况或趋势。

【慢性】①②③指慢性子的人。

【满载】①②指机器、设备等在工作时达到额定的负载。

【漫游】①②移动电话或寻呼机离开注册登记的服务区域而到另一个区域后，通过网络进行通信联络。这种功能叫漫游。

【盲点】①②比喻认识不到的或被忽略的地方。

【盲区】①②比喻认识不到的或被忽略的领域、方面。

【茫然】①②失意的样子。

【毛毛雨】①②事前有意放出风声、信息让人有所准备叫作下毛毛雨。

【毛片】①②指带有淫秽内容的影视片。

【矛盾】①②因认识不同或言行冲突而造成的隔阂、嫌隙。③④⑤⑥具有互相排斥的性质。

【冒头】①露出苗头。②

【没门儿】①②表示不可能。③

【没谱儿】①②不靠谱儿；不可靠。

【没劲】①②没有趣味。

【没治】①②无可奈何。③

【煤气】①②指液化石油气。

【美貌】①②容貌美丽。

【美言】①②〈书〉美好的言辞。

【门洞儿】①②泛指住家的大门。

【门户】①②③指家。④⑤

【门槛】①②比喻进入某范围的标准或条件。③

【门脸儿】①②③借指商店。

【门下】①②③指可以传授知识或技艺的人的跟前。

【门子】①②③〈方〉量词，用于亲戚、婚事等。

【萌发】①②比喻事物发生。

【蒙蒙】①②模糊不清的样子。

【盟誓】①发誓；宣誓。②

【猛烈】①②急剧。

【梦想】①②③梦想的事情。

【弥月】①②满一个月。

【迷糊】①②〈口〉小睡。

【迷乱】①②使迷惑错乱。

【糜烂】①②腐化堕落。

【密集】①②稠密。

【密码】①②对他人保密的号码。

【绵密】①稠密。②

【面纱】①②比喻掩盖真实面目的东西。

【描摹】①照着底样写和画。②

【瞄准】①②泛指对准。

【民工】①②指到城市打工的农民。

【敏感】①②易于引起反应的。

【名号】①②名称；称号。

【铭记】①②铭文。

【模范】①②可以作为榜样的；值得学习的。

【模特儿】①②用来展示服装的人或人体模型。

【模型】①②③指用数学公式或图形等显示事物的抽象结构或系统。

【摩托】①②装有内燃发动机的两轮车或三轮车。

【末流】①②最低的等级或品类。

【墨盒】①②打印机或复印机内用来装墨水或墨粉的装置。

【墨鸦】①〈书〉比喻拙劣的书画。②

【磨叨】①②〈方〉谈论。

【谋和】①②棋类比赛中指谋求和棋。

【目光】①指视线。②③

【牧场】①②牧养牲畜的企业单位。

N

【奶酪】①②比喻追求的目标、最想获得的东西。

【难说】①②难于说出口。

【闹腾】①②③搞。

【闹着玩儿】①②开玩笑；逗着玩儿。③

【内涵】①②③内在的涵养。

【内耗】①②社会或部门内部因不协调、闹矛盾等造成的人力物力的
　　无谓消耗。

【内聚力】①②泛指群体内部的凝聚力。

【年光】①②③〈方〉年头儿。

【凝固】①②固定不变；停滞。

【凝聚】①②聚集；积聚。

【凝聚力】①②泛指使人或物聚集到一起的力量。

【浓郁】①②③（色彩、情感、气氛等）重。④（兴趣）大。

【暖流】①②比喻使人感到温暖的情意。

O

【偶然】①②偶尔，间或，有时候。

P

【派司】①②指通过；准予通过（检查、关卡、考试等）。

【拍板】①②③比喻主事人做出决定。④打击乐器，用来打拍子。一

般用三块硬质木板做成，互相打击能发出清脆的声音。

【拍打】①②扇动（翅膀）。

【排场】①②③体面；光彩。

【牌号】①②商标，企业单位为自己的产品起的专用的名称。

【牌子】①张贴文告、广告、标语等的板状物。②③④

【判词】①②断语；结论。

【判决】①②判断，决定。

【跑马】①②③〈方〉指遗精。

【泡沫】①②比喻某一事物所存在的表面上繁荣、兴旺而实际上虚浮
　　不实的成分或现象。

【陪绑】①②比喻没有做错事的人跟着做错事的人一起受责罚。

【陪客】①陪伴、招待客人。②

【培育】①②按照一定目的长期地教育和训练使成长。

【配搭】①②搭配。

【配角】①合演一出戏，都扮主要角色。②③

【配料】①②辅料。

【配制】①②为配合主体而制作（陪衬事物）。

【喷漆】①用压缩空气将涂料喷成雾状涂在物体表面。②

【抨弹】①②弹劾。

【捧哏】①②指相声表演中的配角。

【碰撞】①②冒犯；冲犯。

【坯子】①②③指具有某种特指或未来适合做某类事的人。

【皮毛】①②指事物的浅层或表面。③

【匹头】①②布匹。

【片子】①②X光照相的底片。③

【偏向】①②偏于赞成（某一方面）。③

【飘然】①②形容轻捷或迅速的样子。③形容轻松愉快的样子。

【飘摇】①②动荡不安；四处漂泊。

【漂白】①②比喻通过某些手段，把非法所得变成合法所得。

【漂染】①②染（发）。

【票房】①②指票房价值。

【平白】①②（文辞等）浅显易懂。

【平地】①平坦的土地。②

【平定】①②使平稳安定。③

【平和】①②③④〈方〉（纷扰）停息。

【平衡】①②③使平衡。

【平缓】①②平稳；缓慢。③

【平台】①②③指计算机硬件或软件的操作环境。④泛指进行某项工
　作所需要的环境或条件。

【平稳】①②（物体）稳定；不摇晃。

【平展】①②平而舒展。

【平正】①②不歪斜。

【评分】①②评定的分数。

【屏幕】①②泛指供投射或显示文字、图像的装置。

【泼辣】①②有魄力；勇猛。

【婆娑】①②枝叶扶疏的样子。③眼泪下滴的样子。

【叵耐】①②无可奈何。③用在转折句的开头，表示由于某种原因，
　不能实现上文所说的意图，有"可惜"的意思。

【破败】①②破落；衰败。

【破获】①②识破并获得秘密。

【破裂】①②（感情、关系等）遭破坏而分裂。

【破落】①②破败。

【破门】①②足球、冰球、手球等运动指将球攻进对方球门。③

【破题】①②泛指写文章时点明题意。

【破土】①②③指种子发芽后幼苗钻出地面。

【扑救】①②扑上去救（球）。

【铺陈】①〈方〉摆设；布置。②③

【铺垫】①铺；垫。②③

【朴实】①②③踏实；不浮夸。

【朴素】①②③朴实，不浮夸；不虚假。④萌芽状态的；未发展的。

【谱系】①②泛指事物发展变化的系统。

Q

【凄婉】①哀伤。②

【漆工】①②③涂饰油漆的技术和质量。

【漆匠】①②做油漆门窗、器物等工作的工人。

【旗舰】①②比喻带头的、起主导作用的事物。

【企图】①②意图（多含贬义）。

【启动】①②（法令、规则、方案等）开始实施或进行。③开拓；
　　发动。

【启示】①②通过启发提示而领悟的道理。

【起笔】①②③指开始写文章。④指文章的开头。

【起步】①②比喻事业、工作等开始。

【起飞】①②比喻事业开始上升、发展。

【起伏】①②比喻感情、关系等起落变化。

【起家】①兴家立业，发家。②

【起来】①②③用在动词之后，表示动作完成或达到目的。④

【起身】①②③身体由坐、卧状态站立起来。

【起头】①②开始的时候或阶段。

【起义】①②背叛所属的集团，投到正义方面。

【起用】①②提拔使用。

【气派】①②神奇，有精神。

【气象】①②③④气派，气势。

【弃养】①放弃抚养或赡养。②放弃养护（花草、树木等）。③

【契合】①②合得来；意气相投。

【卡壳】①②③比喻说话中断，说不出话来。

【千金】①②形容珍贵；贵重。③

【牵动】①②触动。

【牵线】①②比喻撮合；介绍。

【牵引】①②医疗上指用一定的装置对人体的某个部位（如颈椎、
　腰椎）进行牵拉来治疗伤病。

【签名】①②在文件、单据等上面写下的自己的名字。

【签注】①②③特指出入境时，在护照上批注、盖章。

【前辈】①前一代或前几代的人，也指祖先。②

【前景】①图画、舞台、银幕、屏幕上看上去离观者最近的景物。②

【前身】①②③指事物演变中原来的组织形态或名称等。

【前台】①②③④指酒店、旅馆、歌舞厅等负责接待、登记、结账工
　作的柜台。

【前卫】①②③具有新异的特点而领先于潮流的。

【前言】①②比喻科学研究中最新或领先的领域。

【浅薄】①②（感情等）不深；微薄。③轻浮；不淳朴。

【枪毙】①②比喻对建议等给予否定或文稿等不予发表（含谐谑意）。

【强暴】①②指强奸。

【强度】①②付出体力和脑力的大小与多少。③

【强健】①②使强壮健康。

【强烈】①②③强硬激烈。

【强壮】①②使强壮。

【抢镜头】①②抢占镜头前的最佳位置，也用来比喻吸引别人的
　注意。

【抢滩】①②③商业上指抢占市场。

【切割】①用刀等把物品截断。②③

【切口】①②书刊装订时上边、下边和侧面裁切处叫切口，上边的叫
　　上切口，下边的叫下切口，侧面的叫外切口。③做手术时在皮肤
　　上拉的口子。

【切片】①把物体切成薄片。②

【窃窃】①②暗地里；偷偷地。

【侵入】①用武力强行进入（境内）。②③

【亲和力】①②指使人亲近、愿意接触的力量。

【亲近】①（双方）亲密；关系密切。②

【亲子】①②③指父母对子女进行培养教育。

【亲热】①②用动作表示亲密和喜爱。

【青春】①②指青年人的年龄。

【青灰】①②掺有烟灰等的石灰浆，是建筑材料。

【轻飘】①②轻浮不踏实。

【轻飘飘】①②③肤浅，不深刻。

【轻骑】①②指轻便的两轮摩托车。

【倾斜】①②指偏向于某一方。

【清淡】①②③清新淡雅。④

【清高】①②指人孤高，不合群。

【清净】①②清澈。

【清朗】①②清净明亮。③④清新明快。

【清亮】①②③〈方〉清楚；清晰。

【清爽】①②③④⑤〈方〉清淡爽口。

【清新】①②新颖不俗气。

【清一色】①②属性词，全部由一种成分构成或全部一个样子的。

【清账】①结清账目。②

【清真】①纯洁质朴。②

【情感】①②感情。

【情话】①②知心话。

【情节】①②指犯罪或犯错误的具体情况。

【情人】①②特指情夫或情妇。

【穷尽】①②尽头。

【屈节】①②降低身份。

【取代】①②化学上指有机物分子里的某些原子或原子团通过化学反应被其他原子或原子团代替。

【全面】①②完整周密；兼顾各方面的（跟"片面"相对）

【全天候】①②每天 24 小时不受任何条件限制提供服务。

【拳棒】①拳头和棍棒。②

【拳脚】①拳头和脚。②

【缺口】①②指（经费、物资等）短缺的部分。

【群落】①②同类事物聚集起来形成的群体。

【群体】①②泛指本质上有共同点的个体组成的整体。

【群雄】①②指众多英雄人物。

【群众】①②③指不担任领导职务的人。

R

【燃烧】①②形容某种感情、欲望高涨。

【扰动】①②干扰；搅动。

【热度】①②③指热情。

【热浪】①②气象学上指大范围异常高温的空气。③借指热烈的场面、气氛等。

【热恋】①②深深地留恋。

【热望】①②热切地希望。

【热线】①②运送旅客、货物繁忙的交通路线。

【热心肠】①②待人热情，做事积极。

【人道】①②合乎人道（多用于否定）。③④

【人马】①②泛指某个集体的人员。

【人事】①②③指人与人之间的关系。④⑤人力能做到的事。⑥⑦

【人文】①②指强调以人为主体，尊重人的价值，关心人的利益的思想观念。

【人物】①②特指重要人物。③

【人员】①②泛指群体中的成员。

【认定】①②明确承认；确定。

【认可】①②认为好；觉得不错。

【认领】①②把别人的孩子当作自己的领来抚养。

【认识】①②通过实践了解、掌握客观事物。③

【任凭】①②③即使。

【任情】①②尽情。

【日月】①②时间；时光。

【容纳】①②包容接受（意见）。

【熔炼】①②比喻锻炼。

【荣誉】①②属性词，为表示尊敬、表彰等而授予的名义上的（称呼）。

【柔和】①②柔软；软和。

【肉瘤】①有机体增生长成的肉疙瘩。②

【肉眼】①②指平庸的眼光。

【入彀】①②③投合；入神。

【入侵】①②（外来的或有害的事物）进入内部。

【软化】①②③④指用化学方法减少或除去水中钙、镁等离子，使符合生产用水的要求。

【软体】①②台湾地区指软件。

【润滑】①细腻光滑。②

S

【散户】①②证券市场上指分散的、资金较少的个人投资者。

【散布】①②广泛传播（多含贬义）。

【扫射】①②比喻目光或灯光向四周掠过。

【森森】①②形容阴冷。

【杀毒】①②用特别编制的程序清除存在于软件或存储载体中的计算
机病毒。

【沙龙】①②泛指文学、艺术等方面人士的小型聚会。

【刹车】①②③比喻停止或制止。④指机动车的制动器。

【煞笔】①②文章最后的结束语。

【傻气】①②愚蠢、糊涂。

【煞气】①②迷信的人指不祥之气，不吉利的征兆。

【筛选】①②泛指通过淘汰的方法挑选。

【山寨】①②③属性词，仿造的；非名牌的。④属性词，非主流的；
民间性质的。

【伤疤】①②比喻过去的错误、隐私、耻辱等。

【商场】①②③指商界。

【上供】①②比喻向有权势的人送礼，以求得到照顾。

【上市】①②股票、债券、基金等经批准后在证券交易所挂牌交易。

【烧香】①②比喻给人送礼，请求关照。

【奢望】①②过高的希望。

【奢求】①②过高的要求。

【蛇行】①②像蛇一样蜿蜒曲折前行。

【设卡】①②比喻设置障碍加以刁难。

【社区】①②我国城镇按地理位置划分的居民区。

【涉猎】①②接触；涉及。

【绅士】①②③形容男士有现代文明修养。

【深层】①②属性词，深入的；更进一步的。

【深度】①②③④属性词，程度很深的。

【深化】①②使向更深的阶段发展。

【深情】①②感情深厚。

【神经】①②〈口〉指精神失常的状态。

【升温】①②比喻事物发展程度加深或提高。

【升值】①②泛指价值提高。

【生平】①②有生以来；平生。

【生死】①②属性词，同生共死的，形容情谊极深。

【生长点】①②比喻事物借以迅速增长，蓬勃发展的部分。

【声色】①②指诗文等艺术表现出来的格调、色彩。③④

【声威】①②声势；威势。

【失地】①②农民失去耕地。

【失欢】①②失和。

【失落】①②精神上空虚或失去寄托。

【失声】①②③由喉部肌肉或声带发生病变引起的发音障碍。患者说
　　话时声调变低，声音微弱，严重时发不出声音。也叫失音。

【失手】①②指失利（多指意外的）。

【失误】①②由于疏忽或水平不高而造成的差错。

【失准】①②指没有发挥出应有的水平（多指体育比赛）。

【师承】①效法某人或某个流派并继承权其传统。②

【湿度】①②泛指某些物质中所含水分的多少。

【时间差】①②泛指两事之间的时间差距。

【时尚】①②合于时尚。

【实体】①②指实际存在的起作用的组织或机构。

【始终】①②表示从头到尾；一直。

【世家】①②指以某种专长世代相承的家族。

【世情】①②国际上的情况，指国际形式、世界格局变化等。

【市面】①街上商店或摊点多的地方。②

【事情】①②事故；差错。③职业；工作。

【事体】①②〈方〉职业；工作。

【事由】①②③找借口；理由。④

【侍弄】①②摆弄；修理。

【试水】①②试探水的深浅、冷暖等，泛指进行尝试、试探。

【视角】①②③指观察问题的角度。

【视线】①②指注意力。

【收兵】①②泛指结束工作。

【收缴】①②征收上交。

【收盘】①②棋类比赛结束。

【收束】①收拾（行李）。②③

【收缩】①②使数量由多变少；使事物由分散到集中。

【收押】①②收监。

【手头】①②③指写作或办事的能力。

【手下】①②部下；下级。③④⑤

【首席】①②属性词，职位最高的。

【首要】①属性词，摆在第一位的，最重要的。②

【寿命】①②比喻使用的期限或存在的期限。

【受理】①接受并办理。②

【书馆】①古代教授学童的处所。②

【书迷】①②喜欢听评弹、评书等而入迷的人。

【书目】①②指评书、评话、弹词等说唱节目。

【书屋】①②指公共阅览室，是公益性的文化设施。

【书展】①②书法展览。

【舒缓】①②③坡度小。

【疏导】①②泛指引导使畅通。

【疏漏】①②疏忽遗漏的地方。

【疏远】①②使疏远；不亲近。

【输血】①②比喻从外部给予财力、物力、人力等方面的帮助。

【熟悉】①②了解，使知道得清楚。

【述评】①②叙述和评论的文章。

【数码】①②属性词，采用数字化技术的。

【数位】①②〈方〉属性词，采用数字化技术的。

【耍弄】①②戏弄。

【衰退】①②（国家的政治经济状况）衰落。

【帅气】①②英俊；潇洒；漂亮（多形容青年男子）。

【双簧】①②比喻一方出面、一方背后操纵的活动。

【双料】①②人或物有两种身份或称号的。

【水分】①②比喻某一情况中夹杂的不真实的成分。

【水洗】①②纺织业的一种特殊加工工艺，能使织物色泽柔和，手感柔软等。

【说法】①②③处理问题的理由或根据。

【说开】①②（某一词语）普遍流行起来。

【私弊】①②私下的不正当的行为。

【私心】①个人心里；内心。②

【死结】①②比喻难以解决的矛盾、问题。

【死罪】①②客套话，用于请罪或道歉，表示过失很重。

【松动】①②③④（措施、态度、关系等）趋于灵活；变得不那么强硬、紧张。

【松缓】①②使缓和；使放松。

【松快】①②宽敞；不拥挤。

【松懈】①②纪律不严格。③④使放松；使懈怠。

【诉求】①②愿望；要求。

【速食】①②属性词，快速食用的。

【速效】①②属性词，快速显示效力的。

【塑像】①用石膏或泥土等制作人像。②

【塑造】①②③通过培养、改造使人或事物达到某种预定的目标。

【算盘】①②借指计划、打算。

【算是】①当作；当成。②

【随便】①②③（言行）不多考虑；不慎重。④不讲究；凑合。⑤

【随机】①②不设任何条件，随意的。

【岁暮】①②比喻老年。

【缩水】①②③比喻在原有的基础上缩小、减少。

【锁定】①②最终确定。③紧紧跟定。

T

【抬头】①②指受压制的人或事物得到伸展。③④

【摊子】①②比喻工作、事业的规模、局面等。③用于事务。

【谈锋】①谈话的锋芒。②

【谈话】①②特指用谈话的形式了解情况，做思想工作等（多用于上对下）。③

【谈吐】①指说话。②

【弹性】①②比喻事物依据实际需要可加以调整、变通的性质。

【探底】①②价格、指数等从较高位下跌到一定低位后，不再继续下降。

【淘金】①②比喻设法获取较多的钱财。

【套包】①②借指搭配好的成套供应的商品或服务。

【套裤】①②指套装的裤子。

【套语】①②流行的公式化的言谈。

【特别】①②③④尤其。

【腾挪】①②挪用。③指武术中蹿跳闪躲的动作。

【腾跃】①②〈书〉（价格等）急速上涨。

【梯队】①②指依次接替上一拨人任务的干部、运动员等。

【提成】①②从总数中按一定成数提出来的钱。

【提议】①②商讨问题时提出的主张。

【题词】①②为表示纪念或勉励而写下来的话。③

【题签】①原指题写书签（贴在线装书书皮上写着书名的纸条或绢条），现也指题写书名。②

【体会】①②体验领会到的东西。

【体统】①②指身份，面子。

【天兵】①②比喻英勇善战、所向无敌的军队。③

【天地】①②③地步；境地。④借指开展某种活动的地方（多用于报刊名或栏目名）。

【天气】①②〈方〉指时间；时候。

【天时】①②③指时候；时间。

【恬淡】①②恬静；安适。

【条目】①②特指词典中的词条。

【跳级】①②泛指越过一般应该经过的级别。

【贴近】①②亲近。

【贴身】①②合身；可体。③

【铁血】①②属性词，指具有刚强意志和富于牺牲精神的。

【通报】①②③④⑤说出（姓名）。

【通家】①②指姻亲。③指内行人。

【通天】①②指能直接同最高层的领导人取得联系。

【通信】①②利用光波、光波等信号传达文字、图像等。

【同步】①②泛指互相关联的事物在进行速度上协调一致。

【同道】①②③同路。

【同类】①②同类的人或事物。

【同性】①②指同性的人或事物。

【同志】①②人们惯用的彼此之间的称呼。

【痛感】①②疼痛的感觉。

【头里】①②③〈方〉以前。

【头路】①②③门路。

【投入】①②形容做事情聚精会神，全力以赴。③指投放资金。

【投药】①②投放鼠药（多用于毒杀老鼠、蟑螂等）。

【透露】①②显露。

【透明】①②形容公开，不隐藏。

【透支】①②③④比喻精神、体力过度消耗，超过所能承受的程度。

【凸起】①②高出周围的或鼓出来的部分。

【图解】①②比喻机械地、理解分析。

【图景】①②描述的或想象中的景象。

【涂炭】①②处于极困苦的境地或使处于极困苦的境地。

【涂鸦】①②指胡乱写作。③指随意图画（多指在墙上）。

【团团】①形容圆的样子。②

【推论】①②经推理所得出的结论。

【推问】①②审问。

【退步】①②退让；让步。③

【退役】①②某种陈旧的武器不再用于军备，也指交通工具、设施等不再使用。③指运动员退离专业岗位。

【退让】①向后退，让开路。②

【托底】①②比喻做后盾，在某些方面给予保证。③汽车灯光车子底部在行驶中碰到地面或地面凸起物。

【托管】①委托管理或保管。②

【拖带】①②牵连；牵累。

【脱稿】①②视线离开稿子；不照着稿子（讲话）。

【脱落】①②指文字遗漏。

W

【外感】①②指由外感而引起的疾病。

【外家】①②〈方〉娘家。③④⑤

【外援】①②指运动队从国外运动队引进的选手。

【外债】①②向他人或外单位借的债。

【外罩】①②罩在外面的东西。

【完善】①②使完善。

【玩弄】①摆弄着玩耍。②③④

【玩意儿】①②③④指人（含轻蔑意）。

【顽固】①②③不易制服或改变。

【顽症】①②比喻难以解决的问题。

【晚节】①②晚年；末期。

【万事通】①②什么事情都知道或通晓。

【亡国】①国家灭亡，使国家灭亡。②

【王国】①②③借指某种特色或事物占主导地位的领域。

【网络】①②③由许多互相交错的分支组成的系统。④特指计算机网络。

【威力】①②具有巨大推动或摧毁作用的力量。

【威势】①②威力和权势。

【威胁】①②使遭遇危险。

【微观】①②小范围的或部分的。

【微弱】①②衰弱；虚弱。

【为期】①期限为。②

【维持】①②保护；维护支持。

【尾巴】①②③指事物的残留部分。④指跟踪或尾随在后面的人。

【尾数】①②多位数字中末尾的一位或几位数字。

【委曲】①②③勉强服从。

【位置】①②③指职位。

【温润】①②③细润。

【温煦】①②温和亲切。

【文风】①②重视文化的风尚。

【文档】①②计算机系统中指保存在计算机中的文本信息。

【文件】①②③计算机系统中信息存储的基本单元，是关于某个主题
　　的信息的集合。

【吻合】①②医学上指把器官的两个断裂面连接起来。

【稳当】①②稳固牢靠。

【问世】①②泛指新产品等跟世人见面。

【问题】①②③④⑤属性词，有问题的；非正常的；不符合要求的。

【问讯】①讯问；审问。②③④

【卧底】①②做卧底的人。

【武断】①②言行主观片面。③

【乌云】①②比喻黑暗或恶劣的形势。③比喻妇女的黑发。

【武装】①②③用武器装备起来的队伍、军队。

【务实】①②讲究实际，不求浮华。

X

【西风】①②指西洋习俗、文化等。③

【牺牲】①②③放弃或损害某些利益。

【息肩】①歇肩；歇息。②

【稀松】①懒散；松懈。②③

【锡箔】①②锡纸。

【洗牌】①②比喻打乱旧局面、旧秩序、重新整合。

【戏耍】①②玩耍。

【戏言】①②开玩笑地说。

【细致】①②细密精致。

【细软】①纤细柔软。②

【匣子】①②〈方〉匣子枪。

【下岗】①②职工因企业破产、裁减人员等原因失去工作岗位。

【下海】①②③指放弃原来的工作而经营商业。

【下坠】①向下坠落。②

【下行】①②③④（价格、指数等）下降。

【下意识】①②不知不觉地，没有意识地。

【先进】①②先进的人或集体。

【闲心】①②不必要的、无关紧要的心思。

【贤良】①②指有德行、有才能的人。

【贤明】①②指有才能、有见识的人。

【贤哲】①有才德，有智慧。②

【显贵】①声名显赫，地位尊贵。②

【险恶】①②阴险恶毒。

【现成话】①已有的、没有新意的语句；套话。②

【现代】①②合乎现代潮流的；时尚。

【限量】①②限度。

【相对】①互相朝着对方；面对面。②③④

【相互】①互相。②

【橡皮圈】①②用橡胶、塑料制成的小型环状物，用来束住东西使不散开。

【消释】①〈书〉消融；融化。②

【消损】①②消磨而失去；消减损伤。

【消息】①②指人或事物的动向或变化的情况。

【消闲】①②悠闲；清闲。

【萧然】①②形容空荡荡的。

【萧森】①②凄凉阴森。

【萧萧】①②稀疏的样子。

【小姐】①②对年轻的女子或未出嫁的女子的称呼。

【小人儿】①②比较小的人的形象。

【小市民】①②指格调不高、喜欢斤斤计较的人。

【小心】①②谨慎。

【小心眼儿】①②指小的心计。

【小样】①②〈方〉模型；样品。③〈方〉小家子气；小气。

【小意思】①②指微不足道的事。

【小灶】①②比喻享受的特殊照顾。

【孝敬】①孝顺尊长（长辈）。②

【效应】①②泛指某个人物的言行或某种事物的发生、发展在社会上
　　所引起的反应和效果。

【歇心】①②断了念头；死心。

【协理员】①负责协助办理某项工作的人员。②

【协调】①②使配合得适当。

【邪气】①②中医指人生病的致病因素。

【携带】①②提携。

【泄漏】①（液体、气体等）漏出。②

【卸载】①②把计算机上安装的软件卸下来。

【心房】①②指人的内心。

【心怀】①②③胸怀，胸襟。

【心劲儿】①②③兴趣；尽头。

【心路】①②③④心思。⑤指心理变化的过程。

【心田】①②〈方〉心地；心眼儿。

【心胸】①②③志气；抱负。

【心音】①②心声。

【心子】①②③〈方〉指馅儿。

【新潮】①②符合新潮的；时髦。

【新区】①②新的住宅区、商业区、开发区等。

【新人】①②③指机关、团体等新来的人员。④指改过自新的人。⑤

　⑥人类学上指古人阶段以后的人类，生活在距今四万年至一万

　年前。

【新星】①②指新出现的有名的演员。

【信士】①②〈书〉诚实的人；守信用的人。

【信箱】①②③④指电子信箱。

【信仰】①②相信并奉为准则或指南的某种主张、主义、宗教等。

【信用】①②③④〈书〉信任并任用。

【星级】①②属性词，高等级的；明星级的。

【星子】①②〈方〉夜晚天空中闪烁发光的天体。

【腥膻】①②指肉食。③指入侵的外敌（含憎恶、蔑视意）。

【刑期】①②法院宣判的罪犯服刑的期限。

【行旅】①②旅行。

【行商】①②经商。

【行迹】①②痕迹；迹象。③

【形象】①②③指描绘或表达具体、生动。

【省视】①②省察；审视。

【凶狠】①②猛烈。

【凶险】①②凶恶阴险。

【胸次】①②心胸；心怀。

【胸怀】①②③胸部；胸膛。

【胸襟】①②心胸；心怀。③

【雄威】①②强大的威势。

【雄伟】①②魁梧；魁伟。

【雄壮】①②（身体）魁梧强壮。

【休息】①②睡觉。

【休闲】①②（可耕地）闲着，一季或一年不种作物。

【修辞】①②修辞学。

【修剪】①②修改剪接。

【修理】①②③〈方〉管束、惩罚、打击，使吃苦头。

【修造】①②建造。

【袖珍】①②泛指小型的；小巧精致的。

【虚拟】①②属性词，不符合或不一定符合事实的；假设的。

【虚悬】①悬而未决；没有着落。②

【喧闹】①②喧哗吵闹。

【玄虚】①②空而不切实；靠不住；不可信。

【悬浮】①②飘浮。

【悬空】①②比喻没有落实或没有着落。

【削弱】①②使变弱。

【学界】①指学术界。②

【学习】①②效法。

【巡视】①②往四下里看。

【训诂】①②训诂学。

【训示】①教导指示。②

Y

【压力】①②③承受的负担。

【压缩】①②减少（人员、经费、篇幅等）。

【押当】①用实物做抵押向当铺借钱。②③

【押金】①②指预付的款项。

【押款】①②指用抵押的方式借得的款项。③指预付的款项。

【哑然】①②形容惊异得说不出话来。

【烟霞】①②指山水景物。

【延期】①②延长使用期、有效期等。

【严打】①②特指严厉打击刑事犯罪活动。

【严格】①②使严格。

【严紧】①严格；严厉。②

【严谨】①②严密细致。

【严峻】①②严重。

【严密】①②③使严密。

【严明】①②使严明。

【严肃】①②③使严肃。

【严整】①②严谨；严密。

【严重】①②（情势）危机。

【炎暑】①②指暑气。

【沿途】①②顺着街道。

【颜色】①②指面貌；容貌。③指脸上的表情。④

【衍生】①②演变发生。

【眼光】①②③指观点。

【眼球】①②借指注意力。

【眼色】①②指见机行事的能力。

【演说】①②就某个问题对听众发表的见解。

【演戏】①②比喻故意做出虚假的姿态。

【演义】①敷陈义理而加以引申。②③

【演绎】①②铺陈；发挥。③展现；表现。

【艳阳】①②明媚的风光，多指春天。

【秧子】①②③④〈方〉用在某些词语后面，借指某种人（多含贬义）。

【扬尘】①②扬起的灰尘。

【阳光】①②属性词，积极开朗、充满青春活力的。③属性词，（事物、现象等）公开透明的。

【阳性】①诊断疾病时对进行某种试验或化验所得结果的表示方法。②③

【养护】①②调养护理。

【样张】①②指绘有服装样式的大张纸样。

【腰杆子】①②③借指说话做事的底气、态度等。

【腰眼】①②比喻要害。

【摇动】①②③动摇。

【摇晃】①②摇东西使它动。

【遥控】①②泛指在一定距离以外指挥、控制。

【药械】①②指医疗器械。

【要不】①②要么。③难怪；怪不得。

【要价】①②比喻谈判或接受某项任务时向对方提出条件。

【要件】①②重要的条件；主要的条件。

【钥匙】①②比喻解决问题的方法、门径。

【爷们儿】①②男人之间的互称（含亲昵意）。

【野气】①②淳朴自然的乡野气息。

【叶子】①②③〈方〉指茶叶。

【页面】①②指网页在屏幕上所显示的内容。

【一把手】①②③指第一把手。

【一边】①②③④〈方〉同样，一样。

【一举】①②表示经过一次行动就（完成）。

【一览】①看一眼。②放眼观看。③

【一线】①②第一线。

【一阵风】①②比喻行动只持续极短的一段时间。

【一直】①②③强调所指的范围。

【一致】①②一同；一起。

【依旧】①②仍旧。

【依据】①②以某种事物为依据。③表示以某种事物作为论断的前提

　　或言行的基础。

【依凭】①②指证据；凭证。

【依然】①②仍然。

【依照】①依从；听从。②

【遗存】①②古代遗留下来的东西。

【疑惑】①②怀疑困惑之处。

【已然】①②已经。

【义理】①符合正义的行为准则和道理。②

【义气】①②有这种气概或感情。

【议价】①买卖双方或同业共同议定货品价格。②

【异性】①属性词，性别不同的；性质不同的。②

【意思】①②③④⑤⑥情趣；趣味。

【意图】①②打算；想要。

【阴郁】①②（气氛）不活跃。③

【阴鸷】①暗中使安定。②

【淫乱】①②发生淫乱行为。

【引渡】①引导人渡过（水面）；指引。②③

【引导】①②指引；诱导。

【引进】①②从外地或外国引入（人员、资金、技术、设备等）。

【引子】①②③某些乐曲的开始部分，有酝酿情绪、提示内容等作
　　用。④⑤指药引子。

【饮食】①吃的和喝的东西。②

【隐秘】①②隐蔽的；秘密的。③

【隐痛】①②隐隐约约的疼痛感。

【隐语】①②黑话；暗语。

【应该】①②估计情况必然如此。

【迎接】①②做好准备期待某事物或某情况到来。

【迎娶】①②迎亲。

【影像】①肖像，画像。②形象。③

【应酬】①②指宴会、聚会等社交活动。

【应景】①②适合当时的节令。

【应试】①②属性词，专为应对考试的。

【硬度】①②水中含可溶性钙盐、镁盐等盐类的多少。

【硬骨头】①②比喻极难解决的问题。

【硬件】①②借指生产、科研、经营等过程中的机器设备、物质材
　料等。

【硬挣】①②坚强；强硬有力的。

【硬着陆】①②比喻采取过急、过猛的措施较生硬地解决某些重大
　问题。

【硬伤】①②指明显的错误或缺陷。

【永生】①②终生；一辈子。

【用功】①②用的功夫多；花的力气大。

【幽微】①②〈书〉深奥精微。

【邮箱】①②指电子邮箱。

【优游】①②悠闲游乐。

【忧思】①忧虑思念。②

【忧心】①忧虑，担心。②

【油皮】①②豆腐皮。

【油条】①②讥称处事经验多而油滑的人。

【游移】①来回移动。②

【游弋】①②泛指在水中游动。

【游走】①②游移而不固定。

【游荡】①②闲游；闲逛。

【有限】①属性词，有一定限度的。②

【有心】①②有心眼儿；心计多。③

【有意思】①②③指男女间有爱慕之心。

【淤滞】①②中医指经络血脉等阻塞不通。

【余烬】①②比喻战乱或灾难后残存的东西。

【余热】①②比喻离休、退休后的老年人的精力和作用。

【羽化】①②③婉辞，道教徒称人死。

【语言】①②话语。

【预报】①②预先的报告。

【预算】①②做预算。

【预审】①②泛指预先审查或审定。

【预想】①②事先的推测。

【遇难】①②遭遇危难。

【渊源】①②指学术上的师承关系。

【园丁】①②比喻教师。

【园子】①②指戏园子。

【原唱】①②指原唱的歌手。

【原件】①②翻印文件、制作复印品所依据的原来的文件或物件。

【原则】①②指总的方面；大体上。

【圆梦】①②实现梦想或理想。

【圆润】①②（书、画技法）圆熟流利。

【圆熟】①②精明练达；灵活变通。

【援用】①②引荐任用。

【源泉】①②比喻力量、知识、感情等的来源或产生的原因。

【远近】①②远处和近处。

【远门】①②属性词，远房。

【远视】①②比喻眼光远大。

【怨愤】①②指怨愤的情绪。

【愿心】①②泛指愿望、志向。

【约略】①②依稀；仿佛。

【匀和】①②使均匀。

【运动】①②③④从事体育活动。⑤

【运营】①②比喻机构有组织地进行工作。

【运转】①②③比喻组织、机构等进行工作。

【韵律】①②指语言或物体运动的节奏规律。

【韵味】①②情趣；趣味。

Z

【杂家】①②指知识面广，什么都懂一点儿的人。

【杂色】①②混杂的多种颜色。

【在先】①时间或顺序在前。②③预先；事先。

【载体】①②泛指能够承载其他事物的事物。

【糟蹋】①②蹂躏，特指奸污。

【早熟】①②指人的生理、心理成熟较早。③

【早日】①②从前；先前。

【早早】①很早。②

【造化】①②创造，化育。

【造血】①②比喻部门、单位、组织等从内部挖掘潜力，增强自身
　　实力。

【摘牌】①②③某一职业体育组织吸收挂牌的其他职业体育组织人员
　　叫摘牌。

【窄幅】①②幅度窄地。

【粘连】①②（物体与物体）粘在一起。③比喻联系；牵连。

【瞻顾】①②照应；看顾。

【瞻礼】①②③〈书〉瞻仰礼拜（神佛等）。

【斩首】①②捉拿或杀死敌方首领。

【战斗】①②同敌方作战。③

【战果】①②泛指工作中取得的成绩。

【战机】①②战事的机密。

【站点】①②③计算机网络上指网站。

【张本】①为事态的发展预先做出安排。②③

【掌柜】①②〈方〉旧时佃户称地主。③〈方〉指丈夫。

【账户】①②户头。

【招魂】①②比喻为复活消亡的事物进行宣传、鼓吹。

【招引】①②招入；引进。

【朝阳】①②属性词，新兴的、富有竞争力而有发展前途的。

【着忙】①②着急；慌张。

【找病】①②比喻自寻苦恼。

【召回】①②生产商从市场和消费者手中收回有质量问题的产品。

【照常】①②表示情况继续不变。

【照发】①②照常发给。

【照顾】①②照料。③④

【照旧】①②仍旧。

【照样】①②照旧。

【遮阳】①遮挡阳光。②

【折光】①②指折射出来的光，比喻被间接反映出来的事物的本质
　　特征。

【折价】①②商品打折降价。

【折扣】①②③比喻不完全按规定的、已承认的或已答应的来做。

【折射】①②比喻把事物的表象或实质间接反映出来。

【折子】①②指银行存折。

【珍藏】①②指收藏的珍贵物品。

【真皮】①②指皮革（对"人造革"而言）。

【真切】①②真诚恳切；真挚。

【真人】①②真实的非虚构的人物。

【阵痛】①②比喻新事物产生过程中出现的暂时困难。

【振作】①精神旺盛，情绪高涨；奋发。②③

【镇静】①②使镇静。

【征服】①②（意志、感染力等）使人信服或折服。

【征文】①②报纸杂志为某一主题而公开征集到的诗文稿件。

【蒸发】①②比喻没有任何征兆地突然消失。

【蒸腾】①②植物体内的水分以气态形式通过叶子等器官散布到空气中去。

【整齐】①②③④⑤齐全。

【正经】①②③④严肃而认真。⑤

【正巧】①②正好；十分凑巧。

【正气】①②刚正的气节。③中医指人体的抗病能力。

【正题】①②主标题。

【正统】①②③符合正统的。

【正职】①②主要的职业。

【正宗】①②属性词，正统的；真正的。

【之前】①②单独用在句子开头，表示在上文所说的事情以前。

【支点】①②指事物的中心或关键。

【支架】①②招架；抵挡。

【枝蔓】①②形容烦琐纷杂。

【肢解】①②分解动物或人的身体（多指尸体）。③比喻把完整的事物分割成几部分。

【执行】①②属性词，实际主持工作的。

【直线】①②属性词，指直接的或没有曲折起伏的。

【职业】①②属性词，专业的；非业余的。

【指点】①②③〈书〉议论；评论。

【指定】①②〈方〉肯定，没有疑问。

【指教】①指点教导。②

【指令】①②③计算机系统中用来指定进行某种运算或要求实现某种

控制的代码。

【智能】①②属性词，经高科技处理、具有人的某些智慧和能力的。

【置换】①②替换。

【中流】①②中游。③指中等的社会地位。

【中心】①②③④设备、技术力量等比较完备的机构和单位（多做
　　单位名称）。

【中转】①②中间转手。

【忠实】①②③真实地反映；完全依照（后面多带"于"）。

【终端】①②终端设备的简称。

【重奖】①②巨额奖金或贵重的奖品。

【重力】①②泛指任何天体吸引其他物体的力。

【重量】①②习惯上用来指质量。

【重头】①②属性词，意义或作用大的；重要的。

【重心】①②③事情的中心或主要部分。

【主笔】①②主持撰写。

【主唱】①②担任主要演唱任务的人。

【主厨】①②在饭店、食堂主持烹饪工作的厨师。

【主创】①②指担负主要创作工作的人。

【主刀】①②指主持并亲自做手术的医生。

【主调】①②比喻主要精神、主要观点或主要态势。

【主岗】①②担任主要岗位的人。

【主机】①②指网络中为其他计算机提供信息的计算机，通常指服
　　务器。

【主讲】①②担任讲授或讲演的人。

【主将】①②比喻在某方面起主要作用的人。

【主哨】①②指足球等体育竞赛的主要裁判员。

【主使】①②指使别人做坏事的人；事件的主谋。

【主体】①②③法律上指依法享有权利和承担义务的自然人、法人或

国家。

【主旋律】①②比喻主要精神或基本观点。

【助攻】①②（球类比赛中）协助攻击。

【助理】①②指协助主要负责人办事的人。

【助推器】①②比喻对事物发展有推动作用的因素。

【驻军】①军队驻扎（在某地）。②

【蛀虫】①②比喻在内部起危害作用的人。

【抓挠】①②③④⑤挣，获得（钱）。⑥⑦

【抓手】①②比喻进行某项工作的入手或着力点。③

【专诚】①专一而真诚。②

【专断】①②行为不民主。

【专栏】①②指具有专题内容的墙报、板报等。

【专卖】①②专门出售某一种类或某一品牌商品。

【专门】①②③表示动作仅限于某个范围。

【专业】①②③属性词，专门从事某种工作或职业的。④具有专业水
　平和知识。

【转发】①②③泛指把接受到的信息通过网络、手机等发给别的地方
　或别的人。

【转轴】①②比喻主意或心眼儿。

【状元】①②泛指考试取得第一名的人。③

【撞车】①②比喻因两个或两个以上的活动安排在同一时间或地点而
　冲突，也指内容雷同而冲突。

【撞锁】①上门找人时，人不在家，门锁着，叫作撞锁。②

【追赶】①加快速度赶上前去打击或捉住。②

【桌面】①②进入计算机的视窗操作系统平台时，显示器上显示的背
　景叫作桌面。桌面上可以设置代表不同文件或功能的图标，以方
　便使用。

【着落】①②③④安放。

【着意】①在意；留心。②

【天资】①②天资和能力。

【资质】①②泛指从事某种工作或活动所具备的条件、资格、能力等。

【滋味】①②比喻某种感受。

【自称】①②对自己的称呼。③

【自然】①②③④连接分句或句子，表示语义转折或追加说明。

【自如】①②不拘束；不变常态。

【自信】①②对自己的信心。③对自己有信心。

【字库】①②计算机系统中储存标准字形的专用软件。

【宗派】①②〈书〉宗族的分支。

【综述】①②综合叙述的文章。

【总部】①②泛指某些下设若干分支机构的组织或企业的最高领导机关。

【走钢丝】①②比喻做有风险的事情。

【走过场】①②比喻敷衍了事。

【嘴尖】①②指味觉灵敏，善于辨别味道。③指吃东西爱挑剔。

【尊重】①②重视并严肃对待。③

【作为】①②③可以做的事。

【坐镇】①②泛指领导亲自到下面抓工作。

【坐庄】①②③投资者依靠雄厚的资金，大比例地买卖某只股票，以控制股价，达到营利的目的。

【做功课】①②③比喻事前做有关准备工作。

【做派】①②表现出来的派头儿、作风。

【做亲】①②成亲；娶亲。

参考文献

［1］北京语言学院语言研究所：《汉语词汇的统计与分析》，外语教学与研究出版社 1985 年版。

［2］曹国军：《旧词衍生新义现象论略》，《阅读与写作》2006 年第 3 期。

［3］曹炜：《词义派生的新途径——词义的嫁接引申》，《学术交流》2005 年第 12 期。

［4］曹籹静：《近十年汉语旧词新义现象的认知分析》，硕士学位论文，华中师范大学，2015 年。

［5］常敬宇：《汉语词汇与文化》，北京大学出版社 2001 年版。

［6］陈光磊：《汉语词法论》，学林出版社 1994 年版。

［7］陈望道：《修辞学发凡》，上海教育出版社 1997 年版。

［8］陈原：《关于新词语的随想》，《语文建设》1997 年第 3 期。

［9］程娟：《〈现代汉语词典〉词语功能义项计量考察》，《语文研究》2004 年第 1 期。

［10］戴庆厦：《社会语言学概论》，商务印书馆 2004 年版。

［11］邓成锋：《析旧词新义现象》，《牡丹江师范学院学报》（哲学社会科学版）2010 年第 6 期。

［12］刁晏斌：《现代汉语词义感情色彩的两次大规模变迁》，《文化学刊》2007 年第 6 期。

［13］刁晏斌：《现代汉民族共同语的多元观》，《云南师范大学学

报》（哲学社会科学版）2016 年第 5 期。

[14] 董川波：《认知语义学视角下的现代汉语旧词新义研究》，硕士学位论文，西南石油大学，2015 年。

[15] 董为光：《汉语词义发展基本类型》，华中科技大学出版社 2001 年版。

[16] 董秀芳：《汉语的词库与词法》，北京大学出版社 2004 年版。

[17] 董若颖：《改革开放以来行业语词义泛化研究》，硕士学位论文，湘潭大学，2008 年。

[18] 符淮青：《词义的分析与描写》，外语教学与研究出版社 2006 年版。

[19] 符淮青：《现代汉语词汇》，北京大学出版社 2004 年版。

[20] 付军：《幽默中修辞手法的运用》，《郑州大学学报》（哲学社会科学版）2005 年第 4 期。

[21] 高侠：《现代汉语词语更替现象研究》，硕士学位论文，中国社会科学院研究生院，2000 年。

[22] 高明凯、石安石：《语言学概论》，中华书局 1987 年版。

[23] 葛本仪：《现代汉语词汇学》，山东人民出版社 2001 年版。

[24] 郭伏良：《新中国成立以来汉语词汇发展变化研究》，河北大学出版社 2001 年版。

[25] 国怀林：《论新词语的确定》，《语言学论辑录》第 2 辑，北京语言学院出版社 1992 年版。

[26] 郭良夫：《词汇与词典》，商务印书馆 1990 年版。

[27] 韩敬体：《增新删旧，调整平衡——谈〈现代汉语词典〉第 5 版的收词》，《辞书研究》2006 年第 2 期。

[28] 韩志刚：《网络语境与网络语言的特点》，《济南大学学报》（社会科学版）2009 年第 1 期。

[29] 胡壮麟：《认知隐喻学》，北京大学出版社 2004 年版。

[30] 黄伯荣、廖序东：《现代汉语》（第二版），高等教育出版社

1997 年版。

［31］何伟棠：《王希杰修辞学论集》，广东高等教育出版社 2000 年版。

［32］侯昌硕：《新时期旧词新义现象研究》，暨南大学出版社 2012 年版。

［33］［英］简·爱切生：《生语言的变化：进步还是退化》，语文出版社年 1997 年版。

［34］［英］杰弗里·里奇：《语义学》，商务印书馆 1974 年版。

［35］江蓝生：《相关语词的类同引申》，《近代汉语探源》，商务印书馆 2000 年版。

［36］［苏］拉迪斯拉夫·兹古斯塔：《词典学概论》，商务印书馆 1983 年版。

［37］李长银：《旧词新义说"山寨"》，《齐齐哈尔大学学报》（哲学社会科学版）2009 年第 5 期。

［38］黎昌友：《网络语言旧词新义中新义与旧义之间的关系》，《社会纵横》2009 年第 8 期。

［39］黎昌友：《网络语言中的旧词新义》，《广西社会科学》2009 年第 5 期。

［40］李德龙：《也说"白骨精"——兼谈一种新型缩略语"借形缩略"》，《语文学刊》2004 年第 9 期。

［41］李枫：《〈现代汉语词典〉（第六版）新增词语研究》，博士学位论文，吉林大学，2014 年。

［42］李厚坤：《旧词新义式网络流行语与对外汉语教学》，硕士学位论文，哈尔滨师范大学，2016 年。

［43］黎良军：《汉语词汇语义学论稿》，广西师范大学出版社 1995 年版。

［44］李行健：《"新词新义仍需关注"》，《山西师大学报》（社会科学版）2002 年第 4 期。

［45］李亚军：《九十年代以来旧词新义探析》，硕士学位论文，河北师范大学，2000 年。

［46］闵家骥、韩敬体、李志江、刘向军：《汉语新词新义词典》，中国社会科学出版社 1991 年版。

［47］刘大为：·《比喻词汇化的四个阶段》，《福建师范大学学报》（哲学社会科学版）2004 年第 6 期。

［48］刘大为：《流行语的隐喻性语义研究》，《汉语学习》1997 年第 4 期。

［49］刘叔新：《词汇学和词典学问题研究》，天津人民出版社 1984 年版。

［50］刘一梦：《医学术语语义泛化现象简析》，《修辞学习》2009 年第 6 期。

［51］陆福庆：《试论兼类词的义项建立原则》，《辞书研究》1987 年第 1 期。

［52］陆俭明、沈阳：《汉语和汉语研究十五讲》，北京大学出版社 2004 年版。

［53］马庆株：《汉语语义语法范畴问题》，北京语言文化大学出版社 1998 年版。

［54］任妍晖：《新媒体语境下的旧词新义研究》，硕士学位论文，曲阜师范大学，2010 年。

［55］任鹰：《现代汉语非受事宾语句研究》，社会科学文献出版社 2000 年版。

［56］孙雍长：《古汉语的词义渗透》，《中国语文》1985 年第 3 期。

［57］邵敬敏：《香港方言外来词比较研究》，《语言文字应用》2000 年第 3 期。

［58］施春宏：《名词的描述性语义特征与副名组合的可能性》，《中国语文》2001 年第 3 期。

［59］史有为：《汉语外来词》，商务印书馆 2000 年版。

［60］沈家煊：《转喻和转指》，《当代语言学》1999 年第 1 期。

［61］沈娉：《网络词语语义别解类型初探》，《修辞学习》2004 年第 2 期。

［62］申雅辉：《旧词新义研究》，硕士学位论文，广西师范大学，2000 年。

［63］盛林：《辞书的修订与创新》，商务印书馆 2003 年版。

［64］束定芳：《隐喻和换喻的差别和联系》，《外国语》2004 年第 3 期。

［65］束定芳：《隐喻学研究》，上海外语教育出版社 2000 年版。

［66］［瑞士］索绪尔：《普通语言学教程》，商务印书馆 1982 年版。

［67］孙良明：《词义与释义》，湖北教育出版社 1985 年版。

［68］谭景春：《名形词类转变的语义基础及相关问题》，《中国语文》1998 年第 5 期。

［69］汤志祥：《当代汉语词语的共时状况及其嬗变》，复旦大学出版社 2001 年版。

［70］王慧：《新中国成立至 21 世纪初旧词新义的发展变化研究》，硕士学位论文，曲阜师范大学，2013 年。

［71］王力：《王力文集》（第十九卷），山东教育出版社 1990 年版。

［72］王铁昆：《新词语的判定标准与新词新语词典编纂的原则》，《语言文字应用》1992 年第 4 期。

［73］吴东英：《再论英语借词对现代汉语词法的影响》，《当代语言学》2001 年第 2 期。

［74］向超：《关于新词和新义》，《语文学习》1952 年第 1 期。

［75］邢福义：《"很淑女"之类说法语言文化北京的思考》，《语言研究》1997 年第 2 期。

［76］邢欣：《术语的扩张用法分析》，《汉语学习》2004 年第 5 期。

［77］许德楠：《实用词汇学》，北京燕山出版社 1990 年版。

［78］徐国庆：《现代汉语词汇系统论》，北京大学出版社 1999 年版。

[79] 许嘉璐：《论同步引申》，《中国语文》1987 年第 1 期。

[80] 许嘉璐、王福祥、刘润清：《中国语言学现状与展望》，外语教学与研究出版社 1996 年版。

[81] 徐通锵、叶蜚声：《语言学纲要》，北京大学出版社 1997 年版。

[82] 薛松蕙：《〈现代汉语词典〉旧词新义研究》，硕士学位论文，扬州大学，2013 年。

[83] 杨海明、周静：《汉语语法的动态研究》，北京大学出版社 2006 年版。

[84] 杨文全、程婧：《隐喻认知与当代汉语词义变异的关联过程》，《暨南学报》（人文科学与社会科学版）2006 年第 6 期。

[85] 姚振武：《汉语谓词性成分名词化的原因及规律》，《中国语文》1996 年第 1 期。

[86] 于根元：《现代汉语新词词典》，北京语言学院出版社 1996 年版。

[87] 岳朋雪：《当代汉语旧词新义词语使用及其社会差异研究：以北京市民为调查个案》，硕士学位论文，中央民族大学，2012 年。

[88] 曾丹：《流行语中旧词新义的认知研究》，《东华大学学报》（社会科学版）2007 年第 1 期。

[89] 曾柱：《"旧词新义"与新词语词典编纂相关问题浅议》，《辞书研究》2011 年第 3 期。

[90] 詹人凤：《现代汉语语义学》，商务印书馆 1997 年版。

[91] 张斌：《简明现代汉语》，复旦大学出版社 2008 年版。

[92] 张伯江、方梅：《汉语功能语法》，江西教育出版社 1996 年版。

[93] 张梅：《旧词新义的常见特征分析》，《语言与翻译》2006 年第 3 期。

[94] 张小平：《当代外来概念词对汉语词义的渗透》，《世界汉语教学》2003 年第 2 期。

［95］张婷：《近三十年来旧词新义研究》，硕士学位论文，上海师范大学，2007 年。

［96］章宜华：《〈辞书研究〉与新时期词典学理论和编纂方法的创新》，《辞书研究》2010 年第 1 期。

［97］张颖炜：《网络语言的词义变异》，《语言文字应用》2014 年第 4 期。

［98］赵克勤：《论新词语》，《语文研究》1988 年第 2 期。

［99］赵黎明：《旧词新义及新旧近义词汇用法略考》，《黑龙江社会科学》2004 年第 4 期。

［100］赵艳芳：《认知语言学概论》，复旦大学出版社 2001 年版。

［101］周洪波：《近年来汉语新词语研究的进展》，中国社会科学出版社 2008 年版。

［102］周荐：《汉语词汇结构论》，上海辞书出版社 2004 年版。

［103］周明芳、朱金花：《从认知语言学看旧词新义的产生与表现》，《渤海大学学报》（哲学社会科学版）2010 年第 1 期。

［104］朱楚宏、毛绪涛：《旧词新义的认知考察（下）：流行词"杀手"的语义变化》，《长江大学学报》（社会科学版）2011 年第 12 期。

［105］诸丞亮、刘淑贤、田淑娟：《现代汉语新词新语新义词典》，中国工人出版社 1990 年版。

［106］闵家骥、刘庆隆、韩敬体、晁继周：《新词辞典》，上海辞书出版社 1987 年版。

［107］朱德熙：《自指和转指——汉语名词化标记"的、者、所、之"的语法和语义功能》，《方言》1983 年第 1 期。

［108］左林霞：《从词义感情色彩的演变看语言与社会互动》，《理论与实践》2004 年第 10 期。

［109］［英］霍恩比：《牛津高阶英汉双解词典》（第 4 版增补本），香港牛津大学出版社（中国）有限公司 2002 年版。

［110］艾迪生・维斯理・朗文出版公司辞典部：《朗文当代高级英语辞典》（最新版本），商务印书馆 1998 年版。

［111］中国社会科学院语言研究所词典编辑室：《现代汉语词典》（第 1 版），商务印书馆 1978 年版。

［112］中国社会科学院语言研究所词典编辑室：《现代汉语词典》（第 5 版），商务印书馆 2005 年版。

［113］中国社会科学院语言研究所词典编辑室：《现代汉语词典》（第 6 版），商务印书馆 2012 年版。

［114］中国社会科学院语言研究所词典编辑室：《现代汉语词典》（增补本），商务印书馆 2002 年版。

［115］Lees, Robert B. The grammar of English nominalizations. Bloomington: Indiana University, 1960.

［116］Lyons J. *Semantics*. Vols. 1 & 2. Cambridge: Cambridge University Press, 1977.

［117］Warren B. Semantic Patterns of Noun-Noun Compounds. Gothenburg: Universitatis Gothoburgensis, 1978.